做好事

说好话

存好心

星云

星云大师谈当代问题 贰

心净国土净

星云大师 著

人民东方出版传媒
东方出版社

目 录

第一讲

佛教对族群问题的看法

　　自有人类以来，族群问题一直存在于各个国家与民族之间，不但经常造成国与国之间的战争，有时一个国家内部因为族群对立，也会导致分裂，甚至发生内战。

　　有感于"族群问题"经常造成举世动荡不安，2006 年 3 月 4 日，星云大师在西来大学主持的"远距教学"中，特别从佛教的观点分析族群问题产生的原因，以及如何消弭族群对立的方法。

　　大师表示，族群是从"家族"展衍开来成为"亲族"，从亲族发展到地区、文化、习惯、语言相同者群聚之"族群"。不同的族群之间，固然会因为思想、理念、习惯等不同，以及利益冲突等因素而互相对立、排斥；即使同一个族群，也有亲疏之别，乃至有宗亲、同乡等组织而互不团结。因此，唯有通过佛教信仰，人人有"同体共生"的"地球人"思想，才能相互尊重包容，彼此才能和平相处。

　　大师举例，西方极乐世界里"诸上善人聚会一处"，可以说是种族大融和的典范；西方极乐世界之所以能融和各种不同的种族，就是因为有包容性。由此亦可说明，世界上的族群之间，只要懂得尊重包容、同体共生，就能和谐无争，共创人间净土。

　　大师的"地球人"思想，不啻是化"浊世"为"净土"的一剂良药。以下是当天的座谈纪实。

◆世界上一些多族群的国家，几乎都有种族歧视跟种族纷争的问题。例如美国与南非都有白人与黑人的对立；在台湾不仅有客家人、福佬人、原住民，尤其本省人与外省人更经常受到政客的挑拨而视如水火。种族纷争不但造成国家和地区动荡不安，甚至引发战争，请问大师，如何才能消弭族群的歧视，继而促进族群的融和呢？

星云大师：世界上为什么会有战争？有时候国与国之间，为了经济发展，侵犯到对方的利益，或是彼此争夺土地，甚至宗教信仰不同，都会引起战争。

族群之间，由于民族性格、风俗习惯、文化不同，也容易引起战争。过去美国有所谓"南北战争"，就是白人与黑人的战争。美国向来有"移民天堂"之称，来自世界各种族的移民之多，堪称是个种族的大冶洪炉。由于美国移民人种很多，因此尽管美国是个重视人权的国家，讲究自由、民主，反对宗教歧视、种族歧视等；但事实上，美国的各个种族之地位，仍有很明显的差别待遇。所以现在美国很忌讳提到种族问题、宗教问题，摆明这些问题不可谈论，只要大家不去触碰这些敏感的问题，彼此相互尊重包容就好。只是种族之间如果不能平等对待，只要有某些族群受到歧视，彼此就很难相安无事。

谈到种族平等，过去印度社会阶级森严，有婆罗门、刹帝利、吠舍、首陀罗等四姓阶级；但是释迦牟尼佛提倡种族平等，所谓"四姓出家，同为释种；四河入海，同一咸味"。只要你进到佛教里来，每一个人的人格都是同等尊严；就如江河溪流的水，流到大海里面，都是同一咸味。大海不拣细流，因为它有包容性，所以能成其大；在世界上的各种宗教当中，佛教的包容性比较大。举一个证明来说，西方极乐世界的阿弥陀佛，接引世界上所有不同的种族到西方极乐世界，让"诸上善人，聚会一处"，所以净土就是种族的大熔炉。佛教鼓励信徒们，不只是家庭是我的、村庄是我的、社会国家是我的，甚至应该把整个地球、虚空，都看成是我的。就如一个人的眼睛、鼻子、耳朵、嘴巴等五官，虽然功用不同，因为是自己的，就会同样爱护它们；甚至自己的手上长了一个疮，溃烂流脓，也不会把手剁了，反而会好好地为它洗涤、敷药、包扎，因为这是我的手。

是"我"的，所以我会好好爱护它。然而世界不是"我"一个人的，世界上还有很多和我们不同的人；也因为有很多不同的人，世界才因此更加多彩多姿。就如奥运场上，比赛的国家队伍，彼此服装不同、项目不同、姿态不同，才引人入胜。

人与人之间，尽管有着不一样的思想、兴趣、信仰，乃至有地域的不同、性别的差异、年龄的悬殊等种种差别因缘，但是彼此却息息相关。因为世间没有独立的东西，一切都是因缘所成；人要靠许多关系才能存在，所以要有因缘观，要把别人看成和自己是一体的，即使对方不好，也要能容许他、称赞他，甚至爱护他、感化他。

包容是促进人类和平的良方，世界上最美好的事，就是尊重包容，大家和平相处。在一个家庭里，夫妻当然要互容互谅、互敬互爱，之所以结婚就是因为我爱你，你爱我。在社会上，我们要想获得别人的爱，自己先要爱别人，所谓"爱人者人恒爱之"，能够爱人如己，包容异己的存在，大家才能和平共存。世间是众缘和合所成，所以一个人光爱自己是不够的，要爱别人才能合群、才能发展、才能存在。一个人的心量有多大，事业就有多大；心量愈大，能包容的东西就愈多。例如，能爱一家人，就可以做家长；能爱一县的人，就能做县长；能爱一个国家，就能做国家的领袖。所以佛教说"心包太虚""心如虚空"。虚空能包容所有的东西，如果我们的心也如虚空，能够包容宇宙万有，那么还有什么不能包容的呢？因此每一个人都应该包容全世界，人人做个"同体共生"的"地球人"；唯有世界一家亲，人类才有幸福可言。

所以，族群之间如何才能消弭分歧，继而促进族群融和？我想"佛性平等"，大家应该互相尊重包容，同体共生，这是非常重要的。

◆曾经读过大师写的《没有台湾人》这一篇文章。大师说现在是个"地球村"的时代，并自许自己是"地球人"。大师这种思想理念是从何启发而来？可否请您再做一些说明。

星云大师：几年前，我到巴西主持国际佛光会理事会议，承蒙一位圣保罗州联邦警察总监派了一队警察人员为我开道，并且 24 小时在我的住处巡逻、护卫，前后达 10 天之久。因为有这一段因缘，彼此建立了深厚的友谊，所以当活动结束后，他又特地陪同夫人到如来寺来拜访我，跟我谈论佛法。

一见面，他们神情感动地告诉我："佛法这么好，为什么佛教这么迟才传到巴西来？"我一听此言，很自然就赞美说："巴西人很淳朴、很善良，也很有佛性。"他听我如此一说，随即回答了一句很有所见的话。他说："巴西没有本地人，凡是住在巴西的，都是所谓的'巴西人'！"

乍听此言，我一下愣住了。他看我一脸讶异，马上补充说明："全巴西有一亿六千万人口，大部分都是外国移民，所以实际上并没有真正的巴西人。全世界的人，谁到巴西来，谁就是巴西人；正因为没有巴西本地人，所以大家都是巴西人。"听了他这一番充满哲理与智慧的高论后，我忽然有所感，想到自己年轻时离开大陆，在台湾住了将近一甲子的岁月，当我 1989 年再度回到久别的故乡时，乡人称我为"台湾来的和尚"，而我在台湾住了四五十年，台湾的本地人称我是"外省人""大陆和尚"，甚至走遍世界各国，也没有人承认我是美国人或澳洲人。因此，后来我就自诩做个"地球人"，我认为只要地球没有舍弃我，我就做个同体共生的地球人！

所谓"地球人"，我平时云游在世界各地弘法，看到欧洲的英国人、法国人、德国人等，他们现在建立了欧洲共同市场，都说"我们是欧洲人"；美国加拿大的人，都说自己是美洲人；智利、巴西、秘鲁、巴拉圭，都说他们是南美洲人。如果再扩大一点，不就是地球人了吗？

现在世界各国都有很多的移民，在美国有所谓的"移民政策"，你刚来的时候先做居民，再过一段时间，等你习惯当地生活了，才让你成为公民。多年前我到美国，听到一些移民到美国的人，由于文化不同，常常口出不友善的语言。例如开口闭口就说"死美国"。既然是"死美国"，你为什么要来美国呢？你享受美国的高速公路、医疗等资源、福利，却又说不喜欢美国。后来我成立国际佛光会，会员们参加美国国庆节的游行，我都叫他们拿着旗子高喊："我们是美国人。"

所谓"既来之，则安之"，你来到美国，就应该把美国当自己的家。我在南京栖霞山寺出家，那里的山顶上有一尊石雕的佛像，高踞在峰顶上。有一位游客好奇，就问一位老法师："那一尊佛叫什么佛啊？"老法师回答："那是飞来佛。"客人再问："既然飞来了，为什么不飞去呢？"老法师说："既来之则安之！"

过去有一些年轻人想在佛光山出家，我就问他们："佛光山是谁的？"多数人都指我，说："佛光山是您的，是您开山建设的！"佛光山是我的，你常住在这里，能安心吗？所以最好的答案应该说"是我的"，我要在这里安单，这里就是我的家，如果觉得这个家是我的，我就会爱它。

世界上凡是与我们有关系的，我们都会对他多一份关心，多一份爱护。佛经中常说："众生是我心里的众生，世界是我心中的世界"；甚至说"心包太虚"，虚空都在我的心中，还有什么不是我的呢？

台湾过去曾提倡"去中国化"。有一天在睡觉的时候，半夜醒来想到要"去中国化"，我吓了一跳。如果"去中国化"，那我就没有祖先了！因为我的祖先都是中国人。"去中国化"以后，中国的语言就不能讲了，中国式的生活，衣食住行我就不能享有了。想到这里就觉得好可怕，"去中国化"以后，我怎么生活呢？台湾不应该"去中国化"，反而要国际化、世界化，四海之内皆兄弟，就能成其大了！所谓"一沙一石"里面都可以包容三千大千世界，我的心里何必只有一个台湾呢？我们要包容全世界，让每一个人都成为国际人、世界人、地球人；唯有大家都是一家人，才会和平，才能幸福。

因此，我觉得世界上的人都不应该自我设限，不要画地为牢，大家应该想到我们都是"地球人"。因为随着交通、信息的发达，所谓"天涯若比邻"，这个世界即将成为"地球村"，居住在地球村的人，当然都是"地球人"了！所以希望今后人人都有"同体共生"的思想，人人都能发愿做个"地球人"。

◆**大师，您曾经说过世间上的问题，都是人为所造成，唯有靠人自我觉醒才能彻底解决。针对族群问题，可否请大师提供一些意见，让人们有个自觉与反省的方向？**

星云大师：讲到族群问题，族群的形成，先从家族开始；在一个家庭里，有父母、儿女、兄弟、姊妹、叔伯、妯娌等长辈，晚辈，男女、老少成员，这就是一个小族群。

从家族慢慢展衍开来就是亲族，在中国叫作宗族。同宗、同族的亲人就是一族；从一个亲族慢慢发展到一个地区，或是文化、习惯、语言都相同，也就自成一个种族。

不同的种族之间，往往因为思想、理念、习惯等不同，尤其当利益发生冲突时，时常造成对立、仇视的情结。例如在台湾省，族群意识经常被一些政客操弄，挑起族群仇恨，造成本省人、外省人的裂痕，让台湾社会受到很大的伤害。

不同的种族固然容易引生纷争，即使同一个种族，也有亲疏之别。多年前，马来西亚的华人领袖时常找我去讲演。马来西亚是一个多元民族的国家，有 2200 万人口，华人占总人口的 30% 左右。但是华人没有凝聚力，不够团结，华人喜欢组成宗亲会，诸如王氏宗亲会、张氏宗亲会、李氏宗亲会……乃至成立同乡会，广东同乡会、福建同乡会、潮州同乡会。宗亲会或同乡会多了，大家就分别你姓王、我姓张，你是广东人、我是福建人，因为彼此互组小团体，所以不容易团结。所幸华人之中以信仰佛教居多，后来许多华人的领袖就找我去讲演，希望以佛教的信仰来团结华人。

族群之间的问题，在我认为，一个族群本来就应该像一家人一样，只是在我一生的岁月里，我感觉越是亲近的人，越会排斥。我二十多岁时初到台湾，那时台湾人就认定我是外省人，不是本省人；我是一个出家人，很多佛教人士也不是很喜欢我，反而是不同的宗教人士，或是在家信徒对我比较友好。我是一个男众比丘，但是男众比丘也不喜欢我，反而女众比丘尼对我比较和善。越是靠近的人，有的时候排斥力越强，所以就算是父母、兄弟、姊妹一家人，如果大家没有包容心，不能相互和谐、友爱，这一个家庭也不会幸福。

因此，要想消弭种族之间的分歧，促进族群之间的融和，唯有大家效法常不轻菩萨的"我不敢轻视汝等，汝等皆当做佛"。佛教主张"人人皆有佛性"，因此常不轻菩萨把一切众生都当成未来佛，尽管你骂他、打他，他都恭敬地表示："我不敢轻视你们，因为你们将来都会成佛。"这就是对人的尊重，也是慈悲的表现。佛教讲"慈悲"，有时候我们也想要待人慈悲，但是慈悲心不容易生起。如何才能长养慈悲心？如果我们能有"立场互换"的同理心，凡事设身处地为人着想，就比较容易生起慈悲心。

最近网络上流传一则故事，很有意义。有一位家庭主妇，家人都上班去了，她把家里打扫过后，到外面丢垃圾。看到四个老人瑟缩在寒风中，看起来又冷又饿的样子，一时心生悲悯，就亲切地上前招呼："四位老先生，请到我家里去喝杯茶，取取暖好吗？"四个老人看看这位家庭主妇，问道："你们家里有没有男人啊？"太太说："我先生、孩子都上班、上学去了，家里没有男人。"老人说："你家里没有男人，我们不方便去。"

中午时分，先生、儿女都回家了，她把这件事告诉先生，先生一听，也生起慈悲心，就说："太太，你再出去找找看，如果老人家还在，就把他们请进来吃顿饭吧。"太太到外面一看，还好，四位老人家还在，就对他们说："我的先生、孩子都回来了。我先生邀请你们到我家里去。"四个老人当中的一个说："我们四个人，一个叫财富，一个叫成功，一个叫平安，一个叫爱，我们四个人当中，只能一个人代表进去，现在你要我们哪一个人到你家里去呢？"太太说："让我回去问一下我先生，再来请你们。"太太如此一说，先生直接就回答："财富最好了，请财富进来吧！"太太随即表示不同的意见，说："我们请平安进来好吗？"儿子在旁边加入意见，说："成功啦！请成功进来好了！"小女儿也表示看法，她说："爱最好了，还是请爱进来比较好！"最后先生就以小女儿的意见说："把爱请进来吧。"

太太出去就对四个老人家说："我先生说请爱做代表，现在就邀请爱到我家里来。"那个叫爱的老人站起来，跟着太太朝家里走，但是后面的三个老人同时也站起来跟着一起走。这位太太觉得奇怪，就问："咦？你们不是说只能一个人进去吗？怎么现在你们三个人也都一起跟进来呢？"后面的三个老人就说："我们三个人有一个习惯，只要爱走到那里，我们就会跟着到那里。"

人人都希望拥有财富、成功、平安，但是人间更重要的是要有爱。一个家庭里，夫妻、父母、儿女、亲戚、朋友都要相爱，有了爱心，则财富、平安、成功也会跟着一起来。爱的升华就是慈悲，慈悲就是佛法，有佛法就有办法。但是一般人的爱，都是有缘、有相的慈悲，尤其有亲疏、爱憎、人我的分别，故而有比较、计较，继而有人我纷争。因此，唯有以"国际宏观"来打破人我的界限，唯有人人发愿做个同体共生的"地球人"，大家互相包容、尊重，彼此才能共荣、共有，人间才能充满欢喜与祥和。

◆**世界上有一些国家，因为种族不同而一分为二，例如北美十三州殖民地对抗英国的革命成功而独立。但是也有某些国家并非缘于种族问题而分裂，例如东、西德，韩国、朝鲜，以及大陆与台湾。现在东、西德已经统一了，海峡两岸的问题，有人主张和平统一，有人希望台湾独立，请问大师对这件事的看法如何？**

星云大师：在台湾，有一对青年男女经过自由恋爱，彼此论及婚嫁，但是男方的母亲不同意，年轻人执意要结婚，妈妈于是生气地说："如果你们结婚，从此就不要再踏进这个家，不要再回来了。"年轻人果真从此十年没回家。

十年过去了，年轻的夫妇已经为人父母，也想要孝顺长辈，就托人告诉母亲："我们很想回去看妈妈，请妈妈不要拒绝我们回家。"但是母亲还是很坚持，不肯原谅他们，也不许他们进家门一步。有一位朋友就对这个妈妈说："不要这样嘛！你看柏林围墙都倒了，东、西德人民都能来往了，你何必再那么执着呢？"东、西德的统一，西德人民要为东德分摊贫穷的担子，付出不少金钱代价，这种心量是了不起的。人与人没有天生的仇恨，一切都是人为制造的。现在世界上有很多联盟，如欧洲人参加欧盟。去年我到欧洲，在每一个国家之间来来去去，都不需要签证，甚至你把护照给海关看，他们也都不要看。后来还是我主动跟他们说："请你盖个印章让我做纪念，表示我来过这个国家。"

不要说海峡两岸应该统一，就是联合国也希望全世界的国家都能联合一起，团结合作。所谓"兄弟同心，其力断金"。所以人类应该团结合作，团结就是力量。有一则趣谈，五个手指头吵架，互争老大。大拇指说："我顶好，我第一，我是老大。"食指不服气，说："民以食为天，做菜尝咸、尝淡，都要我食指来试吃。再说，只要我食指一指，你就要到这边、到那边，全都听凭我的指挥，所以我才是最重要的。"中指也说："五个手指头，我最长、最中间，当然是我最大，应该让我来领导大家。"无名指也不服气，说："人们结婚，金戒指、钻石戒指都戴在我身上，只有我最珠光宝气，我才是最尊贵的。"

大家都在发表意见，互争第一，只有小拇指不开口，大家就说："咦！小拇指你怎么不讲话呢？"小拇指说："我最小，排行最后，我哪里能跟你们比呢？不过虽然我不能跟你们比大，但是见到长辈、圣贤、佛祖，合掌时是我最靠近他们。"

小拇指虽然很渺小，不过心存尊敬，就和圣人很靠近。因此谈到两岸的问题，我的理念是不希望搞分裂，也不主张独立。这个世间没有独立的东西，以佛教的真理来看，一切都是关系的存在，都是你靠我、我靠你，离开了关系，世界上任何东西都不能存在，这个关系就是"因缘"。

例如，今天我们依靠西来大学的礼堂才能聚会；有了桌子，茶杯才能放在上面；靠着衣服，我们就不畏惧寒冷；甚至我们要依赖士农工商供给我们的衣食住行，我们才能生存。假如没有世间的众缘成就，我如何能存活呢？所以人类应该彼此如兄如弟，应该如同五个手指头一样，不要分裂，要团结起来，成为一个拳头才有力量。

既然世间一切都是依靠因缘而存在，有因缘就能和谐，有因缘就能合作；相反的，排斥别人就是拒绝因缘，就会减少自己的力量。有一个丈夫老是搞婚外情，太太难以容忍，闹着要离婚。后来先生发誓不会再犯，就将小拇指砍下以示决心。他原以为小拇指没有用，砍下来不要紧，有一次耳朵痒了，很自然就想用小拇指掏耳朵，但是忽然发现小拇指没有了，不能掏耳朵了。

世间即使是废物都能利用，无论什么东西都是"天生我材必有用"，所以不要做离心分子。离开人群，离开团体，离开了力量核心，就不容易存在。我站在信仰佛教的立场，普愿天下的大家，不但是人类，一切众生都应该相互尊重，相互友爱。尤其政治上没有永久的敌人，彼此应该要交流、互相来往。我很欢喜见到大陆领导人出国访问的消息，因为"他山之石可以攻玉"，看一看外面的世界，回去也可以作为建设国家的参考。我们台湾的政治领导人，也不要只做一个岛的领袖。尽管现在世界上的科技发达、文明进步，但这些都远不及人与人之间的交流往来容易获取和平。所谓"见面三分情"，中国人有很多问题、困难，都可以在饭桌上解决，何必说"你不准到我这里来，我不准到你那里去"；互相访问，互相了解，互相促进友谊关系，和谐就不为难了。

因此，对于两岸的未来，我一贯的主张是"和平统一"。但是"统一"并不是你统我、我统你，也不是"你大我小、我有你无"；统一的先决条件必须建立在"平等"与"尊重"之上，因为"平等"才能互相尊重包容，才能"同中存异，异中求同"，才能"平等共尊，和平共荣"；如果不能平等，就无法和平。

有人说台湾人是番薯，因为台湾地形像一个番薯；大陆人就叫芋仔，现在芋仔和番薯都联婚，已经融和成为一家亲了，何必要再制造分裂呢？长久以来，我爱台湾，也爱中国大陆，更爱世界；我没有大陆的意识，也没有台独的观念；我的心中只有佛教的"慈悲为怀，和平第一"。尤其中国五千年来战乱连年，人民不但需要佛法给予精神上的抚慰，更殷切盼望长治久安的世界和平早日实现，因此我确信未来海峡两岸能够和平统一，才是 13 亿人民的福祉。

◆世界上为何有那么多不同种族的人？他们的长相、肤色、高矮、胖瘦，甚至他们的智商、生长的环境都不一样，这是否也是造成有些族群受到不平等待遇的原因？请问大师，从佛教的观点来看，这种先天的条件不一样，是什么原因造成的呢？

星云大师：同样是人，为什么有的人很富有，有的人很贫穷？有的人天赋异禀，有的人资质鲁钝？有的人外形挺拔俊秀，有的人丑陋残障？影响每个人的命运、决定每个人长相、肤色、高矮、胖瘦，甚至智商高低的最大力量，就是"业力"。

所谓业，是我们行为的结果，包括口中所说、心里所想、身体所做的种种造作，通称身口意三业。有一句话说："善恶到头终有报，只争来早与来迟。"业可分为善业、恶业，我们自己造了善业或者恶业，时机成熟了，一定要随着这些业力去受报，业力控制我们的命运，丝毫不爽。

业除了有善业、恶业之外，还有许多种类。影响个人的称为"别业"，影响众人的称为"共业"。譬如生长在台湾的人有共同出生于此地的共业；同为娑婆世界的众生，必有相同的共业，但是有的人住亚洲，有的人住美洲、欧洲、非洲，甚至肤色有黄、白、褐、黑等等，那是因为别业的不同而产生的种种差别。

生命都是群居体，一个民族的形成，是因为血缘、地理、语言、文字、风俗、习惯、肤色、宗教信仰等各种因素下，"物以类聚"成为族群。相对的，不同的种族之间，由于先天、后天条件不同，光看外形就不能平等，所以要从本心、本性上看。如黑人说："我们的皮肤是黑的，但我们的心是白的。"

我对世间一直保有一种观念，就是大家应该"同中存异，异中求同"。不管是什么种族的人，也不管白皮肤、黑皮肤或是黄色肤种的人，大家应该像兄弟姊妹，虽然彼此会有许多不同的想法，在"同"里面我们应该准许有"不同"的存在；在不同当中，大家同样都是人类，都应该以讲仁爱，求取和谐为共同的目标。

总之，世界上有各种不同的民族，乃至每个人有智愚、高矮、胖瘦等不同，在很多的不同里面，唯有从人格、佛性上看，大家有着"同体共生"的认知，才能平等；能够从人格的尊严上一视同仁，才能化解种族歧视，减少族群纷争，世界才有和平的一天。

◆世界上有很多弱小民族、边疆民族，他们不仅希望获得平等的对待，更重要的是，他们的苦难应该如何协助解决呢？请大师开示。

星云大师：在这个世界上，由于地理、气候，尤其语言、文化的发展，自然而然会形成许多不同的种族。在中国大大小小的民族共有五十多个。除了汉、满、蒙、回、藏五大族以外，有许多边疆地区的少数民族，乃至世界上其他地方也有很多弱小民族。

对于一些少数民族等弱势族群，世界上的强权不但不应该欺负他们，甚至如佛教讲："有病的众生更需要爱护。"我们对于有病的人，应该对他们多一点关怀；同样的，对于边疆地区的一些弱小、贫穷民族，也应该多给他们一些照顾。

一个国家，能够爱护弱小，才是伟大。例如，大陆明订了《少数民族权益保障条例》，规定对于发展少数民族经济、文化、教育、科技事业所需要的资金，各级人民政府及其有关主管部门应当根据财力予以安排。乃至少数民族公民对侵害自己合法权益的行为，有权向有关国家机关提出申诉或者控告，有关国家机关必须及时依法处理。另外，美国的政策则是保障工作机会，把很多工程都留给少数民族来做。其实不仅对弱势族群应该发挥人类之爱，我认为国际之间尤其应该发挥"大事小、强护弱、有助无、富济贫"的慈悲精神，彼此互助、关怀。例如过去美国对台湾济助面粉、黄豆等；现在台湾也成立"农耕队"，到中东等地区协助他们发展农业，这都是很好的国际交流。

国际之间，能够发挥人道关怀，用慈悲才能摄受人心。在佛陀涅槃后的一二百年之间，印度有一个阿育王，他用武力征服了很多弱小国家、民族。后来阿育王去巡视那些被征服的地区，虽然街道两旁站满欢迎的人群，可是阿育王从人们的眼里，看到的都是怨恨的眼神。阿育王忽然有所感，他认为"我虽然征服了他们的土地，但是没有征服他们的心！"

后来阿育王信仰佛教，他用佛教的慈悲、仁爱去帮助弱小民族。多年后，阿育王再度前往巡视，举国人民心悦诚服，纷纷扶老携幼来欢迎他。这时阿育王领悟到："用武力征服他国，不是真正的胜利；唯有用法，用慈悲来待人，才能收服人心，所以法的胜利才是真正的胜利。"佛经里面也说："以诤止诤，诤不能止。"就如同用油去泼火，火会更旺；如果用爱，就如同以水熄火，比较有用。佛教所谓"冤亲平等"，耶稣教也说"爱你的仇敌"，如果我们只以一般世间法来想，并不容易做到，也不容易懂得；唯有把我们的心慢慢和佛与圣人的理念相应，才能懂得其中的道理。

2001年的"9·11"事件后，美国为了惩罚阿富汗而发动战争。我从新闻报道里看到，当布什总统要去访问阿富汗时，阿富汗全国人民都反对。其实美国当世界的警察，也花了许多钱，假如能将这些花费在战争中的钱，拨一点去各地办教育，救济苦难，我想更容易赢得他们的尊重。我比较主张大国侍奉小国，好比富有的人要帮助贫穷的人。我们在一个大国家、大都市里的人，对于边疆地区的人民，乃至一些文化不发达的地方，要多给予一份爱心。例如帮助他们建学校、图书馆等，给予他们多一些受教育的机会，充实他们在社会上立足的力量，让他们能够自力救济、自力更生，帮助他们成长，这才是究竟解决之道。而这一切都要从"有心"开始，只要有心，就会有办法。

◆各国都有原住民，例如美国的印第安人、澳洲的土著、新西兰的毛利人、台湾的高山族等。每一种原住民都有他们特有的文化。请问大师，我们如何帮助他们保持特有文化，而又能跟随时代的进步发展呢？

星云大师：文化是人类文明发展的结果，也是促进人类文明发展的动力。现在各国都有原住民，而每一种原住民都有他们特有的文化。我们对于少数原住民文化，要尊重它、保护它，但不能侵略它。

过去我云游在世界各地弘法，记得有一次在美国康奈尔大学讲演，该校一位约翰·麦克雷教授在叙谈时说道："你来美国弘法可以，但是不能开口闭口都是中华文化，好像是故意为征服美国文化而来的。"当时我听了心中就有一个觉悟：我应该要尊重别人的文化，我们来到这里只是为了奉献、供养，如同佛教徒以香花供养诸佛菩萨一样。由这个事例可以看出，即使大如美国，也害怕被人征服。

文化不容被侵略，但是文化是可以交流的。现在各国都在吸收他国文化，所谓"有容乃大"，世界上任何一个国家要想雍容华贵，就要有"泰山不辞土壤，大海不拣细流"的胸襟，包容愈多种文化，国家就愈是伟大。多年来我游走世界，一直在倡导"本土化"，就是尊重当地文化，也就是要让佛教依各地的文化思想、地理环境、风俗民情之不同，发展出各自的特色。我所推动的"本土化"不是"去"，而是"给"，所以我在五大洲建寺，就是希望通过佛教，给当地人带来更充实的精神生活。例如，建设西来寺的时候，就是觉得美国科技发达，宗教也多，假如能够再增加一种佛教给人民选择，不是更美好？所以我的本土化是奉献的、是友好的、是增加的，不是排斥的，不是否决的。

世界上好多地方都有原住民，都有少数民族。因为他们是少数，我们更应该优待他们。我自己从小就欢喜不同的民族，尤其喜欢看到少数民族。我曾收集许多录像带、DVD，都是介绍少数民族的生活。过去因为少有机会到中国大陆看云南、贵州、新疆、内蒙古等地的少数民族，我曾经特别远到缅甸少数民族的地区去看他们，那里有十六个民族，我觉得他们都好美丽。台湾的少数民族就是原住民，过去称为高山族。近年来国际佛光会一直积极对原住民提供资助。例如捐赠书籍，甚至为他们兴建图书馆，提供他们多一些受教育的机会，希望帮助他们有能力在社会上与人公平竞争，同时能够在保有自己文化特色，进而发扬光大，让世界的文化更加多元，并且多彩多姿。总之，文化没有国界，文化是民心自然发展的结果，不是用武力强迫加诸就可以要什么文化就有什么文化。因此，人类可以和人类相互为敌，但不能跟文化敌对。

既然文化是自然形成的，当然也要任其自然发展，不可以用自己的文化去侵略别人的文化。能够尊重各地的文化特色，这就是文明的象征。

◆世界上有些民族生性懒散，有的民族则充满优越感，总认为自己是最优秀的人种。例如德国的日耳曼民族、英国的英吉利绅士、美国人、弗朗西斯主义的法国人、日本的大和民族、中国的大中华等。请问大师，您觉得这些真的是世界上最优秀的民族吗？为什么呢？

星云大师：多年前我到非洲弘法，当地的佛教人士招待我到野生动物园参观。动物园中有一种牙签树，他们告诉我："不要以为狮子、老虎很凶猛，可以吃掉斑马、绵羊、长颈鹿等动物，只要它们被牙签树刺到，皮肤就会发炎、溃烂。"说明即使再凶猛的狮子、老虎，也有天敌，也会死亡。

世界上，强权、优秀都不是绝对的。中国有句话说："打死会拳的，淹死会水的。"会打拳的反而被人打死，因为强中自有强中手；不会打拳的人，别人也不会来找打。会游泳的人因为要下水，就有可能会被淹死；不会游泳的人他不下水，反而平安。所谓"人外有人，天外有天"，聪明反被聪明误，优秀养成了傲慢，也不是福气。

其实，世界上哪一个国家好，哪一个国家不好？哪一个民族优秀，哪一个民族不优秀？所谓贫富贵贱，都没有什么标准。过去大英帝国到处争战，在世界各国建立许多殖民地，因此有"日不落帝国"之称。但是现在英国跟美国比起来，差了一大截。不过，美国也不能因此自以为很富有、很强大，因为这个世间是无常的。例如一些过去最贫穷的沙漠地区的国家，后来在沙漠下面发现石油，一夕之间成为大富国。我们怎么能看轻他们呢？

世界上贫富贵贱都随着时间在变化，因为众生的业力，也就是大家的思想、语言、心理、行为种种的不一样，就感召不同的结果。过去中华民族、大和民族、印度雅利安民族，都曾经有过辉煌的时代。尤其中华民族过去一直以"五千年文化"而自豪，也曾自认是世界上最优秀的民族，但现在已逐渐落伍，未来要注重教育，培养杰出人才，才能提升种族形象。

总之，世间所有的法界众生，都由于业力的关系而有种种的分别、种种的不同。希望今后的人类，大家能多接受教育，知书达理，都能有"普世平等"的思想，都有"人我一如"的想法，如此世界才容易达致和谐统一。

◆谈到民族的优越感，世界上也有一些国家，因为自觉民族不够优秀，因此通过移民、异国通婚、优生保健等政策，希望进行种族的改良。请问大师，种族可以改良吗？乃至种族之间真的有办法和谐相处吗？

星云大师：种族当然可以改良，就像现在的农业，很多水果经过接枝、基因改良等方法，不但种类愈来愈多，而且果实大、果肉多、水分足、甜度高，可以说是农业改良的一大成就。

一般人也都听说过，异国联姻所生的儿女比较聪明。除了异国通婚、优生保健等方法以外，美国是一个多元种族的国家，是族群人种的大冶炼炉；因为美国欢迎他国移民，把世界上最优秀的人才都集中到美国，因此国势强盛。只是现在有些国家因为领土太小，不容许移民，如文莱就是一例。

在佛教里，西方极乐世界就是一个移民的世界，族群最多，阿弥陀佛把世界上各种种族的人都接引到他的净土，让诸上善人聚会一处，是一个种族融和的典范，但是并非人人都能移民，必须有条件的人才能得生其国。其实，世界上很多国家的人民都是来自外国的移民，或是多元种族融和后所产生的后代，也就是一般所称的"混血儿"。例如巴西就是一个混血的民族。早期巴西的原住民印第安人和葡萄牙人混血，之后加入黑人血统，接着意大利人、德国人、波兰人、南斯拉夫人、阿拉伯人和日本人相继来此和当地人通婚。巴西不但是一个多元种族的国家，也是一个几乎没有人种歧视的国家。另外，目前澳洲中部的阿不雷训地方，据说有很多人的姓氏都是华姓，他们都是中国人与当地土著通婚的后代。

现代社会开放，国际往来频繁，尤其各国的留学生很多，造就了不少异国鸳鸯。但是也有很多父母并不同意异国通婚。其实如果能放大眼光，以宽宏的胸量接纳，异国通婚也没有什么不好。

不过，认真说起来，世界上的种族问题并不是政治、经济，甚至也不是宗教所能解决的。现代科技发达，虽然能够改变基因，但也不究竟。最好的方法就是人类互相尊重包容，容许不同的存在。我虽然是一个出家人，但是在几十年来的出家岁月中，我看到天主教的神父、修女，看到伊斯兰教的穆斯林，我对他们都很友好，也很尊重。在台湾有一位来自美国的丁松筠神父，他跟我说："假如你生在美国，你可能就是美国一个很好的神父。"我说："假如你生在中国，你可能就是一个中国的和尚。"由于我们出生的地点不同，让我们的信仰不同，其实我们的心都是一样的。

在黑人的教科书里，第一课就说："黑是最美丽的颜色。"即使肤色不同、语言不同、宗教不同，从小都应该训练喜爱不同的东西。例如，二十年前，中国大陆穿的衣服都是同一个颜色，显得很单调；现在他们的衣服颜色很多，感觉就很活泼，很好看。我们对于跟自己不同的人，如果不喜欢他、讨厌他，就表示自己渺小。高山之所以崇高，因为上面长着各种树木花草，还有各种飞禽走兽栖息在里面；海洋里，也因为有各种鱼虾悠游其中，所以才造就海洋世界的美丽。

常有人问：世界能否和平？自古至今，任何时代都有灾难，尽管今日的世界笼罩着各种苦难，但是人只要能保持一颗善良的心，只要内心祥和，世界自能和平。

至于种族之间是否真有办法和谐相处？我想，教育的普及、政府的政策、资讯的发达、男女的通婚、留学生的交换、文化的交流、技术的援助等，都是减少种族间摩擦的有效方法。另外，"尊重与包容""同体与共生"，更是促进种族和谐的不二法门。

◆**中国幅员辽阔，大小民族共有五十多个，其中最大的有汉、满、蒙、回、藏，因此过去曾倡导"五族共和"，然而五族之外还有很多少数民族。请问大师，现在中国政府对这些边疆的少数民族，是否曾经给予他们什么样的帮助与照顾呢？**

星云大师：根据中国国务院新闻办公室的数据显示，在中国经中央政府确认的民族有 56 个，即汉、蒙古、回、藏、维吾尔、苗、彝、壮、布依、朝鲜、满、侗、瑶、白、土家、哈尼、哈萨克、傣、黎、傈僳、佤、畲、高山、拉祜、水、东乡、纳西、景颇、柯尔克孜、土、达斡尔、仫佬、羌、布朗、撒拉、毛南、仡佬、锡伯、阿昌、普米、塔吉克、怒、乌孜别克、俄罗斯、鄂温克、德昂、保安、裕固、京、塔塔尔、独龙、鄂伦春、赫哲、门巴、珞巴、基诺等民族，另外台湾的原住居民也有十多个，像阿美人、布农人、鲁凯人、排湾人等等。由于汉族以外的民族，人口显然比汉族少很多，因此习惯上被称为"少数民族"。

为了照顾这些少数民族，大陆除了成立"国家民族事务委员会""国家宗教事务局"等单位专职负责以外，宪法更是明文规定，国家保障各少数民族的合法权利和利益，对各民族要一律平等，禁止对任何民族歧视和压迫。而台湾也有"原住民委员会"给予少数民族照顾。有关大陆对少数民族的保障条例，包括：

（一）全国人民代表大会由省、自治区、直辖市和军队选出的代表组成，各少数民族都应当有适当名额的代表。

（二）国家根据各少数民族的特点和需要，帮助各少数民族地区加速经济和文化的发展。

（三）各民族都有使用和发展自己的语言文字的自由。

（四）各民族公民都有用本民族语言文字进行诉讼的权利。人民法院和人民检察院对于不通晓当地通用的语言文字的诉讼参与人，应当为他们翻译。

（五）各级国家机关保障少数民族参与管理国家事务的权利，在制定涉及少数民族的重要政策、决定以及处理涉及少数民族的重要问题时，应当听取少数民族代表人士的意见。

（六）各级人民政府应当制定规划并采取措施，有计划地选拔、培养和使用少数民族干部。

（七）各级人民政府有关主管部门应当在每年财政预算安排的专项资金中安排一定数额的扶持少数民族经济发展资金。

（八）少数民族公民依法享有平等的受教育机会。

（九）少数民族公民依法享有平等就业和选择职业的权利。

（十）少数民族公民有保持或者改革自己风俗习惯的自由，任何组织和个人不得干涉。

我一向对边疆少数民族颇具好感，甚至一直有个梦想，希望能和少数民族生活在一起。现在全世界各个国家对少数民族的照顾都做得很好，少数民族也都获得应有的尊重、礼遇和优待。少数民族不可轻，因为一个民族，不管大小，都有它的文化、语言、习惯，如同人间的百花齐放。我们要看到他们的美丽，不可予以轻视。

◆中国五千年的历史里，经常处于战乱之中，其中大部分以民族之间的内战居多。从历史的殷鉴可知，一个国家如果内部不和，容易招致外侮，甚而引发国际战争，这实非人类之幸。因此请问大师，今后各国之间如何让种族相互融和，继而共创世界和平呢？

星云大师：刚才讲到，光是中国，大大小小民族就有五十六个之多，再加上其他各国的各种民族，世界上的民族之多，可想而知。

促进种族和谐，这是巩固国本的大事。每一个人生下来以后，属于哪一个种族，并不是个人意愿所能决定的；但是如何打破种族、地域的藩篱、观念，共同促进世界各民族的和平相处，却是每一个人责无旁贷的使命。

种族之间所以会产生分歧，有的是地理环境使然，有的是语言风俗习惯差异，有的是人种肤色的不同，致使大家排除异己。就算是在同文同种的种族里，也会有阶级贵贱之分；不同种族里更是划分了种种的不同，于是产生种种不能相聚融和的情结。

要消除种族隔阂，首先应该发扬慈悲的精神。慈悲是佛法的根本。《涅槃经》云："慈息贪欲，悲止嗔恚。"佛教提倡的慈悲，不但要以同体的慈悲来解救众生，更要用无缘的慈悲为广大众生救苦救难；不仅要消极地不做恶事，更要积极地行善；不只要一时口号的慈悲，还要永久务实的慈悲；不唯以图利求偿而行慈悲，更要无相无偿而行慈悲。所谓"慈"能与乐，"悲"能拔苦，当一个人内心充满了慈悲心，则见他人痛苦时，即能以悲心拔除其苦厄；当见别人不欢喜时，即能以慈心施与安乐。如果人人都能以慈悲心相待，则一切众生皆得福乐。

因此，只要地球上的人与人之间、种族与种族之间，都能本着慈悲心，彼此互相尊重，相互帮助，大家都能做个慈悲的地球人，都能走出国界，自然没有种族的歧视。

◆**读过佛教史的人都知道，释迦牟尼佛当初是为了打破社会阶级不平等而出家，他主张"四姓出家，同一释种"，佛陀这种宽广的胸襟，应该可以给今日制造种族问题的人一些教育，可否请大师把佛教的这种平等思想做一些说明与介绍？**

星云大师：过去很多人以为，学佛的人是逃避现实，是消极厌世，其实这是大大误解了学佛的本义。佛陀当初之所以出家修道，一方面当然是为了解救自己生死苦恼的问题，但另一方面更是为了救济被压迫的人民。

在佛陀住世的当时印度社会里，有婆罗门、刹帝利、吠舍、首陀罗等四种姓的严格划分。第一阶级的婆罗门，就是古印度的宗教徒，他们为了维持自身的权利，以及巩固在社会上的崇高地位，利用一卷《摩奴法典》，把印度社会分成四个阶级，自己列在第一，他们的权威、横暴，其他阶级的种族都要无条件地信奉和接受。

第二个阶级是刹帝利，也就是一些王公贵族，他们和婆罗门同样受到尊敬。第三阶级是吠舍，就是一般的农工商阶级，他们受婆罗门和刹帝利权势所压迫，连受普通教育的资格都没有。第四阶级是首陀罗，他们是被征服者，被公认是为了被役使、被奴隶而生到这个世间上来的。在这种种姓制度下，形成严重的种族歧视，彼此既不可相互通婚，也不可享受同等权利，而且贵贱悬殊。佛教教主释迦牟尼佛就是出生在这样一个阶级悬殊的社会里，他自己虽是刹帝利的王族，但他并不想用刹帝利的权威去统治人民，压迫人民。相反的，他用慈悲平等的真理，毅然向阶级森严的社会宣战，向不平等的种族歧视展开革命。

佛陀革命的对象，一是阶级森严的印度社会，二是没有究竟真理的神权宗教，三是生死循环不已的自私小我。佛陀的革命，完全是由于慈悲心肠的激发，他的革命是用慈悲覆护一切，感化一切，不用暴力，行的是不流血的革命，这才是真正的革命。

佛陀的革命是由上而下的。他本贵为王子之尊，过着优裕的生活，照理说他用不着革命，但是他看到很多遭受压迫的民众，为了公理与正义，他不能不摆脱王子的虚荣，用"一切众生平等"的真理来为那些被压迫的可怜人们打抱不平。

一般的革命者，都是向外革命而没有向内革命，说明白一点，就是向别人革命而没有向自己革命。唯有佛教的教主佛陀，他知道每个人都有一个自私的小我，都有生死之源的烦恼无明，为了求得真正自由自在的解脱，不得不向五欲、荣华富贵革命，舍离一切的爱染，过平实的生活，这才是究竟的革命。

释迦牟尼佛当初舍弃太子之尊出家修道，最主要的就是不满意当时社会这种阶级的悬殊，所以当他在菩提树下金刚座上成就正等正觉时，所发出的第一句宣言就是："大地众生皆有如来智慧德相。"意思是一切众生都有佛性，因为众生佛性平等，所以佛教不但主张人与人之间的平等，更主张人与众生之间的平等。所谓"佛是觉悟了的人，人是未觉悟的佛"，所以在佛教里只有先知、后知，先觉、后觉的区别，只是学有前后的学长和学弟之分罢了；而在学习的能力上、人格地位的尊严上，大家都是一样平等。

佛教强调慈悲、包容，因此没有种族仇恨、残杀和宗教战争。佛教基本上是倡导和平的，佛法教导人要怨亲平等，不仅要"不念旧恶、不憎恶人"，甚至要爱我们的敌人；佛教的僧团里，"四河入海，无复河名；四姓出家，同一释种"。佛陀慈悲平等的主义，不但为当时被奴役的印度人民带来了光明，更是今日破除种族歧视之平等制度的落实。

在今日人间佛教的理想世界里，大家同为地球人，彼此应该不分种族，共同为人类的幸福而努力。所以，未来在佛光普照下，人间净土的第一个特色，就是没有种族歧视，没有阶级斗争，真正彻底实现"众生平等"的真理。

第二讲

佛教对宗教之间的看法

星云大师一生致力于"宗教融和",祈以宗教的力量实现"世界和平"。2003年6月20日应佛光大学宗教研究所全体师生之请,于该校光云馆畅谈"佛教对宗教之间的看法"。

大师首先表示:"自古以来,有人类便离不开宗教。宗教的重要,在于能领导生命的大方向,能将生命之流的过去、现在、未来衔接。所以人人都应该有宗教信仰,有信仰才有规范与目标。"

谈到宗教之间未来如何发展? 大师认为彼此应该建立"同体共生"的关系。大师说:现在科学发达,交通便利,乃至电话、电视、网际网络的发明,使得人际之间的关系真是天涯若比邻。但是世间的智慧有利有弊,科学发达虽然带给人类许多富乐,但相对地也造成人际疏离,甚至制造许多交通事故、计算机犯罪等问题。可以说,科学带给人类福利,但也引生许多弊端,所以单纯的发展科技,并不究竟。

大师进一步谈到,比科学发明更重要、更伟大的事,就是现在人类的思想要相互交流、相互关怀;唯有人类彼此互相来往,互相联谊,互相了解,互相帮助,世界才会和平、人民才能安乐。因此,"世界大同"不是关闭的,而是"同体共生",彼此要互相尊重,互相来往,大家才能共存共荣。

大师比喻说,人体的眼睛、嘴巴、耳朵、鼻子、舌头等五官,要相互共生,才能共存;绝不能说耳朵不是我,就让你聋了;眼睛不是我,就让你瞎了;鼻子不是我,就不让你呼吸……这是不行的! 五官同是我身上的一块肉,宇宙也是一样,与我都是息息相关,所以无论世界上的民族、国家、宗教再怎么多,彼此都应该建立"同体共生"的关系。

大师语重心长地表示,假如美国再一次发生像"9·11"那样的事件,至少届时旅行又再一次受到限制,航空飞机又不能飞,进出海关也很困难……总之最终受害的是全世界的人们。因为现在是地球村的时代,大家都有密切的关系,既然有关系,就应该让彼此的关系保持良好、和善,大家才能欢喜融和地共同存在。

大师对宗教之间抱持崇高的理想与寄望,希望宗教之间要"同中存异，异中求同"，彼此包容，彼此尊重；大师认为"同体共生"的理念虽然一时难以普遍被理解，不过人类总要努力，因为实践理想，未来的世界才会更美好。

大师独到的见解与崇高的宗教情怀，令全体与会师生深受感动，不但当下有茅塞顿开之感，并且咸认这是一堂超越宗教的人生大课题，值得深思与品味。以下是当天的座谈纪录。

◆世界上的宗教很多，有的人信仰天主教，有的人信仰基督教，或是佛教，甚至一般的民间信仰等。请问大师，人一定要信仰宗教吗？

星云大师：人是宗教的动物，有人的地方就有宗教。宗教信仰是发乎自然、出乎本性的精神力。过去在东西方国家的宪法里都明文规定"信教自由"，你想信仰什么宗教，可以自由选择；如果你不愿意信教，也有不信教的自由，可以说都已经说得非常明白。

至于说人一定要信仰宗教吗？我站在一个宗教人士的立场说，毋庸置疑的，人一定要有宗教信仰；因为有信仰，人生才有目标，心中才有主。早期人类的宗教信仰，是出于对自身和大自然中不可解的现象和力量所产生的畏惧和尊崇的心理；随着人类文明的演进，对生命、真理信仰的崇拜，未来必是真理信仰时代的来临。所以，社会愈发达，民智愈开化，人们就愈需要信仰宗教。

宗教如光明，人不能缺少光明；宗教如水，人不能离开水而生活；宗教如艺术，人在生活中离不开美感。因此，尽管有很多人平时不信仰宗教，但是一遇到急难的时候，脱口而出的第一句话便是"阿弥陀佛"，或"观世音菩萨"，可见宗教信仰的重要性。在西方国家里，人们认为没有信仰是很可怕的事，如果你没有宗教信仰，别人就不跟你做朋友。在日本，你没有宗教信仰，女士也不愿意嫁给你，她觉得你没有信仰，就无法给人安全感。

信仰是道路，信仰是纪律，信仰是秩序；宗教代表真理，代表真善美。但是若说有宗教信仰的人就全都是好人？这也未必！人，总是贤愚不等。只是有个宗教信仰，就有目标，就有一种规范的力量，在自我的心中就有一个主。

文学家司马中原先生说，尽管有些中国人信仰天主教、基督教，不过每一个人的身心里，都流着佛教的血液。因为几千年来，从祖父、祖母流传下来，只要有了疾病的时候，或是面临苦难的时刻，都找佛教。有名的哲学家方东美先生，到了人生的最后，也是找广钦老和尚皈依。他表示，总要找个去处吧！平常又没有信仰基督教，既不能上天堂，那么要到哪里去呢？就到极乐净土去吧！人到了苦难的时候，自然就会想要找一个宗教为依归，所以我们常说，宗教是苦难的救星。问题是，有的人平时不觉得宗教的重要，都是"临时抱佛脚"；但是不管怎么样，到了某一个时候，尤其是要紧的那么一刻，人和宗教的关系就如同人和饮食、金钱，男女一样，彼此是分不开的，很自然地就有这种密切的关系。

话又说回来，一般人因为把信仰建立在"有求"之上，所以使得中国人的宗教情操逐渐堕落。举例说，佛光山在美国拉斯维加斯有一个别分院，原本是王永庆先生的机要秘书所有。他住了几年后不想再住，由于房子必须分期付款，想卖也卖不出去，于是他说，算了，干脆就送给佛光山西来寺吧。我们想到当地也有很多华人，就决定接受下来。刚开始时，派了一位法师去管理，两年后他只度了一家信徒。我说这样不行，就改派另一个会讲广东话的徒众，才去了半年，就度了 5000 家香港信徒。他跟我报告说，每次法会都是几百人参加，连警察都来取缔。我问他："怎么有这个功力？"他说："香港人和台湾人不一样，台湾人到了国外，先问：'哪里可以赚钱？'香港人每到一个地方，先问：'哪里可以拜拜？'"香港人把拜拜看得比赚钱重要，他们对精神世界的追求，远比外在的物质世界还要重要。

另外，我们到泰国的金三角、热水塘去弘法救济，当地有一些因战争而留下来的中国士兵。我们到那里弘法，他们虔诚地对我们说："师父，我们宁可没有饭吃，但不能没有信仰！因为信仰是 24 小时，隐隐约约，即使在梦中，我也要有信仰。"

一个人一生一世，吃饱了还有饿的时候，饿了再吃就好。什么困难都有法子解决，生活就算苦一点，也都还好；但是没有宗教信仰，内心就会觉得苦闷、无助。

当时我听了他们的那些话，心里就有一个强烈的感觉，当民族需要宗教的时候，宗教就很重要。所以现在举世发展各种宗教，不管天主教、基督教、佛教，这是人民的自然需要。有的人即使没有信仰，这也只是一时的，是信仰的时候还没有到；一旦因缘成熟，人必定还是离不开宗教信仰，这是毋容置疑的。

◆**延续上一题所说，目前世界上的宗教已经够多了，最近又有许多的"新兴宗教"。宗教到底是多一点好呢？还是少一点比较好？大师您认为世界上的宗教当中，哪一个最大、哪一个最好呢？**

星云大师：世界上哪一个宗教最好？"老王卖瓜，自卖自夸"，这是自然的心态，哪一个人会说自己的宗教不好？但是哪一个宗教最好，也不是自己说好就好。信仰宗教，基本上所谓信仰"真理"，"真理"是要经过评鉴，真理是有条件的。在佛教里讲到真理的条件有四：

（一）普遍性。例如"花开，必然会谢"，这个道理不管你在佛光大学讲，或是到辅仁大学、东海大学、中山大学去讲，大家都能认同，这就是具有普遍性。

（二）必然性。必然性是指不能更改的，是必然如此的道理。例如一加一等于二，你就不能说等于三。

（三）平等性。平等性就是男人说了有理，女人说了也有理；中国人说了有理，美国人说了也有理，它是普遍通于各种人等，不能因为这个人权力大，他说了就有理；同样的话，别人无权无势，说了就无理，这就不合乎平等性。

（四）永恒性。一个道理，过去讲、现在讲、未来讲，都能让人信服，是放诸四海而皆准，是亘古而长新，是永远不会更易的道理，这就是具有永恒性。

譬如"人有生必然有死"，中国人如此，外国人也一样；古人如是，现在、未来的人也无法逃脱这个生死的定律，这就是普遍如此、必然如此、本来如此、永恒如此的真理。任何人都不能推翻这句话，因为这是真理。

生死是必然的定律，不管你在台湾头，或到台湾尾，生了就有死；你是中国人，即使在外国出生，最后也必定会死。古今中外，无论是男人、女人，贫富贵贱，一旦出生就会有死。所以，真理一定要经得起验证，要由大家来评定。

至于说很多的宗教当中，哪一个最大？哪一个最好？我在澳洲曾经遇到一位国会议员菲利普·罗达，他跟我共同主持一项仪式时问我："世界上哪一个宗教最好？哪一位宗教大师最伟大？"我说："你欢喜的就是最好，就是最伟大。""欢喜"很重要！佛陀降诞世间，目的就是为了"示教利喜"。不但信仰宗教是为了欢喜，甚至人到世间来也是为了欢喜。我欢喜土地公，你欢喜城隍爷，他欢喜妈祖、耶稣、观世音、释迦牟尼佛。你欢喜哪一个，哪一个就是最好的，你对于他所讲的每一句话，也一定都会"对、对、对"地加以肯定。如果你不喜欢，怎么会相信他呢？你当然喜欢你所欢喜的，只要你喜欢的就是最好，只要你相信的就是最好。

所以，世间没有绝对的好与坏，我们所信仰的人，就是神、就是佛；我不信仰他，他就是魔、就是鬼。不过从善恶好坏的角度来看，究竟是佛、是魔？当然还是会有一个标准。

甚至我也曾经说过，在世界上的各种宗教当中，包括天主教、基督教、伊斯兰教、佛教等，虽然彼此信仰的对象有别，但是不管是天主、上帝、阿拉、佛陀，乃至地方性的各种神祇等，其实都是信者自己心中所规画出来的"本尊"，名称虽有不同，意义却是一样。

由于各人心中各有本尊，所以不管耶稣、穆罕默德、孔子、上帝、关公，认定就好，不要互相排斥，也不要以自己心中的本尊去要求别人，宗教之间应该要融和，大家和平共存，才不会失去宗教追求真善美的本质。至于现在的新兴宗教那么多，到底宗教是多一点比较好？还是少一点比较好？太少了，如同我们所穿的衣服，如果只有一个颜色，太单调了；有色彩变化一下，就会比较美丽。但是如果色彩太多，花花绿绿，就太复杂了，所以宗教太多，也不必然就好。

宗教太多，所产生的问题就和党派太多一样，造成民众的分裂。你是天主教，他是基督教，或是伊斯兰教，或是本土宗教、佛教……这种种的分别，要想统合起来很难，如果能够给予有限制的平衡，还是很重要的。

不过，现在新兴的宗教太多，好不好？这不是站在宗教好不好的立场来探讨，而是应该站在国家民族的立场来说。宗教不是个人的，应该是众人的，所以不能因为一个人喜欢就成立一个宗教。再说，宗教也不是一下子就能产生，它要有时间、历史。基本上，对于新兴的宗教，我认为应该先从成立团体开始，有组织、有专职人员办一些活动，慢慢酝酿成型，让大家认识、接受后，大概经过一个世纪、两个世纪，自然形成宗教，我认为这样比较好，而不是一下子想成立就成立。宗教太多，首先就会出现分裂的问题。

从宗教的历史来看，每个宗教都有不少的教派，有的以"人"为派，有的以"教义"主张分派。这都很麻烦，无法团结合作。就是佛教，也有各种宗派，像大乘、小乘、空宗、有宗，它是以教义为主，这还容易沟通。现在所谓倡导民主，每一个人都可以去做教主，但是宗教太多，对当代社会、国家、民族究竟有利、无利，这个问题倒是值得各宗教领袖来研究。

我们不是不赞成其他宗教的成立，只是说既然成了一个宗教，它必定有和其他宗教不同的教义、仪规和内容；就如同文学当中的散文、小说、诗歌，一定也有各自不同的内容。所以，宗教其实是可以多一点，但是还是需要规范。如同雨水很好，可以滋润万物，但是天天下雨，就会泛滥成灾；和风让人清凉，但狂风就会把大树吹倒。所以，对于新兴宗教，能够加以有限度的节制，还是有其必要的。

◆**基督教常批评佛教拜观音菩萨、拜佛祖，是拜偶像的宗教，大师您认为人有偶像的观念到底好不好呢？**

星云大师：佛教一向被基督教讥评为拜偶像，其实拜偶像不光是佛教徒。每个人一生下来，父母就是我们的偶像；读书求学，圣贤就是我们的偶像；我们崇拜一些伟大的人物，他们就是我们心目中的偶像！

人要有偶像的观念，有偶像才能见贤思齐；如果没有偶像观念，则没有学习、效法的对象，就如同没有地标，前面的路不知道怎么走。其实，即使基督教本身也不能说他们不拜偶像。比方"十字架"，你叫他们教堂里不要竖十字架，他会说"不行"。这十字架不就是偶像吗？天主教的耶稣、圣母玛丽亚也是偶像啊！

偶像观念，人皆有之。例如有人把你父母的照片撕下来，放在地上用脚去踩，你一定会上前给他一拳，质问他："为什么侮辱我的父母？""咦？那只是一张纸、一个偶像，计较什么？"他会说："不行啊！他们是我的爸爸、我的妈妈。"因为他们具有一个代表性，有了另外的象征意义。所以佛祖、观世音，不管是木刻的、纸画的、铜铁雕塑的，在我心中的意义就不一样了。

过去有人到佛光山参访，走到大佛城，看到阿弥陀佛的像都是用水泥做的，便批评佛光山是"水泥文化"。其实，我们在佛光山几十年，并没有看到水泥，我们所看到的都是佛祖；怎么你从那么远的地方来，只看到水泥，而没有看到佛祖？这也太可惜了，真是枉费草鞋钱。所以，人要建立心中的价值；世间的事物无所谓贵贱，但是心目中的价值会有贵贱。因此，凡事不要只从相上去看，而要看他在我心中所显现的价值，那才重要。

我常举例，同样一块布，做成鞋子就穿在脚上，做成帽子就戴在头上；如果有人反将鞋子顶在头上，一定觉得很脏，这也是偶像的观念。甚至一块布，做成国旗，就有人愿意为它牺牲生命，因为它代表的不再是一块布，甚至不只是国旗，而是一个国家一个民族。这绝不是崇拜偶像，而是因为心中的价值不一样了。好比一张纸、一块木材，雕成佛像，它就是佛像；雕成桌子，它就是桌子，即使你把它拿来当柴火烧，它的价值还是不一样。

唐朝的丹霞天然禅师，有一天在一座佛寺里挂单。时值严冬，天气寒冷，大雪纷纷，丹霞即将佛殿上木刻的佛像取下来烤火，寺中纠察师一见，大声怒斥道："该死！怎么将佛像拿来烤火取暖？"

"我不是烤火，我是在烧取舍利子！"丹霞禅师从容不迫地回答。

"胡说！木刻的佛像哪有舍利子？"纠察师仍是大声斥责。

"既然是木头，没有舍利子，何妨多拿些来烤火！"丹霞禅师从容地去取佛像投入火中。

纠察师所认识的佛像，只是木刻的，而"丹霞烧佛"欲取舍利，他所认识的佛像才是有灵性的。在丹霞禅师的心目中，佛陀的法身遍于整个宇宙世界，那尊佛像早已超越了形质。宇宙真理才是佛陀法身的整个表征！此与禅宗的"魔来魔斩，佛来佛斩"，虽然看似谤佛，实际上是赞佛，他们所看到的不是表象上的佛像，而是佛的法身。

所以，对于一些人常引用《金刚经》的"凡所有相，皆是虚妄"，来指责佛教徒不应该执着一尊佛像。对此我也引用一个譬喻："一个人要渡河，不能没有船；一旦过了河，当然不需要把船背着走。"

"不着相"是指果位上，是菩萨悟道的境界，是要在得度以后才说的；没有得度之前，这尊佛像是很重要的，就像渡船一样，没有它就到不了彼岸。所以不可以用"不着相"来要求因地修行的佛教徒，否则不着相，又何须上教堂，又何须佩戴十字架呢？

还有一则公案。唐朝宣宗皇帝尚未即位时，曾经因为避难而隐居在佛寺丛林里，担任盐官禅师的书记。他对禅门所谓"不立文字""不着形象""不假外求"那种天真洒脱的禅道，颇为欣赏。当时该寺的首座为黄檗禅师。有一天，这位天子书记看到黄檗禅师以七尺之躯，五体投地地礼拜佛像，便问道："首座禅师！你过去一向教诫我们不着佛求，不着法求，不着僧求，现在你这么虔诚地礼拜，你究竟所求为何？"

黄檗禅师听后，立即呵斥道："不着佛求，不着法求，不着僧求，应该要如是求，你懂吗？"

宣宗听后不服气，用讥讽的口吻责问道："既然如此，那禅师礼拜又有什么用呢？"

黄檗禅师听后毫不客气地用力打了宣宗一个巴掌，这位天子书记愣了一下，便非常不高兴地批评道："还亏你是个修道人，怎么这样粗暴呢？"

黄檗禅师又是给他一个耳光，说道："这是什么地方，你居然敢在这里说粗说细！"

宣宗不甘示弱地抗辩道："你能拜佛、拜法、拜僧，我为什么不能说粗说细？"

黄檗禅师听后非常欢喜，笑道："你说得不错，我可以拜佛、拜法、拜僧，你也可以说粗说细。"

语言文字虽系工具，不是目标，但就刚才所说，河尚未渡，何能舍船？一旦到达彼岸，自当舍船而去。黄檗禅师说："不着佛求，不着法求，不着僧求，当作如是求！"此一句"当作如是求"，实是着力之处。

总之，佛教徒拜佛，不是盲目地崇拜偶像，而是与佛接心的过程与方便。当他借着香与佛菩萨来往，"香"就如现代的电话，形式是表达情意的最好方式。因此，关于偶像观念，对一个不懂得宗教与信仰意义的人，是不值得一谈的啊！

◆道教曾经主张"三教一家"，甚至后来又有"五教同源"的言论。请问大师，您对宗教的分合有什么看法？

星云大师：禅宗有一则公案：有一天，傅大士身着和尚的袈裟，头戴道士的帽子，脚穿儒家的鞋子去见梁武帝。武帝见他一身奇异的打扮，问道："你是和尚吗？"大士指一指帽子。武帝又问："你是道士喽？"大士指一指鞋子。武帝再问："那么你是方内之士了？"大士又指一指袈裟。武帝终于不耐烦地说："你到底是哪一家之人？"傅大士于是作诗曰："道冠儒履佛袈裟，会成三家作一家。"

"三教一家""五教同源"的说法，由来已久。明末四大师之一的莲池大师，曾在他的《竹窗随笔》《竹窗二笔》《竹窗三笔》里提到"佛儒相资""三教合一"的说法。之后憨山大师又把莲池大师的"相资论""合一论"，进一步推演成儒、释、道"三教同源论"。

所谓"三教"，释教即指佛教，为释迦牟尼佛的教法。儒教其实是指孔孟重伦理、礼治等儒家的教化而言。道教则以贵生为主旨，包括以丹鼎、斋醮、符箓、积善、经戒为道法的各道派之教。儒、道属于中国本土文化，佛教则传自印度，因此，三教不论在教义思想或信仰仪礼方面，多有差异。

　　只是三教历经时代文化的融会后，修行的立论、济世的宗旨难免会有相互比附之处。比如：儒说"正心"，释说"明心"，道说"炼心"；儒以"治世"，释以"治心"，道以"养性"；儒近"人道"，释近"佛道"，道近"天道"；儒曰"独善其身，兼济天下"，佛曰"上求菩提，下化众生"，道曰"清净安然，无为而治"等。如果仔细探本溯源，三教说理的浅深，陈义的归趣，还是迥然不同。儒教说："未知生，焉知死。"举凡有关宇宙来源、神秘现象、生死问题皆置之不理，一切顺天由命。道教则以"一气化三清"的理念，将宇宙的生成与神仙思想结合，并认为天地万物皆由三清尊神所化，这是唯物思想的体现。佛教则揭示"缘起性空"之理，以解答宇宙成、住、坏、空的因缘观，并以善恶因果、三界轮回的学说，打破人们对生死的迷惑。

　　所谓"五教同源"，则是延续"三教一家"之说而来。内容即指"佛教的慈悲，道教的无为，儒教的忠恕，耶教的博爱，伊斯兰教的清真"。根据马宗德先生的《台湾民间信仰论集》读后感说："五教原为一理所生，虽分门别户，但皆以劝化人心为主宰，普唱仁风而立基，以正心、修性为悟道之本。从'心''性'处多下工夫，以蓄养至大至刚的人格，虽然功夫不同，但是化殊而旨同，其理'一'也，即'真理'。"

　　其实，"五教"泛指世界各大宗教，都是以善为出发点。举例说，儒家思想可纲维人伦，等于佛教的人乘思想；天主教、耶稣教主张生天，等于佛教的天乘思想；道家的清静无为，任性逍遥，等于佛教的声闻、缘觉乘思想。各宗教在多元化的人间，均扮演着导人向上、向善的角色，或为身教，或为家教，或为含容各门学科的心灵教育。人间佛教重视当下的净土，致力于解决人间各种问题，所谓以"出世思想"，做"入世事业"，属于菩萨乘的思想，主张"人成即佛成"，也就是以声闻、缘觉出世的思想做人天乘入世的事业，进而实践菩萨道的慧业。

　　以上是将各大宗教汇归为五乘佛教，皆可引导众生到达各自向往的理想世界，其根本究竟乃觉行圆满的大乘佛道，故曰"五教同源"。

谈到宗教分合的问题，自古以来，经常有附佛外道"寄佛偷生"的现象，主要是佛教的发展并不是靠神通、灵异。佛教有组织、有教义，像"因果报应"的道理，便是颠扑不破的真理。举凡世间任何事物，都离不开"因缘果报"的定律，所以很容易取得一般大众的信仰。

然而，有些宗教因为本身教义不太俱全，所以很容易依附到佛教的身上，像刚才讲的"三教一家""五教同源"。甚至岂但是"三教一家""五教同源"的说法而已，现在还有不少的附佛外道，不下几十种。这许多的宗教基本上可合可分，有些地方可以合，有些地方必须要分。记得有一次，天主教的罗光主教曾在台北天主教的公署举办一次"宗教联谊会"，大家针对"三教一家""五教同源"进行讨论。基本上我也是赞成宗教之间要和谐、尊重，彼此要包容、交流，但有时也不能一概而论。

那天，罗光主教担任主席，我做主讲人。当与会人士都讲过以后，我问罗光主教说："如果现在把释迦牟尼佛、耶稣、孔子、穆罕默德、老子，一排供在这个地方，您愿意拜吗？"他说："我拜不下去！"可见宗教事实上是难以混合在一起的。

如果你反问："既然合不起来，那么就彼此分裂、斗争吗？"也不见得。凡是一个宗教的成立，必定有它应具备的条件，也就是要有教主、教义、教史，再发展到信徒。

我的意思是说，教主不能合，耶稣就是耶稣，佛祖就是佛祖；教义也不能合，就好比文学就是文学，科学就是科学，医学就是医学。天文、地理，性质也不一样，根本就不必合！但是教徒可以互相来往，彼此可以做朋友，你信天主教、基督教，我信佛教、道教，我们可以在一起谈话做朋友，彼此可以互相来往。

也就是说，你尽管信你的教主，但我不能信，因为那是你的爸爸，不是我的爸爸！我把你的爸爸当成是我的爸爸，这就不伦不类了，所以是行不通的。

因此，各人的爸爸，就归各人去礼拜，不必一定要"同"。让其各自存在，各具特色，不是更好？甚至各家的教义就归各家去信仰，你要相信、不相信，你要这个、要那个，你要空、要有，你要三论、要唯识……所以教义也不一定要合。

我的主张是"同中存异，异中求同"。在"同"的里面，宗教都是劝人为善，目标一致；但是"同"中也有"不同"，各个宗教各有教义，彼此说法也有不同。正如交通，有飞机、船筏、火车、汽车，都能当交通工具，但功能性不同。宗教也是一样，所以佛教有五乘，大小乘、人天乘等，包容性强。佛教的"五乘共法"，其特色就在于人乘、天乘、出世的声闻、缘觉乘之间，还有一个"菩萨道"，它把出世与入世调和起来，当然人生就更加圆融了。

过去天台宗、华严宗都讲究"判教"（注：判教也称为"教相判释"、"教判"，意为对各种佛教经典进行总结、分类，并且判定其类别、先后及其地位），现在我对各种宗教的看法，觉得不应该去分谁大、谁小、谁高、谁低，彼此各有所专。就像现在的儿童文学、青年文学、妇女文学，不要分哪一个好，哪一个不好，各有特色。所以，最好就是建立"能分能合"的宗教观，这才合乎中道。

◆宗教有所谓"正邪"之别，请问大师，"正邪之间"到底要如何分辨？佛教对正信宗教与邪教有什么样的定义？

星云大师：平时我们做事讲求效率，有益处的事才做，无益之事自然不做。同样的，有益处的宗教才去信仰，没有益处的宗教绝对不去信仰。

谈到信仰，有的人一开始信仰宗教就走错了路，信了邪魔外道，这就是"邪信"。比邪信好一点的是"不信"。不信仰任何宗教固然不好，但是至少他没有走错路，没有中毒，将来再选择一种正确的信仰，还有得救的机会。另外有一种信得很虔诚，不知分辨而"迷信"的人；迷信比不信又好一点，因为虽然迷信了，但总还有一种信仰。像老公公、老婆婆们，手里拿着一炷香，虔诚地跪倒在神明面前，口中喃喃有词，在我们看起来是迷信的行为，但是他们那一片纯真的心，是非常可贵的。至少宗教劝善止恶的观念，已深植在他们的心中，因此即使是迷信也比不信好。当然，比迷信更好的还是"正信"，能够对佛法生起正确的信仰，才能获得佛法的利益。

所谓"正信"宗教，"正"是正常、正当、正确；正就是对的、好的、善的。例如我们建一栋房子，要强调"正"，栋梁要正，门窗要正；宁可"正而不足"，也不可"斜而有余"。"正"的重要，由此可见。

信仰宗教，尤其要选择"正信"的宗教。所谓"正信"的宗教，必须：

（一）信仰具有历史考据的。

（二）信仰世界公众承认的。

（三）信仰能力威势具备的。

（四）信仰人格道德完美的。

这是说，我们所信仰的对象，必须是历史上经得起考据证明的，必须是经过举世共同承认确实存在的，必须是具有高尚品德与圣洁人格的，必须是能够自度度人、自觉觉人的大善知识，如此才能引导我们走向正道，才是值得我们信仰、皈依的对象。

例如，佛教教主释迦牟尼佛，历史上明确记载着他的父母、家族、出生地、诞生的日期，乃至他出家、修行、成道。他所成立的教团是举世公认的四大宗教之一——佛教；他的道德是圆满清净的；他具足智德、断德、恩德，是功行圆满的觉者；他所宣说的三法印、四圣谛、八正道等教义，及因果、业力、缘起等，都是颠扑不破的真理，可以引导我们转迷成悟，离苦得乐，所以值得信仰。

信仰宗教的层次有种种的不同，就如同学校的教育有小学、中学、大学等高低的分别。宗教的上等者，以正知正见指导我们的生活，以六度万行开发我们的佛性；中等者，以教条仪规约束我们的行为；下等者则沦于神通、灵异的外道邪说，使人迷乱心智，产生恐惧的心理。因此，如何辨别正邪之道，不可不慎！现在的宗教，好像多数都介入了贪心、诈欺、迷信，甚至"邪教"横行。近几年来发生的"邪教事件"，如美国的"戴维教派"，自称上帝，能死后三天复活，造成八十多名教徒被活活烧死；日本的"奥姆真理教"教主麻原以基督自居，要求教徒膜拜他的肖像，花数十万的日币买他的洗澡水，谓之"神水"，藉此加强功力，由于麻原的心理扭曲，最后造成五千多人死伤的东京地铁毒气事件；台湾的一些神棍则或以放光分身、灵异相片，眩惑民众，或以消灾避祟，巧立名目，让人产生畏惧服从的心理而借以敛财骗色，也造成一些社会乱象。

所谓"邪教"，就是怪力乱神，甚至假借宗教之名，意图达到敛财、图利、骗色、求名等目的。邪教所散播的异端邪说，都是违背正知正见的思想与见解，如拨无因果、谈玄说异、卖弄神通、否定轮回等四颠倒和六种邪见，使得我们光明的本性被障蔽。所以《华严经》说："正见牢固，离诸妄见。"正见即八正道、三法印、四圣谛，使我们正见缘起法，了解宇宙万法生、住、异、灭的实相。

一个人一旦错信"邪教"，就像吃错药，不但病无法治愈，甚至有中毒毙命之虞；又像一个人要到远方去，结果走错了方向，永远也达不到目的地，所以信仰要正信，"正"很重要。我发觉现在皈依三宝的人很多，不管到哪里举办皈依，都有几千人报名参加。他们好像在卡位一样，想要赶快找佛教卡一个位子，表明："我是正信的。"

其实，在佛教里还是有很多人"迷信"。只不过迷信也不要紧，迷信只是"我不懂"。因为不懂，我拜妈祖、拜城隍、拜土地公，我信仰民间宗教。虽然我不懂，至少求神拜佛，发心向善，做好事，所以也无伤大雅。

有个笑话，有一位地理堪舆师，一天不小心被倒塌的围墙压住，整个人动弹不得，只好大声对着屋里的儿子大叫："赶快来救我啊！"只见儿子慢条斯理地拿出黄历，对着爸爸说："爸爸！请您忍耐一点，不要急，让我查看一下黄历，看看今天适不适合动土。"

人基本上是很迷信的。例如，过去有人喊："我们为某某主义牺牲！""我们为国家牺牲！"下面再问一句："为什么要为某某主义牺牲？""为什么要为国家牺牲？"国家为什么要我去牺牲？国家为什么不保护我呢？有时候是经不起一问的。但是，人就是要有为国家、为民族、为主义牺牲的这种信仰。

迷信不要紧，怕的就是不信，不信则什么都没有。邪信更糟糕，信错了就是"差之毫厘，谬之千里"。所以现在台湾的邪教横行，当局也不管，任凭它们披着"信教自由"的外衣，打着这样的旗号，到处散播邪说歪理，这是很可怕的。所以今后佛教要"驱邪显正"，正派最好，凡是具有教育性，能引导人向上、向善、向美、向解脱的目标迈进的，就是最好的信仰。

其实认真说来，佛教徒也很辛苦，一面要行正，一面还要驱邪；就如一个修行人，一面修行，一面要和烦恼魔军战斗。你看，多少贪、嗔、痴等烦恼统御了我们的心，多少我慢、嫉妒在我们心里蠢蠢欲动。做人不但很辛苦，而且很可怜，一不小心就会被烦恼扰乱、打败，所以要修行，要行八正道、六波罗蜜、四摄法，要训练很多的正规军，才能压制许多猖狂横行的魔军。

可以说，人生本来就是一场战争，心里充满矛盾、冲突，常常在天人交战、正邪交战。所以人要学会转，心中要会转，不要执着，不要自以为是；不要认为"我已经信了""我已经改不了""我已经认定了"，这是不行的。人要顺从真理，真理才是人生的道路。

◆**佛教经典常常提到"外道"，外道是什么意思？佛教对友寺、异教、外道，乃至"附佛外道"，到底是如何分别的？**

星云大师："外道"不是骂人的话，也不是标榜自己，排斥别人；外道是表示"我的道之外"的其他宗教。因为佛教乃心内求法，佛陀在各经论中，都说佛法只在自己心中，不向外求；中国禅门也说："不着佛求，不着法求，不着僧求。"可见佛法即自己的真心自性，若在此以外谈法论教，都是心外求法，故被视为"外道"。

在佛陀千百万弟子中，大多数是从外道转投佛陀座下。如优楼频螺迦叶、那提迦叶、伽耶迦叶等，都是外道。乃至佛陀在即将涅槃时，最后皈依三宝的须跋陀罗也是外道。其实，揆诸佛教历史，初信外道的人，更容易进入佛教之门，而且一旦理解悟入佛教的真谛之后，就坚信不疑。即使佛陀在证悟佛道之前精通科学的"五明"及哲学的"四吠陀"，也都是外道之学。关于外道的种类，在佛教的经论中所举甚多，有九十六种、九十五种外道的说法，但一般都以"六师外道"为代表，即富兰那迦叶、末伽梨拘舍罗、删阇夜毗罗胝子、阿耆多翅舍钦婆罗、迦罗鸠驮迦旃延、尼乾陀若提子等六师。另外，在《摩诃止观》里提到有三种外道：（一）佛法外外道；（二）附佛法外道；（三）学佛法成外道。

佛教崇尚和平与融洽，对于其他宗教一向采取尊重的态度。不过现在有些宗教，以佛陀为教主，教义中也糅合了佛教色彩，却别立其名，这就好比认他父为己父，当然会引起争议；更有些宗教打着佛教的旗帜，却另立邪说，自封尊号，"未得谓得"，无异"以盲引盲"；信者非但不能见到真理，反而误入万劫不复之地，岂不枉哉！

所以，原本"外道"只是一种说法，并无贬抑之意。外，指外人、外宾，从外面来的，也没什么不好。不过后来慢慢有了"附佛外道"，也就是依附到佛教里、托佛教的名维生，这就不太正派了。因为如果你是正派宗教，为什么不独立呢？

另外，也有所谓的"真佛"，可见有假的成分；不假，何必强调真。还有许多人是为了自己的贪心私欲，想在宗教里拥有群众，因此借机哄抬自己，这就容易产生许多外道了。

在佛教里也有外道，例如有的人讲经说法和佛教的教理相违背，就是"内外道"。内外道包括附佛法外道、学佛法成外道等。如小乘之犊子部、大乘之方广道人等，仅习得佛法之一见，即起执着不知精进，未识佛法之中道真髓，亦无法证得涅槃解脱。甚至有的人连"佛"都想要推翻，如提婆达多以神通惑众，教唆阿阇世王弑父篡位，乃至提出颇多不合正道的主张，还对佛陀说："你应该退位了，我来。"他就是大外道。

人很奇怪，也很迷信。我用一句台湾话形容："有人讲，就有人信。"无论是坏的或好的，你讲我就信。

所以，对于这许多外道，基本上要靠社会的法律来规范。虽然说宗教是神圣的，不可以用世俗的法律来管理，不过因为这是世间，一些不正派的人，在俗世中行走，与俗世的人接触，接受世人的供养，有的甚至以不正当的手段欺诈、骗人，还有神棍借机敛财，像这许多问题，政府也没有过问。政府问的只是攻击政党的宗教，因为邪信、迷信会让人民无知，政治人物就比较容易统治，但如此，反而让迷信、邪信的宗教泛滥。就如过去日本占据台湾的时代，就是推动拜拜，提倡神权的宗教。他让群众把钱花在拜神明上面，就没有精神力气来造反。用迷信来统治台湾，这是当时日本人的手段。

过去的台湾当局也是一样，台湾的青年学子哪里敢选读政治系、哲学系、心理学系？当局不准人民有思想，怕引起反动，所以人民要信仰正当的宗教，他不准，因为正信宗教会让人有思想、有怀疑。

尤其佛教，佛教主张从理性入门，从信心入门，从怀疑也可以进门。禅门主张"提起疑情"，要你疑惑，"为什么？为什么？"不断地参究下去，所以佛教是智信的宗教。

俗语说："宁在大庙里睡觉，不在小庙里办道。"宁可在正教里游走，也不在邪教里做领导。甚至宁可以不懂，但是不能邪信。另外，关于佛教对异教的看法，所谓异教，是表示跟我的信仰不同，例如天主教、基督教、伊斯兰教、民间信仰、天理教、轩辕教、统一教等。我认为不管任何宗教，只要迎合人心，适合大众，就有人信仰；宗教彼此间应互相尊重而非反对，在弘扬佛法的前提下，对异教要有包容心，甚至必要时给予辅导、感化、摄受，而非排斥、对立。

至于谈到"友寺"，就是友好之寺。我认为世间上，人都可以有朋友，寺院间也有同宗同派的师门关系。只是交朋友有所谓"近朱者赤，近墨者黑"，所以朋友还是要有所选择。

过去丛林里称直系道场为"派下""下院"，在日本称"本山""末寺"，是指分支出去的寺院；法系道场是指结过"法"的，并以宗派宗风为依止，继承此法统。"法系"是经由传法而来，没有经过正式接法的人则不能传法。

有人说，佛光山的门风很高，别人不容易亲近。其实在佛光山创建后不久，经常有许多"神明"要到佛光山拜佛，佛光山殿堂的香灯师认为神轿摇摇摆摆，敲敲打打，太不威仪，不许他们进入大殿。我说："人都可以进来拜佛，为什么神不可以进来？"所以有一段时期，到佛光山拜佛的"神明"很多。

现在，佛光山虽然是倡导"八宗兼弘"的道场，但有时一些藏传、南传，或是一些新兴宗教想跟佛光山来往互动，有时候徒众也会有"对不起！我不了解你"之虑。人同此心，不过我想只要彼此多交流，问题自然会改善。

◆**佛教对于密教里的"活佛""灌顶"，或者是"当生成就""即身成佛"这样的仪式以及主张，有什么看法？**

星云大师：宗教里骗人的法术很多，我自己是一个出家人，看到宗教里有好多异想天开的邪术、异术、骗术等，深感无奈。例如现在有些人自称是密教的"活佛"，可以替信徒"灌顶"，或是通过"持咒"，就能"当生成就""即身成佛"。

其实，学佛没有捷径，修行没有特效药；凡事"一步一脚印"，"一分耕耘，一分收获"。世间的人想要求得一个大学毕业，尚且需要十几年的寒窗苦读；你想要成佛做祖、杜绝烦恼，哪里能经由上师加持、诵咒，就能即身成佛，当生成就？这未免太讨巧了吧！所以，我对现在一般人把信仰建立在贪求上，觉得很不可思议。例如，有的人拿一包饼干，带几个苹果，到神明前面拜拜，说："神明啊！请你赐给我平安，带给我财发。"几块饼干、几个苹果，就要求神明带给你平安、幸福，这不是摆明着贿赂神明吗？

近来也有人在研究祈祷的影响力。在《阿含经》里有个譬喻，说明石头是应该沉到水里面去，如果你祈求"神明啊！神明啊！让石头浮起来吧！"这是白费力气；相反的，油是浮在水面上的，你祈求"神明啊！

神明啊！让油沉下去吧。"这也不合因缘果报，所以祈求也不一定有用。

当然，有时祈求还是有力量的，但也要配合因缘条件。你说你的手痛，问我有什么药可以治疗？我为你擦药，再为你祈福，希望你赶快消肿，快点痊愈。这可能有用，因为它合于因缘果报。因此对于现代人讲"信佛"，佛要你信他做什么？"学佛"，佛也不要你学他；"求佛"，佛有什么让我们求的？"拜佛"，佛也不一定要你拜。总之你先要知道：佛要我们做什么？"行佛！"大家要重视"行"字，你不播种，哪里有收成？你不行佛，怎么能成佛？

所以，我们倡导人间佛教，人间佛教就是行佛的慈悲，具有佛的智慧，跟佛一样正见宇宙人生的真理，乃至广行六度、四摄、四无量心，具备"无我"的风度、宽宏大量等。能够行佛之所行，做佛之所做，如此信佛、学佛，才能有所受用！

再回到刚才谈到"即身成佛"的问题。没错，佛教也不是没有"顿超法门"之说，如《摩诃止观》有云："利根者，圆教下一生顿超十地。"《宗镜录》说："一念成佛。"《景德传灯录》说："若悟道，现前身便解脱。"《楞严经》则说："不历僧祇获法身。"这就如同世间的学校，有的人才刚入大学，因为成绩优异，就直接跳级升到研究所。但这毕竟不容易，纵使有，也不值得一谈。世界上没有一步登天的事，都要"一步一脚印"。念佛的人希望往生西方极乐世界，也有人以为当生可以成就；果真如此，佛教何以说成佛要三大阿僧祇劫，甚至光是一个信心就要修一大阿僧祇劫呢？

当然，佛门对时空的看法，所谓"一花一世界，一叶一如来"，有时候从一粒沙就可以看到三千大千世界；虽是一刹那，其实就是三大阿僧祇劫。但这是从理上说的，所谓"理上有顿悟，事上要渐修"，所以事、理要分清楚。再说，修净土法门的人虽然可以"带业往生"，但是带业往生只是靠近净土；就如考试，考取不一定就是毕业。所以，密宗虽然有其次第严谨的修持法门，但仍必须以显教为基础，如果忽略显教教法而盲目追求灌顶咒法，或迷信双修法，而求即身成佛乃至神通，都将是空中楼阁、海市蜃楼，偏离佛陀教法的本怀。唯有显密佛教共同发扬，才能为全世界人类的福祉带来贡献。

◆以整个佛教来讲，全世界有南传佛教、北传佛教、藏传佛教，乃至现在日本的佛教也有自己的形态。请问大师，佛教未来应该走哪一条路线来统一世界的佛教比较好？

星云大师：宗教的意义，旨在宣扬教义，教人明理，导人向善。因此，世界上的宗教都希望传教，莫不认为自己的教最好，哪一个人信了我的教就比较安全。甚至为了显示自己的宗教很大、很有力量，因此都喊出"国际化"的口号。其实，佛教早已是国际化的宗教，不是等到今天才要国际化。不过现在国际化的佛教，像欧美早在几百年前就已经有了他们所信仰的佛教。而现在的南传佛教、藏传佛教、日本佛教、韩国佛教，甚至汉传的佛教，在各个国家经过当地风俗、习惯、文化、气候、土地等种种不同的环境塑造下，也产生了各自不同的内容。例如，过去日本自明治维新以后，都是抱着佛教的原典在研究；近半个世纪，大陆则以中国秦汉隋唐的哲学思想，以及社会主义来评论佛教；台湾不少学者则以现代科学来对佛教作比较研究。

甚至天主教的丁松筠神父曾经跟我说："如果大师您生长在西方，一定是个出色的神父；如果我出生在东方，也一定是个和尚。"信仰往往受地理环境、风俗习惯的影响。这些现象本来就无可厚非，因为宗教到了某一个地方，为了求得生存，为了要在当地落地生根，必然会有一些配合的措施与政策，这是自然的发展。

至于谈到未来的佛教应该要走哪一条路线好？如果要佛教走南传的路线，南传的佛教以供养为主，出家人俨然就是佛祖，只要我住到这个地方来，信徒就要供养我，所以他们建立了供养的制度，僧侣外出托钵，家家户户都会主动拿出东西来供养，这已经成为他们的风俗习惯。但是这种供养制度在中国可行吗？不能！如果你走到信仰基督教的人家门口，他不会给你供养，因为中国的宗教很复杂，所以不能走泰国南传的路线。

你说走藏传的路线？藏传的佛教因为地处荒凉偏远的西藏，人民生活在冰天雪地里，养成坚忍的精神。他们外在的物质很缺乏，只有往内心世界去追寻，所以他们的精神世界很丰富，信心也很强。但是，中国其他地方人到了西藏去，三餐生活都觉得困难，还谈什么信仰宗教？因此并不容易。

再说，藏传的密教重视供养，现在密教能在全世界发展，都是华人的贡献；没有华人，藏传佛教很难在世界生存。不过，华人也很欢喜好奇，总觉得我跟活佛在一起，我替活佛背一个包包，我是活佛的侍者，就觉得是自己一个很大的安慰，很容易自我陶醉。

基本上，西藏因为过去受英语的教育，他们的英文程度，以及对佛教义理的钻研，的确有很深的造诣，像格西就等于我们的博士学位。但是不可讳言的，专研佛学的人确实不少；到处招摇撞骗的，也不是没有，只是一般信徒分不清楚。若说要走藏传佛教的路线，也是行不通。那么，走日本佛教的路线吧！日本佛教虽然在历史上经过了多少王朝、多少磨难，但现在日本佛教各大宗派，都凝聚了很深的势力。现在日本和尚，尤其在明治维新的时候，他们可以跟在家人一样，有宗教的福利，也有社会的自由，他们可以穿在家的衣服，可以当首相，像过去鸠山一郎就是个和尚；京都市、东京市的市长，也都曾经由和尚担任。和尚具有精神的感召力，庙大，信徒也多。

不过，现在日本的政治已慢慢步上轨道，它也不怕宗教乱政。像现在的创价学会、公民党，过去被批评为附佛外道，但是现在他们的势力很大。日本的新兴宗教比台湾地区多，例如立正佼成会、灵友会等，所发挥的力量更大。日本人对宗教也是一种狂热，日本人曾批评台湾地区的人没有宗教情操，不忠于宗教。他们的教性很强，我们常常看到日本人，身上挂一个袋子，上面都有一个记号，这个记号就表示我是这个宗派，当他看到你的袋子跟我不一样，连话都不跟你讲。他们对宗派就是如此地划分界限，彼此泾渭分明。现在日本的佛教，基本上寺庙已经不成为寺庙，而是成了祖师的宗庙。他们不再是信仰佛教，而是信仰祖师。有一次，我在日本的一个寺庙里参观，看到大佛殿里怎么把一个祖师的相挂得那么大，却把佛像做得那么小？他们说，这不是比大小，等于我们在颈项上都会挂一个佛像当护身符！我们的祖师很大，而佛像只是我们的一个护身符，所以佛像不需要很大。

日本佛教从佛祖的佛教变成了祖师的佛教，基本上已经走了样，所以日本佛教的各个教派，并不是由佛来统一。日本的和尚在日本很有地位，甚至日本的女性要嫁人，她选择嫁给教授、嫁给医生、嫁给和尚。为什么？因为和尚有庙，和尚有财富，嫁给和尚，马上就可以当幼儿园的园长，就可以当百货公司的老板娘，就可以跟上流社会接触，像皇家的东本愿寺、西本愿寺，都是由王公大臣出家当和尚。

现在如果要中国汉传的佛教走日本的路线，事实上也不行，因为基本上中国的佛教是靠戒律在维持形象。比丘、比丘尼不可以结婚，这一条日本人都认同，一般在家信徒之所以向出家人礼拜，就是觉得你们跟我们不一样，你们没有结婚，我们是有家庭的，不如你们。

所以，今后的中国汉传佛教要走什么路线？应该走"人间佛教"的路线！人间佛教就是：在家众有在家众的护教空间，出家众有出家众弘法的崇高地位，僧与信、出家和在家，如人之双臂，如鸟之双翼，如车之两轮，所以我们提倡人间佛教。我创建的僧团以佛光山为主，教团以佛光会为主。但是未来的历史不是某一个人说的，也不是某一个人做得了的，这要看后来的信徒有没有这种理念，有没有这种大菩萨、大发心的人，才能有所建树，把这种宗风、规模建立起来。这不是用强迫，或用政治力量可以达成，这是信仰，是要经过时间和历史慢慢形成的。我祝愿佛光山的僧团与教团，未来在人间佛教的发展上，能真正带给人间和平与福祉，带给人类幸福和安乐，这一切还有待我们继续努力！

◆**一般人容易把民间信仰当成是佛教或道教，因此"佛道不分"。请问大师，民间信仰到底是佛教还是道教？乃至神鬼的观念算不算也是宗教信仰呢？**

星云大师：民间信仰到底是佛教，还是道教？主要是看他们自己。他要认为自己是佛教，就是佛教；他要说自己是道教，就是道教。其实，现在的民间信仰，说穿了是"寄佛而生"。例如，过去一般的台湾人，你问他："你们是信什么教？"都说是信佛教。实际上他拜的是妈祖、城隍，严格说来并不是佛教徒，但是佛教也没有把他们排斥在外，硬说他不是佛教徒。不过他们也很肯定佛教，佛教建庙，他们乐意出钱；你是出家人，他们也欢喜供养；佛教的事业，他们也发心参与，所以佛教也没有放弃这许多民间信仰的信徒大众。

不过，到了现在百家争鸣、万花齐放的阶段，民间宗教这块大饼也不只是佛教能吃，有的道教徒也站出来说：这是我们的道教。近几年有一些神庙的庙公，他们也说："我们是道教。"其实，宗教要提高水平，神职人员要有神职人员的风范。你看天主教的大主教站出来，那种气派；反观神道教，哪一个庙公走出来有这种气度？

所以我一直鼓励道教要办道学院，要成立道教会，要成立道教教团，要培养人才，我们也很欢喜有道教出来和佛教良性竞争。不过恐怕不容易，必须要有好的人才，幸好道教比较容易发展。

道教的行天宫，它的力量比佛祖还大，拜拜的人更多，因为基本上求神比较容易，行佛比较困难。信徒到神明面前礼拜，求福报、求平安、求升学、求婚姻等等，神明有没有给他什么答案？没有。不过他心里觉得我求过了，我已经拥有这个，至少他会得到一时的安慰。佛教现在面临的危机，一方面是人才很少，另一方面是保守的力量很强，愚昧的人士很多，真正有知识、有理念、有思想之高层次的信徒也少。许多信徒并不是看你的专业，或是你有知识，乃至你是一个大法师他就来拜你，反而看你穿得破破烂烂，一副苦行僧的样子，他就相信你。

所以，把佛教的信仰建筑在这种无能、无知、无用的上面，这是很让人忧心挂念的现象。如何把佛教的层次提升，把信徒的信仰升华，把佛法义理加以深入研究，尤其要提倡为教殉道、为教牺牲的精神，而不是一味地祈求神明庇佑。一味地祈求神明庇佑是低级的信仰。果能建立这种为教殉道、为教牺牲的观念，则佛教的前途才有希望。

现在佛光会一直鼓励信徒要跟天主教、基督教徒一样，能为教会奉献。因为基本上，以我几十年来对佛教出家人的认识，他们需要钱，但不贪污；平时虽然接受信徒的布施，但也只是想到要在这里建个大雄宝殿，要在那里建个藏经楼、建个宝塔，他不会拿回家用，因为他没有妻子、儿女。即使偶尔拿一些回去孝敬爸爸妈妈，也只是当成行善救济，多少给一点也不要紧！所以出家人在财务上，虽说还是难免有不肖分子，但多数的人还是很有因果观念。再者，谈到神鬼观念，算不算也是一种宗教信仰？甚至信神到底是民间的宗教？还是佛教？或是道教？现在就看佛教的本意如何，如果能把他们转化成为佛教徒，这一转是很重要的！

基本上，佛教不是神，也不是鬼，而是人的宗教。我们提倡人间佛教，并不是不承认神，也不是否认鬼的存在，只是各有各的世界。

佛教是以人为本的宗教，过去基督教也曾批评佛教："你们是人，不是神。"神是什么？神是无形、无相的，似有似无；神是神话的、神奇的、神怪的、神通的。我们一般说，正者谓之神，下一级的就是鬼。神有正神、邪神之分，鬼也有好鬼、坏鬼之别。基本上，神和鬼跟人的世界不一样，人间的人比神鬼更可怕。此话怎么说？我们常说黑道、帮派不好。帮派是不好，不过有些朝代，到了求神、求官都求不到的时候，他只有求黑道帮忙。黑道人士胸口一拍："没有关系，有老子在，我来。"他有那种义气。现在有些做官的，连义气都没有了，把你的钱贪了就不睬你了，不是比黑道还不如吗？

鬼有鬼的世界，神有神的世界，跟人没有关系。就如虎豹很凶，但它在山林里；鲨鱼、鳄鱼很凶，但它在海洋里。所以真正的神鬼，跟人之间井水不犯河水。可是人间的"神鬼"很可怕，我们常见许多人用些不正当的神奇技谋，专门诈财骗色，害人不浅。乃至许多的烟鬼、赌鬼、酒鬼，不都是鬼吗？可以说，人就是鬼。不过人也很矛盾，你说鬼不好吗？酒鬼、赌鬼当然不好，但是你看，太太骂先生："你这个死鬼！"小孩子很可爱："小鬼，来。"把自己亲爱的人当成鬼，可见鬼也很可爱。

其实，佛教讲"一心十法界"，就是佛、菩萨、缘觉、声闻、天、人、阿修罗、畜牲、饿鬼、地狱等十种。鬼在心中，佛也在心中，甚至我们的心忽而在天堂，一下子又到地狱去；一天在天堂、地狱里，不知来去多少回。所以，信仰就是规划自己，让自己有力量，让我们容易到达佛的世界，而不会落到地狱、饿鬼、畜牲等恶道受苦，这才是信仰的最终目的。

◆**世界上有许多战乱都与宗教有关。有人说"美伊战争"实际上是"宗教之战"。一般来讲，宗教都是和善的，为什么宗教也好战呢？**

星云大师：历史上有名的"十字军东征"，就是伊斯兰教与基督教之间的宗教战争，彼此为了圣地——耶路撒冷，而于 1095 年开始，到 1270 年，前后发动八次战争，最后于 1291 年伊斯兰教徒攻破十字军所占领的最后一个城市，终于结束十字军东征。

十字军东征是典型的宗教战争，乃至"美伊战争"，也是如此。因为彼此信仰不同，基督教和伊斯兰教一千多年来都在打仗，都在战争。名义上，都不敢说是宗教，而用国家名义，实际上就是民族战争，就是宗教战争。由于宗教信仰不同而演变成民族战争，这很可怕。就以美国攻打伊拉克来说，为什么要打伊拉克？因为"9·11"事件，恐怖分子本·拉登藏在阿富汗，于是发兵攻打阿富汗，伊拉克支援阿富汗，转而攻打伊拉克。

事实上，这是一场宗教战争，但名义上是打击恐怖分子。然而谁是恐怖分子？你说恐怖分子驾驶飞机，把美国一百多层的双子星大楼冲倒了，死了很多人。难道美国用飞机、航空母舰、大炮，公然地攻打伊拉克，就不是恐怖分子吗？

有人问：世间有没有和平的一天？看来世界是很难有和平的一天，除非佛教普及，大家实践佛教的"无我""慈悲"，才能使世界趋向和平。因为除了佛教以外，世界上的战争皆与宗教有连带关系。宗教为什么会互争？其实就如政治人物，为了实现理想，当别人与我的目标、理念不同，尤其彼此利益冲突时，自然就会有政争，这就是"我执"作祟。

宗教徒之间，虽然有的人"我执"已除，但"法执"未遣，就如佛教的阿罗汉，虽已证果，我执不再，但是那份对真理的执着仍然存在。因为执着，没有包容性，所以争执不断，甚至不得不发动战争。

其实，宗教最大的意义，就是追求解脱。执着存在，如何解脱？所以宗教要有包容性。佛教的包容性强，在佛教里，不管药师佛、弥陀佛、弥勒佛，都是"佛佛道同"，甚至关公、妈祖，在佛教里也能占有一席之地。

佛教容许异己的存在，在佛教两千多年的历史里，从未有过战争和冲突。佛教把儒家当成人乘的佛教，把基督教看成天乘的佛教，把道教的出世无为当成是声闻、缘觉乘的佛教，彼此都是圆融无碍，互相尊重包容。

其实宗教本来就是大家的，佛教不是一神教，但佛教讲真理是一个，所谓"原同一种性，只是别形躯"。每个人信仰的对象，都是自己心中衍化出来的，实际上只是程度、内涵上的差异，站在信仰立场来讲，他们应有共同性。因此，我现在倡导一个人可以信仰两个宗教，就像过去一般民间信仰的人，多数也都同时信仰妈祖与观音。在佛教来讲，一即一切，一切即一，所谓"方便有多门，归源无二路"。不过信仰还是单纯为好，也不能信得太复杂，好比研究文学，可以涉猎历史。研究科学，也可深入宗教，但不能复杂，否则就"过犹不及"了。

宗教在世界上一向是最和平、最受人尊重，但是和平也不能没有力量。例如过去罗马教廷提倡世界和平，苏联的史达林就问："你身为欧洲教皇，有多少军队？"你要提倡和平，就要有力量；没有力量，有什么资格谈和平？"佛教是和平的宗教，虽也主张修行要降魔，但降魔非指跟别人战争，而是跟自己的烦恼战争，修行就是要能降伏其心，用慈悲忍耐来庄严自己。但是如果碰到必须加以制裁的恶魔，有时也要杀一儆百，这也是佛教的降魔精神。

邪恶的力量应被制服，正义应加以维护，若姑息养奸，不加以制裁，则世界永无安宁。现在我们宗教要和平，我们没有力量；我们唯一的力量就是因果的力量、真理的力量。但是这个力量需要时间，所以说"善有善报，恶有恶报；不是不报，时辰未到"。总之，战争是残忍的，也是不得已的；战争的发生，是人类智慧的失败。战争最后当以和平为归宿，才是积极的慈悲。

◆一般人信仰宗教都是有所求，请问大师，信仰、祈祷，这就是宗教的生活吗？

星云大师：人在世间上生存，首先要有物质生活。因为每个人每天都要穿衣吃饭，要有房子住。物质生活是人生最基本的需求。当物质生活满足了以后，就需要有精神生活。所谓精神生活，例如读书、旅游、品茗、下棋、莳花、运动、爬山、谈情说爱等。当精神生活也能享有以后，还是觉得不够，这时就需要追求艺术的生活。所谓艺术生活，包括诸如音乐、绘画、雕刻、建筑等。所以寺院、教堂都以"形相"之美，以及"音声"赞颂来净化人心。

当物质生活、精神生活、艺术生活都拥有以后，还是感到不满足，这时就需要有宗教信仰的生活。讲到信仰的生活，过去一般的佛教徒"信佛"，信了以后就"求佛"，求佛要"拜佛""学佛"。我认为这是不够的，重要的是要"行佛"。我们信仰宗教，不能像儿童一般，天天跟爸爸、妈妈要巧克力、要棒冰。真正的宗教信仰，是牺牲奉献，是为众生服务，所以我觉得"行"佛之慈悲，"行"佛之智慧，"行"佛之普度众生，这才是信仰的真义。

至于"祈祷"是不是就是宗教生活？祈祷是宗教的修持仪式之一。世界上的各个宗教都有它专属的宗教仪礼，例如：佛教的朝山、伊斯兰教的斋戒、天主教的望弥撒等，唯有"祈祷"是一切宗教所遵行。

一般的祈祷多以求福祛祸为目的，将信仰的对象视为"有求必应"的万能之神。人们相信用膜拜、献祭、赞颂等，能够得到神的恩惠和赐予。然而佛教的祈祷之道，不是表相的宗教仪礼，而是建立在"人有诚心，佛有感应"的基础上，借由祈祷的桥梁，与佛、菩萨亲近往来，令人知过迁善，学习圣贤的愿行。所以，佛教的祈祷实际上含有"祈愿祝祷"的另一层深刻意义，信徒通过和佛、菩萨的感应道交，通过与圣贤往来亲近的宗教仪式，令人心生惭愧，改往修来，立下济世的宏愿。祈祷对佛教徒来讲，是神圣纯洁的宗教礼仪，是日常生活的密行修持。

谈到宗教生活，全世界所有正派的宗教，对物质生活都讲究节制，所以对物质生活都是求其朴素、求其简单，对于精神生活则讲究解脱、安然、自在、扩大。佛教在追求精神生活更升华的方面，有另外一些方法，例如参禅、入定、念佛、轻安、欢喜、忏悔、净化、放下等。这种精神上的升华，就如同是枷锁的解脱。

解脱，是学佛最终的目的，所以我们鼓励信徒要从"名闻利养"中解脱出来，从"人我是非"中解脱出来，从"情爱执着"中解脱出来，从"无明烦恼"中解脱出来，从"生死轮回"中解脱出来。

至于如何才能求得解脱，就是要过宗教的生活。宗教生活就是把修行生活化。例如每天早上起来念一篇"祈愿文"，大概四分钟，念得慢的话可能十分钟。你不念也不要紧，每天晨起，不要忙着下床，可以在床上打坐一下，集中精神，统一意志，人生的境界会不一样。如果不会打坐，也可以念佛，依自己的时间规划，可长可短。上班之后，中午如果没有时间午睡，也可以盘腿打坐，效果比睡觉还好。晚上可以看一些佛书或是宗教的报章、杂志，如《人间福报》《普门学报》等等。临睡前再做个晚课，也可以播放录音带，听梵呗，躺在床上当作催眠曲来听，听到想睡就关起来，也能有助于安然入睡。

此外，在经济生活方面，可以规划一个月所赚的薪水当中，多少钱留给父母子女家用，多少钱储蓄起来作为疾病医疗，或是旅行参访之用。另外每月至少有十分之一，用来做善事、供养、布施等宗教用途。

我觉得，修行倒不一定要到佛前去拜愿、诵经、念佛，能够当然很好；重要的是，平时要懂得反省、惭愧、知苦恼、发道心，从服务奉献中，忘记自我，扩大生命。如《金刚经》说：胎、卵、湿、化，皆入无余涅槃，而无一众生可度。从利济众生中，发挥生命的价值，才是最大的修行！

总之，信仰宗教不是靠迷信的膜拜、装饰的念珠或盲目的奉献来建立，而是由深入义理经藏，从中觉悟出生命的真理，进而由理论而实践，由自我而大众，由烦恼而清净，由生死而生活。能够以宗教生活来充实心灵的内涵，继而站在人道的立场去关怀一切众生，必定能让人性的光辉发出耀眼的色彩。

◆ "人能弘道，非道弘人"。宗教师（神职人员）的职责就是宣扬教义，传布真理。对于负有教化社会、导人向善之责的宗教师，请问大师认为他们应该具备什么条件？

星云大师：一个宗教的形成与发展，除了要有德行圆满、于史可考的教主，以及有合乎真理的教义之外，弘传教义者，也就是宗教师的培养，更是不可或缺。若无人才弘化，即使教义再好，也不能普及。

宗教师，一般称为传教士，意谓"负有使命的人"。所谓使命，即在于宣扬教义，传布真理，其功能犹如老师一般，负有教化社会、导人向善之责。

身负弘法教化之责的宗教师，到底应该具备什么条件？首先他对自己的信仰要坚定，要有度众的悲切之心，以及学识的充实、应世的方便、道德的增长、威仪的涵养、物欲的澹泊、性格的平和等，都是不可或缺的条件。尤其要有"弘法为家务，利生为事业"的使命感，才能成为一个真正优秀而称职的宗教师。此外，把自己的生命融入群体大众中，更是宗教家的本色。所以从事宗教事业者，必须要有"但愿众生得离苦，不为自己求安乐"的观念，才能无愧于自己的身份。

我将宗教师应具备的条件，规划成八条，姑且把它称为"八正道"，就是：至诚的信仰、牺牲的精神、正当的道德、丰富的常识、乐说的性格、慈悲的胸怀、共生的性格、宗教的体证。不要说别人，就拿我来说，你们来评鉴我，看我合格不合格？

其实合格不合格，不是口头说了就算。我们看西方国家，他们十分尊重专门机构，连美容业都设有政府认可的学院。在台湾，社会上的老师，乃至医生、律师等，也都必须由师范学院、医学院、法律系毕业，经政府考核通过，取得合法资格者始能从事。但是对于身负万千信徒教化之责的宗教师，一直没有严格的资格认定。如此没有经过专业培训，任何人都可打着宗教的招牌，到处建寺、传教，势将产生层出不穷的异端邪说。因此，我曾经建议，对于宗教团体的管理人或主持人，应该经由合法的宗教教育机构毕业；甚至宗教团体的负责人与主要成员，也应该有该宗教的教育单位或教会组织所颁发的资格证明文件，以避免不肖之徒假借宗教之名，行不法之实。

在此前提之下，当局则应该正式承认佛学院、神学院、基督书院等宗教研修机构的地位，使其能正常发展，并可公开招生，以培育出优秀的宗教师，进而提升宗教教化的功能，乃至对宗教法及教育法均应有明确的制定，以升华宗教信仰的层次。

再者，过去当局一直鼓励宗教从事社会慈善救济，其实宗教的价值在于净化人心，寺院有功于公益者，不光是指捐款而已。政府一般只奖励捐资慈善的团体，下焉者，会使宗教沦为红十字会一般的慈善机构，不能发挥宗教净化社会人心的功能。更有甚者，不肖者可借受奖之匾额作为敛财工具。因此我曾建议对于文教有功者，应该纳入奖励对象。

宗教与社会、人生，都有密切的关系。根据普度大学医学社会长肯尼斯·费拉所主持的一项研究显示，有宗教信仰的人比没有宗教信仰的人，其身体要来得健康，因为宗教大都劝人禁烟、禁酒，力促生活节制，故能减少情绪紧张或家庭纠纷，这些都有益于身心健康。另外有一项报道更指出"宗教人口明显增加，有助于社会祥和"。宗教对于社会的关怀、人权的维护、民众的福祉等工作，不能置身事外，所以宗教师除了资格的认定之外，健全的思想见解、高尚的道德修养、广博的学识才能、无私的悲心愿力等，都是宗教师应具备的条件。

第三讲

佛教对人生命运的看法

"世间上，不论是富商巨贾，或是贩夫走卒，每个人对自我都有一些期许和信仰。一般人除了信仰宗教以外，有的人相信金钱万能，有的人相信权势有力，有的人相信情爱美好，有的人相信友谊关怀胜过一切。当然，也有的人相信因缘果报。但是，芸芸众生中绝大多数的人还是喜欢相信命运。"

以上是佛光山开山宗长星云大师于 2003 年 11 月 15 日在上海普门经舍主持"当代问题座谈会"时，针对"佛教对命运的看法"所做的开场白。大师认为，生活里，每个人最关心的问题，莫过于"自己"；而自己的问题之中，又以"命运"最为重大。因为一般人对于自己的明日不能预知，对于自己的前途无法掌握，便想探索命运，甚至把一切归咎于命运。例如，有的人从小到大，学业顺利，事业成功，爱情得意，家庭美满，一切都很顺心如愿，他就庆幸自己有好的命运；有的人一生坎坷，挫折不断，他就感叹造化弄人，时运不济。

究竟人有没有命运呢？

大师肯定地说：所谓"命运"，其实就是"因缘"。

大师引述佛言"诸法因缘生"，以及六祖惠能大师说的"心好命又好，富贵直到老；命好心不好，福变为祸兆；心好命不好，祸转为福报；心命俱不好，遭殃且贫夭。心可挽乎命，最要存仁道；命实造于心，吉凶惟人召；信命不修心，阴阳恐虚矫；修心一听命，天地自相保"，最后得出"命运与我们的口言身行，尤其存心善恶，有很大的关系"的结论。

大师不讳言："一个人的一生，有时候因为一句话，或是一个人、一件事、一块钱、一本书、一个环境、一个观念、一个思想，都会产生关键性的影响。"

不过，大师强调："我们生命周遭的人、事、物，虽然有时可以影响我们的祸福、有无，但那只是一时的，究竟最终的命运，还是操之在我；命运绝对不是天神可以左右，也不是像算命先生所说，能够预知。如《了凡四训》的作者袁了凡，其一生的际遇不就说明命运是可以改变的吗？再如佛教里的'沙弥救蚁''乌龟报恩'，不都是命运可以改变的最好证明吗？所以自己才是决定自己命运的主人。"

　　大师对命运的诠释，精辟独到，尤其对"命运操之在我"之说，给了与会人士极大的鼓舞与信心。以下是当天问题座谈的实况纪录。

◆同样是人，为什么有的人天生聪明，家世显赫，富贵到老；有的人则是终其一生努力奋斗，到头来还是潦倒以终？请问大师，人的贫富贵贱、穷通有无，到底是由谁来主宰的呢？

星云大师：世间为何有贫富、贵贱、智愚、美丑的不同？这些问题常常使人误解世间不平等，甚至怨怪老天作弄人，因而愤世嫉俗或偏激行恶。其实，同样是人，为什么有的人出身豪门，家世显赫；有的人门第寒微，卑贱低下？有的人天赋异禀，端庄美丽；有的人资质平庸，其貌不扬？有的人一生下来就坐享祖上余荫，福禄双全，凡事顺遂；有的人即使再怎么努力奋斗，结果还是颠沛困顿，潦倒以终？这是什么原因呢？一言以蔽之，都是由于个人宿世善恶业所招感的果报，而一般人则将这一切不同的人生际遇归之为"命运"。

命运的产生，其实就是三世因果的现象。就佛教来讲，生命是通于三世的，我们每个人都有过去、现在、未来三世流转的生命，而生命流转的经过就是"十二因缘"。"十二因缘"说明：有情众生由于无始以来的一念"无明"，造作了各种"行"为，因此产生业"识"，随着业识投胎而有"名色"，继而"六入"（六根）成形，借着六根接"触"外境而产生感"受"，而后生起"爱"染欲望，进而有了执"取"的行动，结果造下业"有"，"生"命的个体就此形成；有了"生"，终将难免"老死"，"死"后又是另一期生命的开始。

因为生命是三世循环不已，而三世循环的生命就是靠着累世所造作的"业"来贯穿，所以我们今生的命运好与坏，不是现世因缘才决定的结果，而是过去久远以来多生多世所累积的善恶业力，到了此生都能现前，都能发芽，都能生长。因此今生的幸与不幸，除了今生的行为因素以外，也与过去世的因缘有关。同样的，我们今生所做的善恶好坏，也可以在未来开花结果，成为来世的命运。此即佛经所说："欲知前世因，今生受者是；欲知未来果，今生作者是。"

三世的生命，好好坏坏，互为因果，所以今生的幸福、富有、荣华富贵，都与前世的好因好缘有关。这就如同我们赞美资质优秀的儿童为"天才""天赋异禀"。"天"就是因果，因为他有过去所作所为的"基因"，到了现世因缘成熟，自能显现他的聪明才智。反之，有的人今生穷途潦倒，挫折不断，也不要怨天尤人，怪你怪他，这也是由于前世的作为——业力所招感的结果。

从佛教的因果观来看，每件事都有其因缘，而主要的原因，就是业力。在《正法念处经·地狱品》中说："火刀怨毒等，虽害犹可忍，若自造恶业，后苦过于是。亲眷皆分离，唯业不相舍，善恶未来世，一切时随逐。随花何处去，其香亦随逐，若作善恶业，随逐亦如是。众鸟依树林，旦去暮还集，众生亦如是，后时还合会。"业维系着我们三世的生命，从过去到现在，从现在到未来，生生世世永无休止地在六道里轮回。所以，人生要想改变命运，必定要从自我身、口、意的行为改造做起，也就是要从"因"上去探究。如果凡事只在"果"报上计较、追求，那是无济于事的。例如，有的人天生聪明，就是过去世勤劳、用心，得遇善知识，信受奉行的结果；家境富有的人，因为他节俭、有预算、勤生产。

由于我们每个人的贫贱显达，是依行为而决定；行为有因果的关系，行为是因，业报是果。业左右了人生的穷通祸福，因此我们的每一个举心动念，可以说都是在创造自己的命运，我们不必依赖算命、看相、卜卦、求签、掷筊来决定自己的前途与未来，自己的身心行为就能改变自己的命运。例如，心思改变，态度会随之而变；态度改变，习惯会随之而变；习惯改变，人格会随之而变；人格改变，命运会随之而变。因此，改心换性是改变命运的药剂；回头转身是开创命运的良方。

命运就如世间事，都是有因有果；种什么因，就收什么果。因果报应，毫厘不差，而果报的好坏，都是取决于自己的业力，不由天神所赐。如果我们所做正直，即使阎罗王也不敢随便裁判、处罚我们。正如世间上的法官，一旦判了冤狱，自己也会受到制裁，假如我们的行为不好，即使阎罗王受到贿赂而判决不公，他也会受到报应。所以，人人有佛性，人人也都是上帝，自己可以决定自己的未来。总之，佛教不讲主宰，而讲因缘，如果勉强要说有个主宰，自己就是主宰。因为世间无常，在无常里，只要自己改变因缘，就可以主宰未来的结果；因为人生没有定型，只要我们修正、改善、改良自己的行为，自然就能改造自己的前途、命运。

因此，个人的贫富贵贱，虽然也会受到后天社会的政治、经济、教育、文化等因素所影响；乃至朋友的资助或拖累，也会影响一个人的前途。一个家庭的幸福平安与否，除了家长主宰着一家的经济生活之有无以外，家中每个成员也都具有举足轻重的影响力；甚至一个国家的经济好坏，也会受到国际局势，以及国内的地理、气候、民风等因素所影响，所以一切都是因缘在主宰。但是，如何培养好因好缘，主动权却掌握在自己手里，所谓"善缘好运"，只要我们平时广结善缘，自然就会有好运。因此，想要有光明的前途与美好的未来，积聚善业是很重要的不二法门。

◆佛教讲"善有善报，恶有恶报"。但是为什么很多人行善，却不得善终，原因何在？

星云大师："善有善报，恶有恶报；不是不报，时辰未到。"因果报应的原理就如"种瓜得瓜，种豆得豆"，因果循环，明明白白。偏偏有人对因果生出许多误解，理由是：有的人作恶多端，但他一生荣华富贵；有的人善良有德，偏偏穷困潦倒。"善无善报，恶无恶报"，如此何来"因果"之有？如此"因果"，怎能叫人信服？

其实，因果是通于三世的，不能只看一时。有的人虽然今生作恶多端，但是由于过去世行善，累积了许多功德资粮，就如一个人过去在银行里储蓄了很多存款，现在虽然作奸犯科，你能不准他提用存款吗？反之，有的人今生行善，但过去作恶的业报现前，就如有人往昔负债过多，虽然现在做人善良，然而欠债还钱是必然的道理，你能因为他现在很有道德修养，就不用还钱了吗？

所以，善恶因果不能单看一时、一世，因为因果报应依其受报的时间，有现报、生报、后报。正如植物，有的春天种，秋天收成；有的今年种，明年收成；有的今年种，多年以后才能结果。而业报之所以有现生成熟、来生成熟、后生成熟等不同的差异，其原因有二：

（一）因的力量有迟早。譬如一粒瓜种和一粒桃种同时下种，瓜种当年即可生长结果，而桃种须待三四年后方能结果。

（二）缘的力量有强弱。譬如相同的二粒豆种，一粒种在空气流通、日照充足、土壤肥沃的地方；一粒种在潮湿阴暗、土壤贫瘠的角落里，结果二粒豆种发芽成长的速度一定不一样。因为诸缘具足，成长自然早些；诸缘不够，自然业果成熟较慢。

由此理论得知，好人今生所以受苦报，是因为过去所种的恶因今已缘熟，须先受苦报；而今生虽然行善做好事，但是因为善因薄弱，善缘未熟，所以须等待来生后世再受善报。恶人作恶，反得好报的道理亦然。

善恶因果，不是不报，只是时辰未到，道理是很简单易懂的，只是一般人并不容易有正确的认识。

话说有一位老和尚想在山里建一座寺院，于是下山来到村子里化缘。他把化缘的目的写成告示牌，竖立在路口，自己就在地上坐下来静静地念佛、诵经。但是几个月过去，每日来往的行人都视若无睹，没有任何人主动乐捐，只有一个卖烧饼的小孩看了过意不去，就把当天卖烧饼的钱全部捐给老和尚。老和尚深受感动，对小孩子说："日后如果你生活上发生任何困难，可以到某某山的某某寺院来找我。"说完摸摸小孩的头就离开了。卖烧饼的小孩起初并没有把老和尚的话放在心里，但是他回去后因为交不出钱来给老板，结果就被开除了。失去工作的小孩，从此流落街头当乞丐，不但三餐无着，而且居无定所，生活环境的卫生也不好，不久便眼睛全瞎，从此连讨饭维生都发生困难。这时他忽然想起当初老和尚交代的话，便依言到山里找老和尚。

老和尚是一位有神通的得道高僧，早已预知小孩子要来，因此昭告全寺大众，说："明天有一位功德主要来，他是我们的大护法，大家要准备迎接。"隔天，当家师、知客师都没有见到什么大护法、大施主来。直到晚上，老和尚问道："我们的大护法来了没有？""没有。"奇怪！应该要来的。这时知客师说："老和尚，大护法、大施主没来，倒是有一个瞎了眼的小孩子来过。""哎呀！那就是我们的大护法、大施主啦！赶快迎回来，待为上宾，好好地照顾他。"

于是在老和尚的指示下，小孩子被安排在寺院里住了下来。有一天晚上，小孩半夜起来上厕所，因为过去大寺院的厕所不但大，而且很深，小孩一个不小心，跌到厕所里淹死了。消息传开，一时闲话满天飞，大家认为小孩子不做好事倒还好，做了好事不但失业，眼睛也瞎了，现在又掉到厕所里淹死，这哪里是好心有好报呢？

老和尚知道以后，就集合大众，告诉大家不可以如此看待这件事，不要以为没有因果，其实这正是因果。老和尚说："这个小孩子由于前世造下的罪业，本来今生应该出生为癞痢头的穷苦小孩，下一世则是一个瞎子，再下一世又会受到掉进厕所淹死的果报，这本来应该是三世的罪业，但由于他今生布施建寺的功德，结果三世的罪业都集中一次受报，现在已经苦报受尽，升天享乐去了。"

"因果报应"就像一个人欠了债就一定要偿还；吾人只要造了业，就一定要受果报。所以，三世因果一世报，看似不好，其实是消业，当业报受尽，自然无债一身轻，这其实是好事。只是因果业报的关系复杂而繁琐，实非凡夫之智所能认识清楚，因此一般人很容易错乱因果。

有一个年轻人自己创业，开了一家工厂，他一心想要多赚一些钱，因此每天早上都会到王爷庙里去拜拜，求王爷赐福给他，让他发财。有一天，年轻人照例到王爷庙烧过香之后，骑着野狼150CC摩托车赶着要去上班。因为车速太快，一头撞上桥梁，结果车毁人亡。

年轻人的父亲无法接受这个事实，怨怪王爷没有保佑他的儿子，因此怒气冲冲地到了王爷庙，准备打坏王爷的像。

这时庙里的庙祝上前对老先生说："老先生，你千万不要怪我们的王爷不灵验，不肯保佑你的儿子，你要知道，你儿子骑的是野狼150CC的摩托车，我们王爷骑的是白马。当王爷看到你儿子即将撞上桥梁时，也想上前救他，但是你儿子的摩托车太快了，王爷的白马赶不上，结果'砰'

一声，就出车祸了。"

从这故事可以知道，车子开得太快，快有快的因果，不能怪王爷不保佑。就像我们平时做人处世，常常很容易怨天尤人，很容易错怪别人，不知道一切都是自己的因果关系。比方说，我常听一些人抱怨："我每天烧香拜佛，为什么身体多病呢？""我信佛如此虔诚，为什么钱财被人倒了呢？""我吃斋念佛，为什么生活总是不顺利呢？""我每天打坐参禅，为什么命运多舛呢？"我听了不禁感到奇怪，佛门又不是保险公司，你只知道一味祈求佛菩萨加被，自己的言行却违背"因果"，怎么能得到好报呢？再说，所谓"种如是因，得如是果"，信仰有信仰的因果，道德有道德的因果，健康有健康的因果，经济有经济的因果，我们不能错乱"因果"。想要身强体健，必须注重饮食、运动，培养良好的生活习惯；想要事业成功，必须精进勤奋、把握机会、分析市场趋势；被人欺骗，应该先检讨自己是否贪小便宜，伤害别人；遭到扒窃，应该先反省自己是否太过招摇，让钱财露白，或许也可能是自己前世有欠于他，今生借此还债也不一定。

由于我们遇事往往不去探究因果关系，不懂凡事都不离因果，因此无明烦恼，甚至对因果产生怀疑，如刚才说的，"某甲布施行善，为什么如此贫穷？某乙为非作歹，为什么这么富有？"其实因果业报有现报、生报、后报，好比植物有春种秋收，有一年生，有多年生。"因果"业网比植物的生长因素更为错综复杂，之所以迟速不一，轻重有别，其间的"缘"也很重要，好比一颗种子，即使再好，也需要沃土、阳光、空气、水分、剪枝、施肥，才能茁壮成长，开花结果。

世间之事亦然，一个人具有才华固然是一个好"因"，但也要加上好"缘"，才能得到好的结"果"；一个人素行不良固然是一个恶"因"，但如果能加上一些好"缘"，也可以改变因与果之间的关系，或许会减轻将来的恶"果"。所以，平日里每当我看到一个人才，总会在心里思想着如何给他一些好的因缘，让他能够早日成就；每当我看到冥顽的众生，也常思忖着如何循循善诱，给他改过向上的机会。

不过，话又说回来，一个人最重要的，还是要靠自己平时勤修善根、常做善事，多培养一些福德因缘。如《阿弥陀经》云："不可以少善根福德因缘，得生彼国。"往生极乐，不可以少善根福德因缘；纵使有方便法门，可以带业往生，但毕竟不是完成；就如读书考试，没有考取学校，尽管给你插班复读，但是离毕业还有很长的过程，还是要靠自己的真才实学，才能达成目标。

所以，因果不能只看一时，要看三世。吾人的生命，推之往昔，可谓"无始"而来；望之未来，可说无穷无尽。面对谜样的人生，有的人回想过去生中，自己做了什么；也有人妄想来生不知道会如何；更有人怨叹此生种种的不如意。其实迷时不解，悟时始明，正如《三世因果经》云："欲知前世因，今生受者是；欲知来世果，今生作者是。"鉴古知今，从现知未，这不是"三世生命，一偈可明"了吗？

◆**佛教讲，人的穷通祸福，都是自业自受的结果，那么一个人信不信佛，对我们的前途会有什么影响吗？请大师开示。**

星云大师：过去释迦牟尼佛有一位弟子名叫大迦叶，他曾经自豪地说："如果我不能遇到释迦牟尼佛，我也能成为独觉的圣者。"可见佛教不是讲"唯我独尊"的神权，而是主张"人人皆有佛性，皆得成佛"。

我们每一个人，佛性本具，本性里都具足了三千大千恒河沙功德，只是金银宝矿在山中，如果没有开采，也如黄土一堆。人的内心世界纵有无尽的宝藏，但是如果没有开发，就如聚宝盆没有打开；又如一间仓库被关闭，里面的宝物永远不能呈现。

正如世间有不少的有钱人，他把黄金埋在地下，每天仍然过着穷苦的日子。有的人本来可以开智慧、变聪明，但因执着，闻善言不着意，所以仍然愚痴。学佛，就是要开发我们本具的佛性、发掘我们内心的宝藏；信佛，通过对佛法真理的信仰，让我们找到一条可资遵循的人生道路，让我们的行为、思想不致有了偏差，就像车辆行驶在道路上，有了路标的指引，才不会迷失方向，又如火车行驶在铁轨上，就不致发生意外。说到信仰，有一点大家必须认识清楚的是，信佛与信神是不一样的。过去在科学未发达之际，人们受着神权的控制，看到打雷就以为有雷神，刮风就想象有风神，下雨就认为有雨神，甚至树有树神，石头有石头神，山有山神，海有海神，乃至太阳神、月亮神、天神、地神等。有了这些神祇，人们出门做生意，远行谈事都要求神问卜，久而久之，人的生活起居都受到神的控制而不得自由。

佛教主张凡事不问神，要问自己，因为人的业力和行为可以改变人的一生，可以决定自己的未来。所以，信仰神明的人，把神当成权威，当作赏善罚恶的主宰。但是佛教认为，最权威的人，最能赏善罚恶的，是自己的行为。佛祖只是像老师一样教导我们，但是教导出来的人，有的以师志为己志，有的与师道相悖离，这就不是老师的责任了。如《佛遗教经》说："我如良医，知病说药，服与不服，非医咎也；又如善导，导人善道，闻之不行，非导过也。"可见佛陀只是一个导师，一个先知先觉者，一个导航者，至于我们信他，固然有好处；不信他，他也不致降灾给你，但是后果还是要自己负责。谈到信仰宗教，在佛教里讲究信仰要具备三个条件：一、历史上真实的；二、能力上可靠的；三、道德上清净的。譬如我们所信仰的佛教，教主释迦牟尼佛是历史上明确记载，是确实存在的；他的道德是圆满清净，具足智德、断德、恩德等三德；他具有自度度人、自觉觉人的大力量。所以，佛是值得我们信仰的对象。

信仰是发乎自然、出乎本性的精神力。正确的信仰，可以让我们获得无比的利益。在佛经中列举诸多的譬喻，例如：信仰如手、信仰如杖、信仰如根、信仰如力、信仰如财。尤其佛教和其他宗教不同，佛教并不是一味地叫人信仰，佛教的信仰是要我们建立在理智上、慧解上，甚至可以建立在疑情上，所谓"大疑大悟、小疑小悟、不疑不悟"。佛教的缘起、中道、因果等教义，可以究竟解答人生的迷惑。所以，过去我曾经说过，一个人可以什么都不信，但不能不信因果，因为一个人有了因果观念，才能慎行于始，才能防非止恶，才能众善奉行，才会有光明的前途。

此外，平时我们内心的贪欲、嗔恨、邪见、嫉妒，就像绳索一样的控制着我们的身心，使我们不得自在。学佛最大的目的，就是教我们如何从束缚中解脱出来，而获得自由，就像历代的高僧大德在功名富贵之前，生死欲海之中，毫无畏惧，解脱自在一样。

所谓信佛，信的是什么佛？佛教我们要有慈悲、有智慧。有慈悲，就能人我一如，同体共生；有智慧，自能看清世间的得失，自能明白因缘果报的道理。甚至佛是大雄、大力、大无畏，佛有力量，你对世间一切境界能有力量应付吗？佛代表道德，你有健全自己的人格吗？信佛，不是求佛、拜佛而已，行佛才能获益；信佛，不是佛能给我们什么，而是通过信佛因缘，自己能行佛，就能圆满人生。

佛，代表真善美，所谓"有佛法就有办法"，相信真善美，自然拥有真善美。信仰的好处，就是让我们的人生有目标，有目标就有向前、向上的力量。平常我们白天出门，夜晚都懂得要回家；信仰能为我们的人生找到一个安身立命的家。只是，一般人都是不到黄河心不死，不遇苦难生不起信心，所以一切要待因缘，要有善根，善根成熟了，自然会信。

在世间，我们要找一个好的老师并不容易，假如能找到佛陀作为我们的老师，他是历史上实实在在有的，他确实有能力可以解除我们的苦难，他确实有慈悲、有道德、有愿力，是值得信仰的对象，但是信与不信，就全凭个人的看法与福德因缘而定了。

◆佛教讲，一个人的幸与不幸，都是自己造"业"的结果。请问大师，业到底是什么？如何让凡事讲究证据的西方人士相信，人生真的有业报的存在呢？

星云大师："业"，梵语 karma，音译作"羯磨"，是指"行为""行动"或"造作"的意思。也就是指行为、意志等身心的活动。

社会上，由于士、农、工、商各行各业的经营运作，世间才得以运转不息；人类，因为身、口、意三业造作各种善恶行为，所以生死轮回不已。佛法将此主宰轮回的动力，称之为"业"，而造业的主人就是身、口、意三者。由身口意所造的业，有善业、恶业、无记业。造善、恶之业，必定招感相应的苦乐果报，可以决定人生的成败祸福。也就是所谓的"善有善报，恶有恶报"。这种道理几乎是人人耳熟能详，并且深植在一般人的心里，即使是笃信基督教的蒋宋美龄都曾说过："自己的行为，决定未来的一切。"这就是业力思想。

所以，业的真正意思就是"自己的行为自己负责"。业，维系了吾人三世的生命，因为有"业"这条生命线，三世的生命才能永恒不失。甚至好与不好，在无限的时空里循环不息，牵连不断，于是产生了三世因果的"轮回"说。而这个轮回的主宰者，便是我们所造的业力。

"业"有驱使造作的力量，故称"业力"。也就是说，我们的行为无论善恶，都会产生一种力量，驱使我们去造作新的行为，新的行为又会产生新的力量。如此行为生力量，力量又生行为，辗转相生，就形成了循环式的业力推动圈。而这些善恶业平时就像种子般埋藏在我们的第八识——阿赖耶识中，一旦种子遇缘，便起现行，起了现行，自然果报分明。根据佛经说，因恶业而受罪者，称为罪业，罪业报生三恶趣；因善业而得福者，称为福业，福业报生人天。这就好像一个人犯了重罪，就得入监狱受刑罚，想不去都不行；做了善事功德，就会获得善名美誉，即使想推辞都推不掉。业力就是有"不愿生，强迫生；不愿死，强迫死"的力量。不但到人间来受生是行为业力的影响，就是到了业缘终了要死的时候，即使不想死，也由不得自己。

由于吾人一生的果报，完全由业来引导，此即所谓的"引业"，它具有强烈的作用力，能牵引吾人生于人、天、鬼、畜各道。甚至虽然同在人道里，又有贫、富、贵、贱、美、丑、强、弱、苦、乐差别的果报，此即"满业"牵引的结果。

满业是次要的，例如同样是人，可是长相不同；引业是重要的，例如应该投胎为人或是畜生，它强烈地牵引你非来不可。引业的果报叫"总报"，满业的果报叫"别报"。例如：画师先以一颜色图绘其形状，此为引业的总报；然后再填以众多色彩，此为满业的别报。据《俱舍论》云："一业引一生，多业能圆满。"引业乃以一业引起一生；满业则以众业引起种种的果报使其圆满。此外,众生由于共通的业因,能招感自他共同受用的山河、大地等器世界,这是依报的业,称为"共业"。共业又分"共中共"的业、"共中不共"的业。譬如山河日月、风霜雨露,人人同沾共沐,有相同的感受,就是共中共的业。又如一车的人同遭车祸,有的人大难不死,有的人血肉模糊,这就是共中不共的业。

相对于"共业",又有"不共业",也就是个人的业因,能招感个人受用的五根等正报的业。不共业也有"不共中的共业"和"不共中的不共业"。譬如同一家人,不免忧戚与共,祸福同享,彼此有共业的关系,这就是不共中的共业。相反的,两个陌生人,对于彼此的喜怒哀乐,很难感同身受,缺乏共鸣,这就是不共中的不共业。

中国有一句俗话说:"阎王叫人三更死,不敢留人到五更。"说的就是佛教所谓的"定业不可转"。也就是说,善、恶之业所招感的果报,其受果、受时俱定,任凭山移水转都无法改变,这就叫作"定业"。反之,善、恶之业所招感的果报和时间还不一定,暂时不受报,就叫作"不定业"。

在部派佛教的一切有部里,又分业为"表业"和"无表业"。认为身业和语业中,能表现在外,并示予他人的,称为表业;无法示予他人的,称无表业。大乘佛教则认为意业于内心有其表示,所以也是表业。但是即使是"无表业",还是有行为的余势,仍有其作用力。刚才问到:"如何证明有因果业报的存在?"业,虽然是精神、肉体的感应现象,其实也是能用眼睛看,或用心感受的具体行为。例如从因果来讲,有了因,一定会有果,果报就是业力;因成为果,果报现前,不就看到了吗?

一个皮球,使力一拍,它就跳得高;拍的力量小,它就跳得低。跷跷板,一头使力大,另一头就跷得高;使的力轻,跷的就低。世间凡所有物,只要你使力刺激,它就有反应,这就是业力。所以业力很合乎科学的定律与原理。

其实,世间上看不到的东西可多了。我爱你,"爱"在哪里?看不到,但爱是不得了的力量,可以成就一个人,也可以毁灭一个人。再如电，把电线剥开，电在哪里？也是看不到，但你用手一碰，就能感受得到。甚至，插头一插，电灯就亮，你能说没有电吗？因此，刚才问到西方人讲究科学，凡事要能验证，要能看得到才肯相信，对于因果报应，因为看不到，因此不愿相信。其实业力不是信与不信的问题，西方人没有业力观念，但还是脱离不了因果业报的定律。业力论是世界上颠扑不破的真理，不管好或不好、幸与不幸，生命的关联，生命的好坏，都与业力有关。

业是很复杂的东西，在善业里，有的人虽然做善事，但是他有某种企图，有自私、贪心，这种不清净的善业，也有恶的成分。在恶业里，有时他是为了替天行道，为了行侠仗义救人，当中也有善缘的存在，所以业是很复杂的，不是一般人所能了悟。学佛的人，最重要的，就是要正见善恶业力，如此才能谨言慎行，才能免受恶报。

◆佛教讲"诸行无常"，世间万法既是无常，必然不是常住不变，为什么唯独业力却又能三世相续，轮回不已呢？请大师开示。

星云大师：有一则寓言说：一只毒蝎想要过河，就央请乌龟帮个忙，载它一程。乌龟怕毒蝎，毒蝎说："你放心，你背着我，万一我蜇你，你死了，我又岂能独生？"乌龟觉得有理，于是好心地背着毒蝎过河。游到河的中央，毒蝎对着乌龟的头上一蜇，乌龟责怪毒蝎背信忘义，毒蝎满脸歉疚地对乌龟说："我并不想伤害你，怎奈我已蜇人成习，实在真是对不起啦！"所谓"烦恼易断，习气难改"。佛教里有一位牛司尊者，虽然已是证果的罗汉，但平时嘴巴总是不停地呶来呶去，因为他在往昔曾经多世生为牛，反刍惯了，习气仍在。另外，十大弟子之一的大迦叶尊者，虽然苦行第一，但只要一听到音乐，仍会情不自禁地手之舞之，足之蹈之。甚至即使是等觉的菩萨，因为一分生相无明未断，就如十四夜晚尚未圆满的明月，此皆因为余习未断之故。

谈到习气，平时我们有很多的行为很容易习惯成自然，一旦变成根深蒂固的习气，则生生世世难以去除。习惯有好有坏，好的习惯，如勤劳、诚信、谦逊、有礼、忍辱等，都能增长我们的道德，广结善缘，化险为夷，得贵人助。相对的，坏的习惯不但使我们终生祸患无穷，并且累劫遗害不尽。譬如一个人脾气暴躁，恶口骂人，习以为常，则必定人缘不佳，阻力重重；有的人养成吃喝嫖赌的恶习，不久便倾家荡产，妻离子散。其他如好吃懒做、阿谀奉承、欺骗违信等，都是自毁前程的陋习。烦恼余习，不但影响我们的一生，甚至和业力一样，影响及于来生后世。因此佛陀曾经将"业"比喻为"如种""如习"，说明为什么在无常的定律下，业力却能三世相续，轮回不已。

所谓"业力如种"，譬如一粒黄豆，经由种子、发芽、成长、开花、结果的过程，最后黄豆虽然凋谢、枯萎了，但是因为有种子保留下来，一旦遇缘，又会发芽、抽枝、开花而结果。众生业力的感果，也是这种现象。

所谓"业力如习"，譬如一个装过香水的瓶子，虽然香水用罄，但是瓶子里仍留有香水味在。通过这种"习气"说，可知业力确实有感果的功能。

业有如念珠的线，线把念珠一颗一颗贯穿起来，不会散失；业维系着我们三世的生命，从过去到现在，从现在到未来，生生世世，永无休止地在六道里轮回。所以，虽然我们的色身有生灭，但是真正的生命是不死的，就如茶杯，不小心把茶杯打坏了，无法复原，但是茶水流到桌子上，流到地毯里，用抹布抹，用拖把拖，茶水在抹布、拖把、地毯里，它不会减少。由于业如茶水，是会流转再生的，所以说"业力不失，通于三世"。

再举一个例子，如果有人杀了人，杀人的行为虽在瞬息间消失，而杀人的起心动念，以及杀人的后果，却会严重地影响到未来。这种可以导致未来善恶果报的影响力，就是佛教的种子思想。种子说的成立，建立了三世轮回与因果循环的道理，告诉我们行为业力（身、口、意三业）的留存，不论历经多少劫，都不会丧失其"生果"作用。此即所谓："假使百千劫，所作业不亡；因缘会遇时，果报还自受。"

所以，众生在生死海里流转，生命不断，就是靠"业"。业力，有"润生"及"发芽"两种力量。譬如我们所播的种子，还要予以浇水、施肥才能生长，而"业力"就是生命的水分及肥料。所以，有了业力，生命才能继续存在。

业，有善有恶，善恶果报，均由自己承担，并非有神仙、上帝可以赏赐福祸，也没有阎罗、鬼王司掌惩罚。因此，只要我们能够确实体认：业是自己创造，不由神力；业是机会均等，绝无特殊；业是前途光明，希望无穷；业是善恶因果，决定有报。如此则能掌握自己的命运，开创自己的人生，成为自己生命的主人。

◆刚才说，人才是主宰自己的主人，但有的人虽然有心改变现状，却因为意志薄弱，无法坚持，这时可以求助神明来改变命运吗？

星云大师：一个人有心向上、向善、向好，总是善的因果，这时如果有求于朋友助他一臂之力，只要是好的朋友、有力量的朋友，都会不吝伸出援手。反之，即使亲如父子，如果儿女所做非法，素行不良，为非作歹，却不断向父母需索无度，明理的父母也不会满足他，否则爱之适足以害之。

同样的，我们求助于神明的保佑，如果是如法而求，不做违背因果之想，就等于官员不是用贿赂，不是私相授受，不是私自图利他人，不是假公济私，那么在合情、合理、合法的情况下，都能获得一些助缘。

不过，佛教是一个讲究因果的宗教，所谓因果，就是种什么因，就得什么果；相对的，你想怎么收获，就必须先怎么栽种。所以一个人只要自己培养的福德因缘具足，即使没有神明帮助，只要缘分一到，什么都能如愿；如果没有福德因缘，即使向神明求助，不说神明不能私自以他的权力来决定一切，即使他有神通威力，如果不依法行事，也不称之为神明。平时我们看到一些人对神明有所祈求时，总是备办三牲四果到庙里拜拜，或是承诺装金塑像；人间的贪污贿赂，都于理不合，何况人与神道交往，更要以道德、信仰、慈悲来广结善缘，才能得道多助。

在佛教里，一般人总以为佛陀神通广大，法力无边，想要做什么就能做什么。其实，佛不度无缘之人，佛陀也有无奈的时候。

有一个坏人名叫乾达多，一生作恶多端，唯一做过的一件好事，就是有一次走路的时候，看到一只蜘蛛，本来一脚就要踏到蜘蛛的身上，可是心念一转：这一脚踏下去，蜘蛛就死了。由于当下生起一念的善心，赶紧收起将要跨出的一脚，于是救了蜘蛛一命。

后来乾达多死后堕入地狱，蜘蛛有心想要报恩，佛陀也想满足蜘蛛的愿望，于是把蜘蛛丝一直垂放到地狱里去救乾达多。地狱里受苦的众生一见到蜘蛛丝，也都争先恐后地蜂拥过来攀住它，想要离开地狱。这时，乾达多嗔心一起，用手狠狠地推开众生，说道："走开！这是我的蜘蛛丝，只有我可以攀上去，你们走开！走开！"

由于乾达多的猛然用力，蜘蛛丝断了，乾达多和所有的人又再度落到地狱里面去。佛陀这时十分感慨地说道："由于众生自私、嗔恨，一点利益都不肯给人，对人不够慈悲，不与人结缘，纵使我有心想救他们，也是无可奈何啊！"

所以，佛教认为命运掌握在自己的手中，任何力量都不能主宰我们的命运，即使天神，也无法操纵我们的命运，我们才是决定自己命运的主人，我们是创造自己命运的天才。神明没有能力把我们变成圣贤，上天也不能使我们成为贩夫走卒。成圣希贤都要靠自己去完成，所谓"没有天生的释迦"，只要我们精进不懈，慧命的显发是可期的。

因此，自己的命运要靠自己创造，不能把自己的幸福依赖、寄托在别人身上。一个人的一生，并不是靠父母师长的爱护，就能立身处世，必须有自己的能量，才能成功立业，别人只是助缘，自己才是主因，所谓"天助自助者"。自己不去勤奋努力，却一味地祈求神祇赐予，这是"缘木求鱼"。就如同种田的人，自己不去开垦、耕耘、锄草、施肥、引水灌溉等，如此即使向神明磕破了头，也不会有金黄饱满的稻穗可以收获。

总之，命运是掌握在自己手中，自己才能主宰自己的命运。所谓"求神明，拜神明，不如自己做神明"。我们向神明求助，只是增加希望和力量，但终究要自己努力，神明不能给你财富。神明不是我们的经纪人，也不是我们的会计师；聘请一个经纪人、会计师，也要有利润给他，简单的几根香蕉、几颗苹果，就要求神明赐给富贵、发财、平安，这是不可能的。再说，我们求神明，这是建立在贪念上，所求本身就不合法；没有善因，哪能有善果呢？求神明，应该求其加被，让自己有智慧、慈悲、勇气、忍耐，让自己从信仰中产生力量与智慧，如此才能究竟解决问题。

◆**佛教讲"欲知前世因，今生受者是"，今生的命运如果是前世命定的，那么佛教是不是宿命论者呢？**

星云大师：佛教不是宿命论。宿命论认为：人生的成败得失、祸福穷通、悲欢离合，都是前世已注定，是由命运之神所掌握，今生即使做再多的努力也于事无补，因此当他遭遇困境的时候，往往认为冥冥中上天早已如此安排，任何的努力都是枉然，于是消沉、沮丧，不知奋发振作。而把自己宝贵的前程委诸子虚乌有的唯一神祇去主宰，甘心做宿命的奴隶，实在可悲。其实，从佛教的因果观来看，吾人所受的果报，不管善恶，都是自己造作出来的，所谓"自作自受"，并非有一个神明可以主宰。譬如有人一出生就住在繁华的都市里，享受文明的生活；有人终其一生，都在荒山野地、穷乡僻壤营生，日月穷劳。这不是命运不公平，而是因缘果报不同。如经上说："有衣有食为何因？前世茶饭施贫人；无食无穿为何因？前世未施半分文。穿绸穿缎为何因？前世施衣济僧人；相貌端严为何因？前世采花供佛前。"

《因果十来偈》也说：

端正者忍辱中来，贫穷者悭贪中来；高位者礼拜中来，下贱者骄慢中来；瘖哑者诽谤中来，盲聋者不信中来；长寿者慈悲中来，短命者杀生中来；诸根不具者破戒中来，六根具足者持戒中来。

从这些偈语可以知道，人间的贫富贵贱、生命的长寿夭亡、容貌的端正丑陋，都是有因有果，并非凭空碰运气而来，也不是第三者所能操纵，而是取决于自己行为的结果，而其结果所造成的影响力是通于三世的。也就是说，佛教讲过去、现在、未来三世因果，并不否定前世的善恶罪福可以影响今生的命运，今生的所作所为，也可能影响来世。但不管前世果、今生果、后世果，都非定型，而是可以改变。例如，有人说错一句话，招来麻烦，但即刻道歉，取得别人的原谅，事情就能化解；做坏事，必须接受法律的制裁，诚心忏悔、认错，法律也能从轻发落。

因此，佛教的因果观及业力论，说明了自己的行为可以决定自己的幸与不幸。尤其佛教主张诸法因缘生，空无自性，命运也是因缘所生法，没有自性。坏的命运可以借着种植善缘而加以改变，例如慈悲可以改变命运，修福也能转坏命为好命。甚至有的人认为自己罪障滔天、恶贯满盈，永远无法扭转命运，其实不然。佛教认为再深重的恶业也可以减轻，好比一把盐，如果将它放入杯子之中，当然咸得无法入口；但是如果把它撒在盆子里或者大水缸中，咸味自然变淡。罪业如盐，无论如何咸涩，只要福德因缘的清水放多了，仍然可以化咸为淡，甚至甘美可口。又如一块田地，虽然杂草与禾苗并生在一起，但是只要我们持以精进，慢慢除去芜杂的蔓草，等到功德的佳禾长大了，即使有一些蔓草，也不会影响收成。

佛教强调三世因果，虽然重视过去的命运，但是更注重现在和未来的命运。因为过去的宿业已然如此，纵然再懊恼，也无法追悔；但是现在和未来的命运却掌握在我们的手里，只要我们妥善地利用当下的每一刻，前程仍然是灿烂的。

因此，佛教主张不应沉溺于过去命运的伤感之中，而要积极追求未来充满无限希望的命运。因为佛教并非"宿命论"，而是"缘起论"，一切都取决于因缘条件而定。因缘本身空无自性，若从"诸行无常"、"缘起性空"的真理来看，我们的命运随时都有很大的转圜空间。所以我们不能听天由命，沮丧消沉，空过岁月，应该要有洗心革面的魄力，无论在富贵顺达里，或是贫贱苦厄中，都应该正观缘起，了解命运，改变命运，如此才能创造圆满自在的人生。

◆一般人相信，祖先的坟墓乃至住家的地理风水，可以影响一个

人的祸福成败。请问大师，佛教相信地理风水的说法吗？

星云大师：中国人自古相信"地理风水可以影响一个人一生的祸福"，这种说法一直牢不可破地深植在多数人的心中。直到今天，不只买房子、搬新家要看地理风水，就连新官上任，也要改变一下大门方向，换个办公桌角度，以图个好风水，甚至家里有人往生，筑新坟更要请来地理师选个好地理，以致台湾到处都可以见到乱葬岗似的墓园景观。

地理风水真能左右人的祸福吗？地理风水有其原理可循吗？佛教对地理风水的看法是，所谓天有天理，地有地理，人有人理，物有物理，情有情理，心有心理，世间任何一件事都有它的理，当然地理风水也有它的道理存在。地理是依据地的形状和天体的方位而决定它对于人的影响力，这是一种自然的常识。因此，顺乎自然，可得天时之正，获山川之利；若违背自然，则会产生相反的效果。

但是，地理风水虽然有它的原理，却不是真理，所以佛教不但反对时辰地理的执着，而且主张不要迷信，要从神权控制中跳脱出来。因为从佛教的业力、因果等真理来说，人的吉凶祸福，都是由于过去世的善恶业因而感得今生的果报，并不是受到风水地理所左右的结果。如果它真有这般神奇的力量，每个人只要照着风水地理安置方位，每个人都应该有飞黄腾达的事业、幸福快乐的生活，为何世界上还有那么多受苦受难的人？难道他们不希望过好日子吗？从佛教的时空观来讲，虚空并没有方位。譬如两个人对坐，你的右边是我的左边，我的前方是你的后方，到底哪边才是左，哪边才是右？哪边才是前，哪边才是后呢？因此，虚空没有一成不变的方位。在无边的时空中，我们真实的生命是无所不在的，你能够觉悟体证到自己本来面目的时候，你的本心就遍满虚空，充塞法界，横遍十方，竖穷三际，与无限的时空是一体的。因此，方位不在虚空中，而是在我们心中。

依此，对于民间一些堪舆师所谓最佳的地理"前朱雀、后玄武，左龙蟠、右虎踞"，说穿了，其实就是"前有景观，后有高山，左有河流，右有大道"。也就是：

（一）要有通风，前后左右，顺畅不阻碍。

（二）要有阳光，采光自然，通风而卫生。

（三）要有视野，广阔不滞，有靠并能固。

（四）要有道路，出入方便，自与他两利。

只要能方便生活作息，心中愉悦舒服，那就是最好的地理。故知所谓"地理风水"，是在我们的感受里。这个地方风光明媚，光线充足，空气流通，我感受到很舒服，我心里觉得这是一个好位置，这就是我的地理。我的居家环境，视野辽阔、景色宜人、通风设备良好，这就是好风水。地理风水在我们的生活里，在我们的感受里，而不在于哪块地对谁好、对谁不好，也不是什么样的风水对谁有利、对谁不利。一切都是"业力"，唯人召感，由于各人业力不同，际遇自然有别，所谓"福地福人居"，即使是龙穴，如果没有福德因缘，也不见得能待得住。

地理风水不是相信、不相信的问题，它的有无、好坏，是在因缘。例如，同一条街的商店，都是同样的方向，有的店家赚钱，有的商家赔钱，地理风水在哪里？同样一家人，兄弟姊妹接受同样的教育，生自同样的父母、同样的家庭、同样的成长环境，长大后，成就却不一样，所以，不能一味盲目地相信风水。

但是，一般社会人士对佛法、对自己没有信心，自己不能做自己的主人，一有了不幸的遭遇，就怀疑是祖坟或阳宅的地理风水不好，于是到处看相算命，把一切付之于神明，让自己的人生受神明、风水、命运所控制，可不悲哀。有一个故事说：有一次，台风吹倒了一道墙，把一个地理师压在墙下，地理师惊慌地大叫儿子赶快来救命，儿子却先要看黄历能不能动土，才决定能不能救父亲。虽然这是一则笑话，却说明迷信的愚痴可笑。

佛陀在《遗教经》里告诉弟子："占相吉凶、仰观星宿、推步盈虚、历数算计，皆所不应。"《大智度论》卷三也提到："有出家人观视星宿、日月风雨、雷电、霹雳，不净活命者，是名仰口食。"可见佛教不但不主张看风水地理、天象时辰，如果佛弟子以此维生，更为佛陀所禁止，因为这不是正业，也就是非正命的生活。

佛教不相信地理风水，因为地理风水不究竟；佛教主张"人人有佛性"，我们每一个人都有权力可以主宰自己的一切，黑暗的可以改变为光明，悲惨的可以化为幸福，崎岖不平的可以成为坦荡荡的人生大道。所谓信佛，就是相信自己，凡事要靠自己的双手去创造，这比依赖风水地理的支配更具有意义。

◆**佛教讲"自业自受"，但是中国人有所谓"父债子偿"，这是否有违佛教的业报论呢？请大师开示。**

星云大师：佛教讲"各人生死各人了，各人吃饭各人饱"，修行是别人无法代替的；因果业报更要自己承担，别人代替不了。

话说有一位年轻人信佛十分虔诚，对因果业报深信不疑。但是他的母亲没有信仰，自然不相信什么因果业报，所以总是告诉儿子："你不必相信什么因果报应，果真有因果，就让我来代替你受报好了。"

有一天，儿子不小心被刀子割伤了手指，他就趁机对着母亲说："妈妈，请您赶快代替我痛一下吧！"这时妈妈终于知道，世间上有很多事不是别人能够代劳的。

所谓："父作不善，子不代受；子作不善，父亦不受。"在"自业自受"的定律下，一旦造了业，任何人都替代不了。如《地藏经》云："莫轻小恶，以为无罪，死后有报，纤毫受之。父子至亲，歧路各别，纵然相逢，无肯代受。"一语道破"善恶因果，决定有报""因果业报，自作自受"的至理。

因果报应，如影随形，一个人除非不造业，否则造了业就一定要受报。《瑜伽师地论》卷三十八说："已作不失，未作不得。"即使已经成道的佛陀，也有"马麦之灾"，也要偿还。

不过，"自业自受"是指自己的"别业"而言，别业之外另有人我之间的"共业"关系。例如，为什么一群人同生在一个国家，共享山河大地及国家的各种建设与资源，乃至承受一样的天灾人祸等苦难，这就是彼此的共业所招感。

在共业的招感下，有缘的人自然会有"患难与共，祸福同享"的情感。例如，父亲偷盗抢劫，外人不会相助，但儿女看在父子亲情的关系上，就会去帮忙。因此，父母的业力无论是善业、恶业，都会牵连子女，甚至影响到后代子孙，而且在同业相招的原理下，行善则招感有德者为后代，行恶者则招感败德者为子孙。

现在社会上有许多有声望的人民代表，不但本人获得选民的拥护、信赖，一旦儿女出马竞选，也能获得支持。人望，就是父母留给儿女的无形资产。反之，父母素行不良，儿女也会遭受耻辱。例如张自忠任北京市长时，奉命与日本人周旋，被指为汉奸、卖国贼，儿女在学校被人丢石头、骂他们是汉奸，其实儿女何辜？但因为你是他的儿女，彼此不能没有关连。中国人讲："积善以遗子孙，其福必昌；积恶以贻家人，其祸必危。"乃至"父债子偿"之说，都是一种共业的牵连关系。"父债子偿"不是业力的转移，而是共通业因的分担，仍不离"因果"关系，自然也没有违反业力论。

佛教的因果观，源自"缘起性空"的道理。佛教讲宇宙间的万事万物，都是仗因托缘，才有果的生起，而此果又成为因，待缘聚又生他果，如是辗转相摄，乃成森罗万象。所以，大至一个世界，小如一个微尘，都没有实存的自性可言，而因缘不同，果报就会有所差异。

因缘，有外在和内在的不同，外在的因缘是一般因缘，内在的因缘是价值因缘。外在的因缘就如在同一块田地上播下不同的种子，收成就不一样，这个种子就是价值因缘。又如：一样的父母，养出不一样的儿女；一样的老师，教出的学生程度也各有不同。外在的一般因缘，如父母、老师，可能相同，但内在的价值因缘，如资质、心力，却是各有千秋。所以说：因缘有内外，外缘虽然具足，而内因不同，果报自然有异。

因果业报的关系极其复杂，所牵连的层面也很广、很多，不是三言两语就能解释清楚。同样是杀人，有心杀人、无心杀人、过失杀人，动机不同，罪业就有轻重。业力也是一样，不能只看表相的杀盗淫妄，内中的背景、因缘关系都要去深究。有人说打死蚊子变蚊子，打死人将来就能变人。这是邪见。因果不是欠人一元就还一元，不是看在钱的价值，有时可能是一条命，或是一生的荣辱。所以因果不是数量上的相等，而是有其另外的价值。

"父债子偿"不违因果业报，因为彼此互为父子，本身就有业力的关系。再说，从法律上来讲，父亲的遗产是由儿女继承，当然父亲的债务也要由儿女偿还，除非儿女放弃继承，否则"父债子偿"不但合情合理，而且合乎因果。所谓佛法不离世法，理是通达的，不能这里这样讲，到那里又那样讲。

佛教讲因果业报，就是"做如是因，感如是果"；"因"到"果"之间，还有一个很重要的"缘"；缘分好坏，对结果会产生很大的影响。例如，淮南的橘子树移植到淮北，就成为柑枳。所以品种之外，也不能忽视气候、水土等其他因缘的培植。现在的社会非常讲究农产品改良，动植物都有专业人员从事研究，对品种的改良、取舍非常严格。其实，人也有品种的好坏，品种好的子孙，必然获得父母的爱护、师长的赞美、国家的重用。如果品种不好，不但成为父母的麻烦，也是社会的拖累。所以每一个人都要检讨自己的种子，是优？是劣？

好的品种，从因缘果报上来说，种子本身是因，是主力，但还需要外缘的助力，才能有好的结果。所以，好的品种如果没有得到好的因缘助力，可能也难以有好的发育；坏的品种如果得到好的因缘助力，可能也会有出人意料的成长。如民间台语有此一说："歹竹出好笋。"这虽然未必是绝对的道理，但"因缘"对"果报"确实扮演着重要的支配作用。"因缘果报"的道理深奥而微妙，值得我们好好地深入探究！

◆**在医学上有基因遗传的说法，所以儿女的长相、性格会受父母影响，不知命运是否也会遗传？**

星云大师：近代科学家对基因工程的研究发现，基因就是遗传的主要因子，它是由许多的 DNA（脱氧核糖核酸）所组成，举凡疾病的产生、寿命的长短、性别的决定、长相的美丑等，都与基因有关。此一发现不但解答了人类探索已久的遗传奥秘，并且逐渐解开生命进程的神秘面纱。

基因工程与微生物工程、蛋白质工程、酶工程，合称四大生物工程。基因工程的研究成果，目前已广泛被应用在人类的生活中，包括医疗、环保、农畜牧、食品工业等方面，都受到基因学的影响而有重大的突破。例如，日本找到唤醒种子的基因，韩国通过基因差别鉴定野山参，美国开发出含 DNA 的防晒霜，可有效预防皮肤癌等，甚至英、美、中等各国成功地克隆羊、克隆牛。

尽管基因科学昌明，对生命的改造工程起了极大的影响（其实应该说是身体改造，不是生命改造），但是基因的发现，更加说明世间无论什么事情，都与缘起、业报、因果脱离不了关系。

"基因"其实就是佛教所说的"业"。早在两千多年前佛陀就发现了"业"的奥秘，直到现代科学家才把"基因"使用在人类的社会里，由此更见佛陀的智慧高人一等。

谈到基因（业）遗传，不但能影响自己的未来，甚至影响下一代，这是必然的。例如：儿女的长相、后裔的贤愚、族群的性格等等，都与基因遗传有关。

基因号称为"生命的密码"，当然能影响生命未来的福德因缘、智愚好恶，因为人体里有了"基因"的因子，以基因为本，再加上社会环境等外缘的影响，就会产生各种不同的结果。此中应该有共业、别业的关系，有的能够影响或是遗传给后代，有的则因自己的业因势力强大，不受外力影响。因此，平凡的父母可能生出资优生；反之，杰出的父母也可能生出低能儿。或者有时候父母不好，却是子孝孙贤，有时候贤人也会生出土匪强盗的儿子，也就是所谓的"不肖子"，一点也不像父母。总之一句，佛教以自业为主，但是受到宇宙万有的关系，也会受到他业的影响，所以最后总离不开缘起，经过因缘和合就会产生其他不同的结果。

至于说命运会不会遗传？我们读过中国历史，看到古代帝王专制时代，臣下一人犯罪，往往"株连九族"，不但"祸延子孙"，甚至及于"祖宗八代"，就知道所谓"不是一家人，不进一家门"，既是一家人，就得"患难与共"，彼此成为命运共同体。

此外，现代人愈来愈重视胎教，认为母亲在怀孕时，如果性情慈悲、温和、尊重，常行善事，所谓种善因，得善果，将来儿女出生，必定能受到母亲性格遗传的影响，这就是胎教。先天的胎教好，加上后天有良好的家教，儿女往往比较优秀。不但本身所具备的条件优厚，加上有好的家世背景，将来在社会上比较有发展的机会，前途也能一帆风顺。在一般人看来，认为这样的命好是受父母、祖先庇荫而有。

其实，不管今生投胎的家世如何、父母贤明与否，乃至自己的智愚美丑，与其说是父母命运遗传的结果，不如说是自己的业因感得的果报。因为业有约束性，如天才的资赋并非人人能有，乃视父母的遗传因子而定，受父母及祖父母、曾祖父母等一代又一代的影响而增减，这是先天的业。业，也有可变性，一个人的祸福休戚，不是命中注定，不是天生如此，也不是一成不变。一切得失成败还要看个人日夜呼吸之间是行善或为恶，善得善报，恶得恶报，这是后天的业。所以，命运的轨迹其实是写在自己行为的因果上，这才是佛教"因缘果报"的思想理论。

◆佛教讲"因果"，种了"因"，一定会受"果报"，那么坏人一旦做了坏事，是不是就永远没有得救的机会了呢？

星云大师：长久以来，随着佛教在中国的传播，"善有善报，恶有恶报"，善恶决定有报的"因果观"，一直深植在中国人的心中，成为一股维系社会道德的无形力量，并且发挥惩恶劝善的功能。其实，佛教所说的因果，不仅仅是劝人行善的说辞，它是宇宙万有生灭变化的普遍法则；它支配了宇宙人生的一切，所谓"作如是因，感如是果"；它不仅仅是一门理论学问，而且是日常生活中处处可以印证的真理。如《因果经》有一首偈语说："富贵贫穷各有由，夙缘分定莫强求；未曾下得春时种，坐守荒田望有秋。"世间上无论好坏、善恶、得失、有无，都有其因果关系，没有任何一件事可以脱离因果法则。

然而一般人往往以世俗的观点来解释因果，致使一些不解佛法的人，一听到因果便斥为迷信，或是感到畏惧。如刚才所问，坏人造了罪恶，是否就永远没有得救的机会了呢？答案是肯定的：可以得救！因为佛教有一个伟大的"忏悔"法门。

在佛世时，中印度摩揭陀国的阿阇世王，因为弑父篡位，后来业报现前，身上长满了痈，心里悔恨交加，后来经过耆婆指引，向佛陀求救。佛陀对阿阇世王说："世界上有两种人可以得到快乐和幸福的结果，一是修善不造罪的人，一是造罪知道忏悔的人。"忏悔，是佛教很重要的思想、法门。平时我们的衣服脏了，身体有了污垢，都要清洗、沐浴，才会舒服自在；茶杯污秽了，也要洗净，才能装水饮用；家里尘埃遍布，也要打扫清洁，住起来才会心旷神怡。这些外在的环境、器物和身体肮脏了，我们都知道要拂拭清洗，但是我们内心染污时，又该如何处理呢？这时就要用忏悔的法水来洗涤，才能使心地清净无垢，使人生有意义。

如何忏悔？佛经里举出戒律门忏悔、功德门忏悔、无生门忏悔等，教我们要对诸佛、父母、子女、师僧、良友等对象忏悔。另外，平时我们也可以通过说好话、捐善款、勤劳服务、成就他人等方法来忏悔。

忏悔是我们生活里不可缺少的美德。忏悔像法水一样，可以洗净我们的罪业；忏悔像船筏一样，可以载运我们到解脱的涅槃彼岸；忏悔像药草一样，可以医治我们的烦恼百病；忏悔像明灯一样，可以照破我们的无明黑暗；忏悔像城墙一样，可以摄护我们的身心六根；忏悔像桥梁一样，可以导引我们通往成佛之道；忏悔像衣服一样，可以庄严我们的菩提道果。《菜根谭》里说："盖世功德，抵不了一个矜字；弥天罪过，当不得一个悔字。"犯了错而知道忏悔，再重的罪业也能消除。

因此，一个人万一不慎造下了恶业，只要懂得忏悔、发愿，行善、积德，并且"随缘消旧业，更不造新殃"，就能洗涤业障，离苦得乐。因为佛法讲"缘起性空""诸行无常"，罪业也是无常变化，空无自性的。所谓："罪业本空由心造，心若灭时罪亦亡；心亡罪灭两俱空，是则名为真忏悔。"

罪业是事相上的，本性上则是清净无染；罪业是有为法，自性是无为法。在无生门的忏悔方法里，只要一念不生，不起一切的妄念恶想，就是真正的忏悔。如果进一步证悟到真如不动的自性，一切罪过自然不忏自除了，所以"心若无作，就是成佛"。

佛光山的万寿堂有一副对联：

永念亲恩今日有缘今日度，
本无地狱此心能造此心消。

说明罪业如霜雪，本无自性，不过是一时的沾染执缚而已。如果用般若智慧的阳光去观照它，自然能够融化。所以再多恒河沙的罪业，都是有始有终，唯有佛性真如的生命，才是无限的生命。《法华经》里有一种"性具"思想，说明凡夫一念"具"足无明与法性。同理，作为事物之理体、成佛之根据的法性，也同样"具"足善恶染净。虽然在我们的本性中，行为有善恶，善恶皆有报，但只要积极行善，善苗长大，杂草就起不了作用。

"性具"思想是天台宗的根本特色。"性"，指法界性、法性、真如，或称本、理、体。所谓性具，就是真如理性本来具足世界一切迷悟因果之法，这称作理俱三千；此理俱三千对每一个众生随缘现起，则称作事造三千。所以在世间法来说，无明烦恼是无始无终，但从出世法来讲，成佛就没有烦恼，所以是无始有终。

人的罪业，如田中杂草，会妨害禾苗的生长，但如果勤于除草（不犯过失，常行忏悔），有大愿的功德禾苗，罪业的杂草自然就不会碍事。罪业如盐，善业如水，一把盐放在一缸水中，自然可以把盐味稀释淡化。因此，多行善因，多聚善缘，极为重要。

因为佛教有忏悔法门，只要自己忏悔发愿，勇敢认错，勤做功德，就可以将功赎罪。如大乘佛教里，主张一阐提都能成佛，都能给予希望，乃至犯了五无间罪的众生，都有得救的机会。一个做错事的人，只要忏悔发愿，愿力的大水就能淡化业障，千万不能一错再错。所谓"浪子回头金不换"，佛教也倡导"回头是岸"，只要我们懂得回头、转身，就有得救的机会；只要我们诚心忏悔、修福，就如同蛹破茧而成蝶，花开苞而绽香一样，则人生的前途必然光明无限，希望无穷。

佛教对家庭问题的看法

　　家庭，是抚育我们成长的重要场所，更是我们人生观、道德观、价值观建立的启蒙学校。从出生到婚嫁另组家庭，"家"延续着一个个生命，它是社会组成的基本单位，也是国家社稷安定的主要力量。随着时代的演进，环境的变迁，家庭形态也一再跟着重组。权力中心方面，五千多年以前，原始部落以女性为主轴，是为"母权社会"；后来，封建体制和儒家思想兴起，形成"父权社会"；现在则进展到"两性平等"的社会。组织结构方面，从早期三代同堂、四代同堂，甚至五代同堂的"大家庭"，到由一对夫妻与其子女组成的"小家庭"。近几年来，更有"同居不婚家庭""单亲家庭""隔代抚养家庭"等，看来随着e时代的快速、缤纷与流转、消逝，婚姻观念、家庭结构、家庭功能，也跟着颠覆和改变了。

　　由于整个大环境政治、经济的不安定，使得人心浮动，失业率节节升高。以台湾为例，2004年，平均失业人数达45.5万人，高学历却找不到工作，或被裁员者比比皆是。失去了经济能力，郁闷、悲愤的情绪，直接冲向家庭，是造成夫妻离婚的主因之一。离婚率不停攀升。美国是全球离婚率最高的国家，而根据台湾"主计处"的统计，台湾的离婚率也已居亚洲之冠，目前是每3.2对结婚，就有1对离婚，台北市更是每2.1对结婚，就有1对离婚。

　　破碎的家庭，带着家庭暴力的阴影，制造许多问题儿童、问题少年；对婚姻的恐惧、对前途的不确定，使越来越多的青年男女倾向晚婚、不婚及不生育；于是人口失衡，提早进入"高龄社会"，引发众多老人问题。如同环状的"骨牌效应"，社会影响家庭，家庭再制造一堆问题丢回社会。一个恶质的社会生态，就如此地纠结和运转！

　　过去传统的农业社会里，家族及邻居的凝聚力强，有着守望相助的情义。即使家庭不健全的孩子，也会在家族的伯伯、叔叔或周围亲朋好友共同关照下，平安健康地成长。美国前总统克林顿的夫人希拉里，也反思到传统族群的功能和力量，她曾引用非洲古老谚语——"抚育一个孩子，需要整个部落的协助"，来呼吁大家为孩子打造一个安全、充满爱心与关怀的部落。

没有一个家庭不受社会的影响，现在社会环境恶劣，人心疏离，为了下一代，我们该如何营建一个优质的生长环境？

佛教是重视家庭的，在《长阿含经》《心地观经》《大般泥洹经》《大宝积经》《优婆塞戒经》等诸经典中，均有佛陀对家庭伦理的教诲。人间佛教所提倡的，也是以佛陀的人本精神，来建设美满的家庭。2005年3月5日，星云大师在西来大学远距教学时，针对学员提出的问题，如夫妻相处、婆媳之间、孩子教育、家庭暴力、老人安养、离婚再婚、家有残障儿等问题，阐明他的看法及解决之道。如何建设幸福和乐的家庭？请看下面星云大师精辟而实用的论说。

◆家，有很多种意义，有人认为家是天堂、是安乐窝；有人认为家是地狱、是冰窖。请问大师，人都要有"家"吗？"家"有什么功能？"家"的定义又是什么？

星云大师：这个问题，一开始就明确指出"家"所具有的酸甜苦辣、冷暖百味！俗话说："家家有本难念的经。"在世界上，不管哪个国家，哪个种族，家都是家人的共同目标；不管怎么忙碌，到了晚上总要回家。不过，往往在他乡的游子一直思念家、想要回家，但是在家里的兄弟却吵着要分家。有的恩爱夫妻共同营筑可爱的家庭，但有的夫妻则吵着要离婚，要各自分家。

《法华经》形容"三界如火宅"。《涅槃经》言："居家迫迮，犹如牢狱。"即使有的家庭幸福快乐，但是"家"如"枷"，我们不也如囚犯般被牢牢束缚起来了吗？我们每个人都来自"家庭"。"家"字，在殷墟出土的甲骨文里即已出现。《周礼》一书言："有夫有妇，然后为家。"《礼记》载："昏（婚）礼，万世之始也。"从这些记载可以明白，男女结合并建立婚姻关系，是家庭形成不可或缺的条件，也是整个社会制度的基础。

不过，最早的远古社会，人们过着杂婚、群婚的生活，根本不知何谓婚姻、何谓家庭。婚姻、家庭，是人类发展到一定阶段才出现的社会形式。而随着历史演变，婚姻关系也从"多数配偶制""一夫多妻制"，到现在尊重人权与平等所建立的"一大一妻制"。现代家庭的定义应该是："由婚姻、血缘或收养关系，而共同生活的社会组合单位。"

说到家庭的功能，《礼记》里认为婚姻的作用，是"合二姓之好""上以事宗庙，下以继后世"，所以，传统的婚姻为的是传宗接代，家庭则是养儿育女的场所。不过，现代人际关系密切、紧绷，人我竞争激烈、复杂，不敢说是绝后，也是空前了！如此，家庭在生育、养护、教育、安全保障等功能之外，我们更得思考，如何培养子女良好的人格道德、传授文化知识、灌输正确价值观念，及加强未来进入社会的适应能力。

家庭的分子，每个人各有不同的性格，人心不同，各如其面；即使是双胞胎，面孔相同，心也不同。从有形上而言，家不只是让我们居住，延续我们的生命，维持我们的健康，最重要的是家庭中每一分子，应该共同护持家庭的需要，共同为家庭制造欢乐。如买一盆花、挂一幅画，营造居家品质；有幽默感，带给家庭欢乐的气氛。就无形上来说，家是由相互关爱、相互依赖所凝聚的。若要家庭幸福美满，成员相亲相爱，彼此之间，要有互相体贴、扶持，互相尊重、包容等良好的互动关系。

曾经看过报道，近几年有自称国际公民、商业旅人的现代吉普赛人，他们打着"家即是心之所在"的口号，在不同国度、不同城市之间穿梭，或许是伦敦、纽约，或许是东京、悉尼，人一到，行李一放，心放在哪里，哪里就是"家"。我觉得他们跟出家人倒有点相像。如顺治皇帝《赞僧诗》言："天下丛林饭似山，钵盂到处任君餐。"也似布袋和尚说的："一钵千家饭，孤僧万里游。"僧人出家无家，但处处都是家；虽然割爱辞亲，但视一切众生为自己的父母、兄弟、姐妹。因此，不管有形上，是固定的家或移动的家；结构上，是大家庭、小家庭或双亲家庭、单亲家庭，我们的"心"可以决定"家"的意义。我们心里认为家是快乐的天堂，是人生的安乐窝，是安全的避风港，家就是很温馨且美丽的地方。反之，心里认为家是束缚的牢狱，是寒冷的冰窖，那么，家就是一处痛苦且不自由的地方。

◆**大师谈到随着时代变迁，家庭组织结构也有所不同。不禁让我们联想到，由于文化差异，西方国家认为养儿是义务，儿女一旦可以独立，便搬离父母各自生活。反观中国人向有"养儿防老"的观念，尤其过去农业社会，三代同堂、五代共住的大家庭比比皆是。请问大师，您认为理想的家庭，是父母与儿女共住好？还是分开各组小家庭好？**

星云大师：有人说："美国是儿童的天堂、青年的战场、老人的坟场。"中国的孔子对社会的期许是："老有所终，壮有所用，幼有所长，鳏寡孤独废疾者，皆有所养。"由此可看出东西方对家庭界定与观念的不同。怎样才是理想的家庭？大家庭好还是小家庭好？我想应是各有优缺点吧！家庭的结构和社会背景、时代变迁有密切关系，而这一切又根源于民族性与文化性。西方是注重矛盾与独立的个体文化，中国则注重和谐与统一的整体文化。所以，西方人的性格多为个人取向、自我取向；中国人的性格多为团体取向、他人取向。如此的社会性，从家庭观念可见一斑。

中国人一切以家为本位、为出发点。例如在称谓上，常将家里的人、事、物冠上"家"字，如自称家里的人为家父、家母、家兄、家弟、家姐、家嫂、家仆、家小等；对家中之物，称为家业、家产、家具、家珍、家舍、家禽、家鸽、家狗等；对家中的事，称为家福、家祸、家喜、家丧、家信等。这些人、事、物，原本都独立存在，冠上了"家"字，显示中国人把家里的一切，看成家庭整体的一部分。

家庭涵盖个人，个人属于家庭，家庭或家族的安危、成败、荣辱，也和个人息息相关，因此有所谓的"家声远播""家丑不可外扬""家和万事兴"的观念。甚至过去法律上，也有"一人当灾，全家遭殃""一人犯罪，株连九族"的现象；在道义上，则存有"一人显赫，全族荣耀""一人有福，连及满屋"的心态。在佛教里，出家修道的沙门虽然削发离家，不营世间功名利禄之事，但其成道度众的功德，亦被认为能庇佑亲人。《弘明集》卷十二即写道："如令一夫全德，则道洽六亲，泽流天下。"古德也有"一子出家，九族升天""亲族之荫胜余荫"的说法。这种个人与亲属、家族的纽带关系，曾有人譬喻，中国人升迁后，前后左右尽是自家亲属，好比火车头后面拖着一大串车厢；西方人升迁，则前后左右无一私人，如同飞机起飞，是单独个体，周围没任何物体跟随。此喻含嘲讽之味，但也贴切说明中国人的家族文化。

所谓"家为邦本，本固邦宁"。孟子也说："天下国家，天下之本在国，国之本在家，家之本在身。"因此要修身、齐家，而后才能治国、平天下。这就是中国人由家庭而家族，由家族而国家的"天下一家"之观念。

中国人重视家庭，传统观念里，往往推崇多子多孙的大家庭，将之称为"义门"，而认为分家是可耻的行为。历代法律也明令规定禁民分居。《唐律·户婚》记载："诸祖父母、父母在，而子孙别籍异财者，徒三年。"《明律》《大清律》里也有同样的规定。凡此，法律制度、舆论、习俗、伦理道德，和重视血缘关系、和谐、统一之性格，以及农业社会对劳动人口的需求、地理环境等等，都是中国传统大家庭形成的因素。

不过，从农业社会走向工商社会之后，现代化的生活和自由流动的工作形态，形成只有父母及其子女的核心小家庭，已成为现代家庭的主流。但是，近年来似乎又有潮流逆转的趋势。因为生活消费高，房价飙涨，许多年轻人结婚后，无力自行购屋，便继续赖在父母家。小孩出生后，夫妻俩还可以照常上班，将孩子留给父母亲照顾。如此可省下购屋费、孩子保姆费、外出用餐费……站在老一辈的立场，只要身体状况允许，帮自己的孩子来照顾孙儿，一则排遣退休后的空虚寂寞时间，再则含饴弄孙，延续天伦之乐，也是美事一桩！

这种缘于现实客观因素，而形成的三代同堂家庭已日渐增多。据"BBC 中文网"的报道，截至 2004 年底，在英国，亲、子、孙共住的家庭，已有七万多个，他们还预测 20 年内，三代同堂的家庭将增加三倍之多。核心小家庭有自由、甜蜜的气氛，也有夫妻并肩携手建立家庭及抚育孩子的奋斗历程；个中酸甜苦辣，我想是每个当事人点滴在心头的。至于大家庭，无论是三代同堂，或兄弟不分家的大家庭，其中家族的凝聚力，以及"出入相友，守望相助，疾病相扶持"的情义，也是生命中不可缺少的营养素。一般而言，传统大家庭里重视三纲五常、长幼秩序，婚姻也比较稳定。当然，大家庭里人口多，人际关系也较为复杂。

有人将中国传统家庭形容为"社会小乾坤"，它具体而微地呈现社会一切现象。因此，大家庭的成员走入社会后，容易适应各种复杂的社会关系。如"忍让"是人际和谐必要条件之一。林语堂在《吾国与吾民》中说："中国人之忍耐，盖世无双，恰如中国的景泰蓝瓷器之独步全球。"

他还认为这种忍让德行，是得自于最好的学校——大家庭训练出来的。

总之，大家庭、小家庭各有优缺点，也各引发出一些问题。如大家庭的"兄弟阋墙""婆媳不合"；而小家庭一个个独立，造成独居老人增多，"钥匙儿童"四处溜达，也是不可忽视的。

◆**延续前面的问题，传统上讲父母年老，子女必须照顾他们，让他们好好地颐养天年。但现在社会环境变迁，很多人不但不跟父母同住，甚至连最起码的照顾都没有，使得许多"独居老人"的生活起居，只能由政府、慈善团体来负责。请问大师，您对独居老人有什么看法和建议？**

星云大师：我快八十岁（2005 年）了，应该就是独居老人了！但是我却不是独居老人，因为我们是一个僧团。我这一生，几乎身边总有很多人群围绕，从来没有孤独的感觉。我曾因动心脏手术，住进台北荣民总医院，那时看到儿童的病房，有许多父母来来去去；相反的，老人病房则很少有儿女来走动。现在的社会是慈爱的父母多，孝顺的儿女少了！甚至还有儿女探望父母时，不是带鲜花、奶粉，而是带录音机，把它摆到父亲口边："爸爸！你讲，财产要交给谁？"所以过去"养儿防老、积谷防饥"的观念，已不适用于现代了。

现在养儿不会防老了！当儿女长大，翅膀长成，就会飞走，自组小家庭，留下父母两人或单独一人守着空洞的屋子。如果老人生活能自理，经济上不匮乏，会自我排遣日子倒也无妨，怕的是贫病交加、无人看顾的老米苍凉，才是人间悲惨之事！

根据联合国卫生组织的定义，当一个国家 65 岁以上的老年人口，超过全体人口的7%，称之为"高龄化社会"；当比例超过14%，则称之为"高龄社会"。在 1993 年，台湾已正式宣告进入"高龄化社会"。2004 年之后，65 岁以上人口数量和比例更不断攀升，快速走向"高龄社会"了。

人口老化是全世界的共同趋势，据联合国资料统计，目前已进入高龄化的国家有意大利、德国、日本和西班牙。估计至 2050 年，老年人口比率超过 20% 的国家，除了前述四个国家之外，还将增加美国、中国、泰国、巴西、印度、印度尼西亚等国。

"高龄社会"的形成，除了医疗保健进步、人类寿命延长，更大的原因是生育率的持续下降。以台湾为例，经建会在 2004 年研究发现，适龄妇女不生育率高达 20%。根据统计，由于出生人口减少，现在是每 100 个工作人口扶养 13 个老人，但是 50 年后，将激增 5 倍，每 100 人扶养的老人增加为 64 人，平均每 1.5 个年轻人养一个老人，由此可看出台湾人口老化的速度之快。老人问题，已不只是老人本身及家庭的问题，更是社会问题。许多先进国家能"未雨绸缪"，做好全民福利措施。如美国人民平时缴税给政府，年老之后，就由政府来抚养。在这方面也可看出东西方对家庭、亲情的不同观念与态度。东方人期待儿女的孝顺、照顾，西方人觉得养儿是义务，弃养老人被视为理所当然；东方人将儿女视为父母的附属品，西方人视儿女为独立的个体，给予他们充分的自主权；东方人用道德、舆论维护家庭和谐；西方人用法律维系彼此关系。

一个富强的国家对于老中青妇幼的每一世代，都应周全关照。对于老人，除了经济、生活上的帮助照顾，规划完整的老人安养措施之外，老年人由于空巢或单身，或健康状况不良，常会引发孤僻、忧郁、焦虑、烦躁等心理问题，所以也可以在小区组织"松柏联谊会""老人旅游社""老人公园""老人俱乐部"等。像佛光山各道场也有专为老人开办的"松鹤学苑"，这些都能让老人因参与活动，不断学习，而重拾生命的活力。近年来，台湾一些企业集团看好银发市场，竞相投入"老人养生村"的兴建，但是，市场反应不如预期那么好。如台塑集团兴建的"长庚养生文化村"，在 2005 年年初竣工，推出后"叫好不叫座"，入住率不到两成。台塑集团董事长王永庆恍然发现，原来中国人还是习惯住在家里，与儿孙共享天伦之乐。

中国是重视孝道的民族，佛教也是重视孝道的宗教。《大乘本生心地观经》云："慈父悲母长养恩，一切男女皆安乐，慈父恩高如山王，悲母恩深如大海。"《父母恩重难报经》则以母亲怀胎生产的艰难、危险以及养儿育女的艰辛，而说："假使有人左肩担父，右肩担母，研皮至骨，穿骨至髓，遶须弥山，经百千劫，血流没踝，犹不能报父母深恩。"父母养育之恩如昊天罔极，当我们长大独立后，怎能不思报答，尽反哺之孝呢？因此，我认为如果无法三代同堂，至少让老人家和儿孙毗邻而居。如此，能方便照应，又有各自独立的空间，应该是比较圆满的安排吧！《杂宝藏经·弃老国缘》里记载，弃老国有个规定："若有老人，必须驱逐。"有位大臣在父亲年老后，不忍遗弃，就建了地窖将父亲藏在里面，依然孝顺奉养。有一天，天神以种种难题试问国王，国王无法回答，便询问朝中所有大臣，也没有人能破解。后来这位大臣以父亲的智慧，为国王解危。国王于是解除禁令，下令全国民众必须奉养年老父母，以尽孝道。可见老人累积一生的经验，往往有可提供参考和实用的智慧。

能善尽孝道，抚养、关心父母，让他们能安享天年，是为人子女的本分与责任。另一方面，老人本身也需建立正确的观念和生活态度，如对人生的功名、感情、得失种种，要学会放下；保持开朗的心情，广结善缘；饮食清淡，养成运动的习惯等等，如此，晚年才能过得健康又自在。我觉得，老人不是年纪，而是心境；老化不在身体，而在心灵。如果老年人在性格上，能随和、不固执，肯"老做小"，并能适时提供智慧和经验，相信不但不会令人讨厌，自己更能成为快乐而可爱的老人。

◆前面提到因为生育率偏低，而寿命又普遍延长，形成人口快速老化，引发诸多"老人问题"。同样，因为出生婴儿减少，从二十几年前的"两个孩子恰恰好"，到如今很多家庭只生育一个孩子。由于父母对孩子过分溺爱，或教育不当使他们无法健全成长，不懂得与人相处等等。当然，更有许多问题家庭形成所谓的"问题儿童"。请问大师，现代父母应该如何教育孩子？

星云大师：人口恐慌已是全世界普遍的问题。目前美国的生育率为1.4人，日本的生育率更低。根据2005年《商业周刊》报导，从日本厚生劳动省的数据显示，1947年，每个妇女平均生育4.54个孩子，到了

2003 年只剩 1.29 个，2004 年降至 1.28 个，创近 60 年来新低纪录。现在台湾妇女平均只生 1.18 个小孩，已在全世界敬陪末座了。

虽然日本将事业有成却未婚、无子的女强人形容为"败犬"，许多女性依然慨叹"宁为败犬"，也不愿走入婚姻、儿女的牢笼里。中国大陆实施"一胎制"，造成"四二一"家庭（夫妻两人，抚养四个老人、一个孩子）日益增多，对社会生活、家庭伦理都产生不少影响。

父母的家庭教育，对孩子人格的养成、道德观念的建立、身心的成长等等，都具有举足轻重的影响力。如前面所言，由于时代、环境的变迁，家庭结构产生许多变化，有单亲家庭，有由祖父母抚养孙子的隔代家庭，有父或母再婚，与继父（母）同住的家庭，有迎娶外籍新娘的家庭等。不能否认，这些不同于一般传统观念所认定的家庭，确实比较容易产生"问题儿童"。

但也不是绝对的，如美国前总统克林顿即是出身单亲家庭。中国的孟子幼年丧父，由母亲抚养长大，在母亲贤惠的教育下，留下"孟母三迁""断机教子"的美谈。唐宋八大家之首的韩愈，三岁时就父母双亡，由兄嫂抚养长大，他在贫困中刻苦自学，而有"文起八代之衰，道济天下之溺"的文学成就。

佛教里有不少祖师大德，也是成长于不健全的家庭。如致力整顿僧制，改革佛教的民初佛教领袖太虚大师，两岁丧父，五岁时母亲改嫁，由外婆抚养长大。日本曹洞宗初祖道元禅师三岁丧父，八岁亡母，童年即体悟人世无常及人情冷暖，因而发心向道。所以，只要自己肯立志向上，发愤图强，依然能从贫瘠恶劣的环境中，创造出美好的前程。

佛光山有一所专门收容孤儿的育幼院；我们很少对外传播或供人参观，我不愿"孤儿"两个字影响院童的幼小心灵。他们都是佛光山的公主、王子，我要给他们一个正常的生活空间，让他们如一般家庭的儿童一样成长。我也常常告诉他们要奋斗、勤劳，立志做个有用的人，才能让社会接受，将来也才会有前途。很多早期的院童，现在都成为社会的优秀分子呢！

相反的，如"四二一"家庭中，被父母、祖父母"三千宠爱在一身"的独生子，所得到的关心、教育和投资必然最多，但是也造就出不少依赖性强、娇贵、蛮横、不知感恩、不懂礼貌的小孩。

目前家庭教育存在的一些现象和问题，如有的父母每天忙于工作，让孩子自由发展，由电视节目、大量物质，填充孩子的时间与心灵需求；有的孩子由祖父母照顾，而祖父母大多采取"满足式"教育，对孙子有求必应；有的孩子由菲佣、印佣照顾，生活无虑，但易出现语言发展迟缓、情绪不稳定的缺陷，以及情感寄托上的落差。或者交给托儿所，而托儿机构良莠不齐，又是一个保姆照顾多个小孩，无法关注个别的需要。

不论哪一种家庭背景，都不是影响孩子健康成长的绝对因素。小孩子观念错误、行为偏差，往往是由父母造成的。父母的身教很重要。历史上，许多名人之所以能够功成名就，都要归功于良好的家教。例如美国总统华盛顿小时候砍了樱桃树，坦诚认错，父亲称赞他诚实。佛教对子女的教育也非常重视，佛陀在《长阿含经》卷十一里，告诉父母教育儿女应该："一者制子不听为恶。二者指授示其善处。三者慈爱入骨彻髓。四者为子求善婚娶。五者随时供给所需。"因此，养育子女除了疼爱、抚养，还要教育他们去恶行善，方是为人父母之道。

总之，父母对孩子的家庭教育，必须养成他们正常的生活、处世的诚信、良好的习惯、接受的性格，及培养感恩、忍耐、礼貌、合群、勤劳的美德。尤其要维护孩子的自尊心，不可以经常肆意地讽刺他、讥嘲他、责备他、歧视他，要尊重子女的人格发展，帮助他们建立正确的信仰及人生观、价值观。

◆ **"赡老抚幼"是中国人的传统观念与美德，大师在此为我们做了精辟的分析，也提供很好的处理方式。接下来的问题在西方国家比较少发生，对东方人而言，却是家庭重大的问题。中国人常说"一个厨房容不下两个女人"，婆媳之间的纠葛，是自古以来一直存在的。大师对这方面的看法如何？婆媳之间有何相处之道？**

星云大师：自古以来，婆媳相处一直是社会、家庭的重要问题。有的婆媳亲如母女，相处得水乳交融；有的婆媳则势如水火，彼此互不相容。婆媳之间的相处之道，实在是一门大学问。

对中国人而言，结婚不只是男女两个人的结合，更是两个家族的联姻。因此，以前的男人娶妻会说娶"一房媳妇"，于是娶过来的媳妇除了负责家务，相夫教子，更须服侍公婆。唐朝诗人王建的《新嫁娘》绝句："三日入厨下，洗手做羹汤；未谙姑食性，先遣小姑尝。"即传神道尽新妇小心翼翼侍候公婆的心情。不过，造成媳妇困扰、痛苦的，很少是来自异性的公公、伯叔，大多来自同性妯娌、小姑的排挤，及婆婆的挑剔、虐待，而等到"多年媳妇熬成婆"之后，自己又成为挑剔虐待别人女儿的婆婆了；一代一代如此轮回。这种女性姻亲的相斥情结极为复杂。中国诗歌史上第一首长篇叙事诗《孔雀东南飞》，即是描述婆媳问题的典型例子。东汉末年，庐江府小吏焦仲卿娶刘兰芝为妻，夫妻感情深笃，但焦母不喜欢这个媳妇，百般刁难，虽然刘兰芝美丽聪慧，善良勤劳，"鸡鸣入机织，夜夜不得息"，且遵循礼教，"奉事循公姥，进止敢自专？"最后还是被遣返娘家，造成了夫妻双双殉情的悲剧。还有，南宋诗人陆游和唐婉的甜蜜婚姻，也是被母亲强行拆散。他著名的《钗头凤》一词中，有着对此婚姻下场的悲伤、幽怨、无奈和不满。

从古至今，因婆媳不合而造成的家庭悲剧时有所闻。佛陀时代，有位大护法须达长者，他有七个儿子，前六个儿媳都很贤淑孝顺，唯有最小的媳妇玉耶虽然天姿国色，却骄奢傲慢，嫁进门之后，对丈夫、公婆皆蛮横无礼、不孝敬，给家庭带来许多纷争。须达长者苦恼不已，只好请佛陀教化这位顽劣的媳妇。佛陀于是告诉玉耶，如何才是真正的美女，以及为人妻、为人媳应有之道。关于孝顺侍奉公婆方面，佛陀说为人媳妇要做到五点："一者，晚眠早起，修治家事，所有美膳莫自向口，先进姑嫜夫主；二者，看视家物，莫令漏失；三者，慎其口语，忍辱少嗔；四者，矜庄诚慎，恒恐不及；五者，一心恭孝姑嫜夫主，使有善名，亲族欢喜，为人所誉。"听了佛陀的教诲，玉耶惭愧忏悔，从此成为贤慧的妻子、媳妇，整个家庭恢复过去的和乐美满（《玉耶女经》）。

我觉得婆媳的关系，要如赵丽云博士所说的"跳探戈"：你进我退，我进你退。如果两个人的脚步同时前进，就会踩到对方；如果两个人同时后退，这一支舞也跳不下去。所以婆媳之间要懂得互相礼让与赞美，才能和谐相处。

对于婆媳之间的关系，据我了解有四种层次：

第一等婆媳，如母女亲密。认为别人家的女儿成为自己的媳妇，便是一家人，而视为亲生女儿一般，以体谅的心、关怀的情，来对待她；做媳妇的，也视婆婆为母亲一般侍奉、体贴、关心，偶尔对婆婆撒娇，时时找婆婆聊天，谈谈工作，谈谈心事。像这样如母女般亲密的婆媳关系，是第一等的。

第二等婆媳，如朋友尊重。婆媳之间如朋友般，以同理心设身处地了解对方的辛劳，互相尊重包容，并给予彼此生活的空间，即使有不同的意见，也能适时做好沟通。如朋友般的婆媳，仍然能和谐相处。

第三等婆媳，如宾主客气。婆媳好比主人与客人，彼此客气，有礼貌，既不斗气，也不会互相看不顺眼。只要有事出远门，能告知去处；从外地回家，能带个小礼物，也还可以和平相处。

第四等婆媳，如冤家相聚。这种婆媳关系是最差劲的，有的婆婆把媳妇当成冤家对头，认为是来抢儿子、抢家产、抢当家的；做媳妇的则不勤快，只会发号施令，整天跟婆婆计较、斗嘴，或是经常在先生面前，数落婆婆的不好，让身为丈夫、儿子的，夹在婆媳之间难以做人。曾国藩说："骄为凶德，惰为衰气，二者皆败家之道。"属于冤家对头的婆媳，要引以为戒。

家庭是生命的延续，也是道德的传承，如果婆媳之间不能好好相处，如何发挥家庭的功用？婆媳之间，应该凡事往好处想，相互信赖，彼此尊重，共同来营建幸福美满的家庭。

◆夫妻是构成家庭的基本成员，中国过去主张"男主外，女主内"，现代工商社会，高喊两性平等，许多妇女纷纷走入职场。夫妻有时为了工作更得分居两地，日久对双方感情的维系是一大考验。请问大师，两性真能平等吗？面对家庭与事业两难的情况，夫妻应该如何配合，才能维系幸福的婚姻？

星云大师："男主外，女主内"的观念，并不只限于过去的中国社会。据我所知，在美国，女性就业的普遍化，也是这二十年来的事。事实上，人类最早的社会是属于"母权制社会"。《吕氏春秋》载："昔太古尝无君矣，其民聚生群处，知母不知父。"描述的即是典型的社会现象，那时候，妇女在生产和生活上都居于领导地位。从早期的姓氏，也可看出母系社会遗留的痕迹，如炎帝姓"姜"，夏是"姒"姓，周是"姬"姓，秦是"嬴"，都有女字旁。而且依《说文解字》的诠释，我们姓名的"姓"字本身，也是由女、生组合，表示"人所生也"。

如此的"母权制社会"维持一两万年，约五千年前才进入父权的社会，并形成"女嫁男，从夫居"的婚姻家庭。后来更从儒家思想发展出"三纲五常"的伦理道德，以此建立封建阶级、礼仪制度。东汉班固言"夫妇"是："夫者，扶也，以道扶接也。妇者，服也，以礼屈服。"（《白虎通义·三纲六纪》）即明确指出"夫"是可扶持、倚仗的人，"妇"则是应屈服顺从的人。也把"妻"解释为"齐"，意思是"贞齐与夫"，须终身不改。从这类的以音释义，也可看出夫妻之间不平等的地位，以及男尊女卑的现象。

值得探讨的是，男性抑制女性，是一种专制、独尊、统治的霸权心态，传统女性也大都心甘情愿处于隶属地位，其言行举止往往和社会所认同的角色一致。从汉代班超著的《女诫》、唐太宗长孙皇后著的《女则》、陈邈妻郑氏著的《女孝经》等，都可看出女性本身对女性角色的规范。尤其《女诫》中提出的"四德"和"夫者，天也"的说法，更充分表现出重男轻女、男尊女卑的观念。不仅是中国，美国上世纪60年代时，有些州的法律也规定，已婚妇女若无丈夫的书面许可，是不能签订契约和获得贷款的，而且在结婚仪式中，也要求妻子必须服从丈夫。如今，父系家庭的体制犹在，孟子所言"仰足以事父母，俯足以蓄妻子"的观念，仍是大部分男性的基本观念。不过，"女子无才便是德"的论点早已不盛行了！随着女性受教育的机会均等，教育程度提高，"贤妻良母"已不是女性一生唯一的事业。加上工商社会里，工作性质、形态都异于往日，许多工作已不是只有男性才能承担的。而且，女性有着细心耐烦、温和谦逊的特质，行事比较圆融，容易化干戈为祥和。

女性不论是为了经济需要、社交往来，还是为了自我实现的心理需求走入社会职场，一旦回到家，往往还要负担起大部分的家务。这种蜡烛两头烧的辛苦，是可以想见的。长久以来，"女治内""君子远庖厨"的习惯与观念，要改变可能得花一点时间。幸好现在有的丈夫很体贴，回到家也会帮忙做家事、照顾孩子，这是很好的现象。我认为夫妻可以真心沟通、协调，在家务、孩子照顾上，分工合作，达成共识。如你煮饭、我洗碗；你洗衣服、我拖地；你接送孩子，我帮孩子洗澡……到底家是夫妻两人共有的，有参与，就有责任；有参与，就有感情，自然就能拥有健康快乐的家庭。

男女各有所长，各有所短。比如：女性体力比较不够，男性就多做一点费体力的事；男人的想法粗枝大叶，女人比较细心，在细腻的地方，女人就多用一点心。天地之间乾坤阴阳和合，万物就生长；不和合就会有缺陷。因此，我觉得这个世界上，男女相互赞美、认同，相互尊重、合作，是非常重要的。至于夫妻因为工作分居两地，如果是短期的，还无妨，如果是长时期，就不太妥当。既然结婚了，彼此应该履行夫妻的义务、尽家庭的责任。而且日子久了，对彼此的感情也是一大考验。

◆延续前面的问题，现代女性普遍加入职场，拥有自己的经济来源。而随着女权、人权、自主权的抬头，夫妻的财产也由过去的"共有制"，到了今天的"分开管理制"。请问大师，对于夫妻的财产管理，您认为共有好？还是分开管理好？

星云大师：记得 2002 年 6 月，"立法院"通过"夫妻财产制"的修法时，当初研拟、提案的妇女团体及许多妇女都非常兴奋！她们经过十一年的奋战，终于废除了以家父长制为基础的"联合财产制"，而有了强调夫妻人格独立，义务同担、权利共有的夫妻财产"所得分别制"。

过去女性嫁入夫家，就成为丈夫的附属，包括其名下的财产也归丈夫所有，没有个人自主的财产。即使 1996 年之后，夫妻财产是依登记名字判定所有权之归属，但是在妻子名下财产的管理、使用、收益等，原则上仍归属丈夫。现在新修定的"夫妻财产制"规定："夫或妻之财产分为婚前财产与婚后财产，由夫妻各自所有……夫或妻各自管理、使用、收益及处分其财产。"

从此条文可以看出在经济上，女性已不再只是附属，已明定两性平等自主的地位了。这实在是可喜可贺的事！佛教一向主张平等，佛陀常言他是"众中之一"，与众生等无差别；连"生佛"都能"平等"，何况"男女平等"呢！而且，当一方破产或负债时，修订的"分别财产制"，能使另一方的财产免受牵连，对家庭经济是一大保障。新制之法是本着合伙、平等的理论，认为夫妻是家庭的"合伙人"，应该共同负担家庭生活，不管外出赚钱，或在家操持家务，其贡献是一样的。犹记得当时报纸上还列出："煮饭"一事需支付多少钱；洗碗、洗衣服、拖地、照顾孩子……各需多少费用。

将家务视同有薪工作，曾经引来许多看法和讨论。不过，我不太认同"夫妻合伙人"的论点，既然是"合伙"，就随时可以"拆伙"，难怪现在离婚率那么高！夫妻不是以金钱合作的关系，金钱虽然很重要，基本生活费、孩子教育费，乃至享有稍具水平的生活质量等，都少不了金钱。但是，"宝物归无常，善法增智慧；世间物破坏，善法常坚固"（《正法念处经》）。金钱不是万能，尤其家庭里有比金钱更重要、更有意义、更值得追求的善法，如相亲相爱、体贴关怀、忠诚信赖、知足欢喜等等，才是取用不尽、最为珍贵的财富。

夫妻忙着赚钱，疏忽感情的维系与孩子的教养，已是不妥当，如果再各自赚钱，各自花用，彼此划分得一清二楚，岂不形同路人！夫妻财产是依"法定财产制"或"约定财产制"？金钱是共有或分开管理？我想没有绝对的好坏，只要夫妻协调沟通，达成共识即可。

一般家庭里对金钱的处理方式，大体上有：设一个联合账户，夫妻两人将个人所得全部存入此账户，两人皆可领取。或是各自有独立账户，唯开户者可使用。另外，也有将个人所得提拨一定比例，存入一个共同账户，夫妻各自保有能自由运用的零花钱。在支出负担分配上，有的是夫妻两人不论收入多寡，举凡生活费、孩子教育费、保姆费……皆一起平均分摊；有的则沟通言明两人各自负责的项目。不论哪种方式，重要的是在金钱的收入、支出上，最好能透明化、公开化。夫妻应以家庭的幸福美满为人生的重心，钱财只是维系家庭的基本条件，如果为了金钱的管理、运用，而猜疑、吵架，甚至反目成仇，就太不值得了！

◆**现在离婚率愈来愈高，夫妻分居两地是一个原因，也有因第三者介入或个性不合而分开。但是，离婚不只是夫妻两人的事，可能影响下一代的成长，尤其很多人离婚后又再婚，造成了很多的家庭问题，请问大师，您对离婚与再婚有什么看法？**

星云大师：世界上各宗教，有的是准许离婚，有的则不准许离婚。在佛教里并没有特别规定关于离婚、再婚的事情，在家信徒只要不邪淫，男女之间恋爱、结婚，或离婚、再婚，依合法程序，而为法律承认的，佛教也大都认为是正当的。由于文化的差异，西方国家对于婚姻比较开放，男女双方合则结婚，不合则离婚；中国人性格保守，尤其过去女人有"从一而终"的观念，纵使遇人不淑，遭受家庭暴力，也总是为了下一代而忍耐。不过这种观念已慢慢在改变。以台湾而言，现在的离婚率也愈来愈高。据统计，台湾在2004年，每年已有近63000对的夫妻离婚，比20年前高了3.6倍，而到了2005年，离婚率已高居亚洲之冠！离婚率高的原因，是现代社会里，大家不认为离婚是见不得人的事，而且，个人意识高涨。如果夫妻都有工作，经济上能独立自主，就不会为了孩子而勉强生活在一起。

清朝学者钱大昕在其《潜研堂文集》里写道："夫父子兄弟，以天合者也。夫妇，以人合者也。以天合者，无所逃于天地之间；而以人合者，义合则留，不合则去。"因为父子手足是"天合"的血缘关系，夫妻乃"人合"，无血缘关系，所以当不合而离弃割舍，便不是罪大恶极了！如在周代，视女人离婚、改嫁为寻常之事。《论语》全书皆无妇女不能再嫁的言辞，而孔子的儿子伯鱼去世，媳妇改嫁至卫国，孔子也没表示反对。另外，在《左传》里记载，郑厉公命令雍纠去刺杀其岳父，雍纠的妻子得知此事，回去问母亲："夫与父孰亲？"她母亲回答："人，尽夫也。父一而已。胡可比也？"于是，雍纠的妻子将此谋杀计划泄露给父亲，而导致丈夫被杀。从这里可以看出当时社会重血缘、轻夫妻的观念。

你们问我对离婚、再婚有什么看法，站在人间佛教的立场，当然希望每个人能组织幸福美满的家庭，但愿天下有情人皆成眷属，都能相亲相爱直到白头。基本上，佛教并不赞成离婚。但是，如果夫妻俩已到了水火不兼容的地步，还是让它水归水，火归火；勉强在一起的怨偶，不如好聚好散。在敦煌发现的《放妻书》中对夫妻离异之事，即明白指出："结为夫妇，不悦数年"，如此"猫鼠同窠，安能得久"？倒不如"勒手书，千万永别"。缘聚则合，缘散则灭，这也是宇宙不变的"因缘法则"。

但是不管怎么说，婚姻都是神圣的，千万不要因一时情绪就轻易离婚。尤其离婚后，往往造成孩子难以磨灭的心灵创伤，影响其人格的正常发展等，这都是须谨慎三思的。结婚应该不是爱情的坟墓，家庭也不是一个人的，需要两个人共同来营造。婚姻不能有想要改变对方的念头，应该相互适应对方、尊重对方，彼此给对方空间。有些人因为挤牙膏方式不同、洗碗方法不同而离婚，就是把婚姻当儿戏了。夫妻相处，误会、僵局也是难免，我认为平时要养成沟通的习惯，即使有冷战，也不可持续太久，如果形成僵局，只要有一方肯陪个笑脸，说一声："亲爱的，就算你对好了！"我想僵局必能化解于无形。

一对80岁的夫妻，为了庆祝60年来的美满婚姻，两个人讨论该怎么庆祝时，回忆起年轻时谈恋爱的情形，于是想重温旧梦，便相约回到60年前约会的老地方。丈夫如约来到约会地点，等了好久，都等不到妻子，心底很生气："三更半夜了，怎么还不来？"回家正准备发火吵架，一看太太还睡在床上，更生气："喂！不是约好的，你怎么搞的……"只见妻子娇滴滴又无奈地说："妈妈不准我出去啊！"丈夫一听，这不就是60年前约会的场景吗？不禁哈哈大笑："这就是婚姻的纪念啊！"

夫妻之间能有这样的幽默和情趣，婚姻就比较容易维持下去。世间一切都是会变化无常的，要婚姻永远不变质，是不可能的。我认为重要的是，如何在变化的人生中，保持一颗不变的心；如果那颗当初要结婚的心不变，再通过互相信任、了解和体贴，相信婚姻就能美满长久。

◆家，应该是最温暖、最安全的地方，但是，好似随着全球经济持续亮红灯的骨牌效应，失业、离婚、自杀、犯罪、暴力等戏码，不断地在社会、在家庭上演着。尤其"家庭暴力"几乎无日无之，景况之凄惨、手段之残忍，实在让人触目惊心！对此，能否请大师提供意见与针砭？

星云大师：社会上，形形色色的人为了生存，为了权势、名位、财富，彼此钩心斗角，你争我夺，甚至打压、陷害、欺诈、抢劫、杀戮……可以说社会就是一个大冶炼场。无论外面的世界多险恶、多复杂，至少有个"家"能让身心放松，有亲爱的家人关心、抚慰和依靠。但是，现在有不少家庭已成人间地狱，是许多人思之色变，避之唯恐不及的魔窟！

打开电视，翻开报纸，几乎每天都有触目惊心的家庭暴力事件。男性因体能上的优势，常是家庭暴力的施虐者。如多年前，轰动一时的美国橄榄球超级明星辛普森的杀妻案。2004年，一位嫁来台湾的越南籍新娘段氏日玲，被长期虐待，折磨得犹如难民般骨瘦如柴，体重只剩二十多公斤。更有许多妇女及儿童，日日处在受殴打、踢踢、砍杀等肢体伤害，及精神虐待、语言暴力中，而过着忧愁、恐惧、生不如死的生活。但是，近年来也有不少女性因承受不了感情、家庭暴力、经济及家庭照顾等压力，而做出震惊社会的弑夫虐儿事件。家扶基金会公布 2004 年"十大儿童保护新闻"里，即有受暴少妇闷死一双儿女；失业母亲割伤三岁儿子，将一岁女儿由 11 楼抛下；怨妇为报复丈夫，而禁锢私生子 14 年等三则案件。母亲成为扼杀孩子生命的凶手，实在让人匪夷所思！另外，如纵火、引爆瓦斯、携子自杀，都是经常上演的悲剧。

曾看过一项报道，在美国社会里，团体内部每天所发生的暴力，就属家庭最多。全美国有五分之一的谋杀案件，是来自亲属之间的，其中有一半的杀人犯是自己的配偶；每年有 750 万以上的夫妇，经历暴力伤害。警员的执勤伤害，以处理家庭纠纷时为最多。

而根据台湾的统计，2004 年上半年的伤害事件中，有 33.6% 是家暴引起的，有六分之一的妇女身陷婚姻暴力中，每天接获 16 名受虐儿的通报，而且平均每个月，就有 10 人死于家暴，社会一年要为家暴付出 180 亿元的代价。事实上，因为"家丑不外扬"的心态，许多家暴事件隐藏在黑暗的角落。因此，估计家暴受害者，及社会所付出的实际成本，都远远超过这些数字！

看到这些事件与统计，令人不禁要忧心忡忡地问：这是怎样的社会，怎样的家园啊？政治、环境的不安定，造成产业外移、经济衰退、失业率节节升高。被迫退出职场、丧失经济能力的人，陷入忧郁、悲愤的困境；在职场上的人，因竞争多、压力大，而焦虑不安，于是他们这些负面情绪，或以吸毒来麻醉，或以酗酒来浇灌，反射到家里的，便是争吵、暴力的恶劣行为了。夫妻反目，直接受害者自然是孩子；孩子往往是双亲情绪发泄的对象，当时目睹暴力行为，承受肢体和心灵伤害，长大后就有样学样，成为施虐他人的加害者。我们看到青少年反社会的人格表现，如逃学、欺侮弱小同学、凌虐动物，甚至结党成派、烧杀掳掠、为非作歹。在家庭里种下晦涩阴霾的种子，怎能结成好花好果呢？

"罪福响应，如影随形。"如此恶质世代的循环，不只造成庞大的社会成本，更让我们生存的环境，处处弥漫着烟硝暴戾之气。过去中国人视家庭暴力为"家务事"，当事人有着"嫁鸡随鸡，嫁狗随狗"的隐忍心态；街坊邻居、亲戚朋友也认为夫妻是"床头吵架床尾和"；警察、法官的观念则是"法不入家门""清官难断家务事"。所幸的是，1999 年 6 月 24 日，"家庭暴力防治法"开始实施之后，已是"法入家门，家暴即犯罪"，为受暴者提供了一把有力的保护伞。现在，台湾各县市设有"家庭暴力暨性侵害防治中心"，社会上也有与家暴相关的服务机构，如"现代妇女基金会""妇女救援基金会""励馨基金会"等，都能提供咨询、辅导，协助受害者依循刑事及民事法律途径，来寻求救济和保护。

不论来自配偶、长辈或手足的伤害，受害者都要懂得维护自己的权益，保护自身及孩子不受伤害。同时，我们也应该学习观世音菩萨"寻声救苦"的大悲精神，主动关心，提供保护的管道，帮助受害者走出家暴梦魇。

不过，预防重于治疗，任何对策、法律终非究竟之道，正本清源，应该从心理建设及情绪管理下手。夫妻来自不同家庭，个性、习惯、观念不同是难免的，但是既然结成夫妻，"背亲向疏，永离所生"，就应该"恩爱亲昵，同心异形；尊奉敬慎，无骄慢情"。(《佛说玉耶女经》) 彼此好好珍惜"百年修得共枕眠"的因缘，相亲相爱，相互体谅、尊重。而孩子是自己的骨肉，怎能不疼爱怜惜呢？让孩子拥有快乐的童年，身心健康地长大，是每位父母不可推卸的责任。

当然，每个人都会有心情烦闷、情绪低潮的时候，许多人喜欢"一醉解千愁"。其实以酒浇愁愁更愁，而且酗酒会导致"父失礼，母失慈，子凶逆，孝道败，夫失信，妇奢淫，九族诤，财产耗"。(《佛说八师经》) 佛教将"不饮酒"列为五戒之一，即是因酒能乱性，让人失去理智，做出诸多伤天害理之事。所以遇到困境时，要懂得寻找正当的疏通解压方法，如运动，听音乐，到郊外散散心，或找善知识倾诉。

最好能有宗教信仰，正信的宗教皆能导人向善，让心情平静。我们可以从佛教经典中，明白世间的因缘果报；可以在念佛中，得到清净与欢喜。《大乘理趣六波罗蜜多经》言："众生心躁动，犹如旋火轮，若欲止息时，无过修静虑。"借由禅坐的止观双修，烦躁刚烈的心，也会逐渐宁静柔软下来。人间佛教重视家庭的美满幸福，我们鼓励夫妻建立佛化家庭。从信仰中净化心灵，才能真正拥有圆满的人生。而且，夫妻有了共同的信仰，共同的话题和兴趣，更能促进彼此感情的和谐。

◆**不久前，美国 MSNDC 电视台有个专题报道，在美国，大约 100 个小孩中有六七个是自闭儿童。这是一个新的大危机。除了自闭儿，不少家庭里也有身障或智障的孩子。抚育这样的孩子，必然格外辛苦，请问大师，家有不健全孩子的父母，应该用什么样的心态来看待和面对呢？**

星云大师：平时我们所看到的美国儿童，大都很健康、活泼，给人明朗率真的印象，没想到全美国竟有 7% 的自闭儿童，这是很大的数目呢！根据医学研究，自闭症患者有脑生化功能异常的现象，或脑部颞叶地区有损害，或者是由其他疾病，如德国麻疹、脑炎、苯酮尿症等所引发的。过去一般人以为儿童的"自闭症"，是因为生长环境封闭、父母冷漠，而造成他语言和社交上的发展障碍。事实上，自闭症是一种生理的疾病。脑部的疾病，影响他们的认知和理解、表达能力，也因为不明白别人的语言、行为和表情，不懂得如何作回应。所以，自闭症的人不敢和别人接触，而选择把自己封闭、隔离，有时也会出现强烈恐惧、情绪不稳、自我伤害等现象。除了自闭症，和智能有关的疾病还有脑性麻痹、唐氏症等。不论智障或身体的残障，对照顾者而言，都是一辈子艰苦又漫长的路程。

每个父母都希望自己的儿女健康聪明，能正常快乐地成长。得知孩子异于常人，且可能终生维持现状、无法改善时，大部分的父母，开始会拒绝承认，怨天尤人，或自责、沮丧、彷徨无助，甚至有的父母经过好多年，都无法接受孩子残障的事实，一直陷在负面的情绪里，无法自拔。尤其最难堪的是必须面对社会异样的眼光。

日本作家乙武洋匡一出生就没手没脚，被医生判定为不明原因的"先天性四肢切断"。乙武洋匡的母亲看到他出生时没有四肢，如一团肉球般，并没吓昏，反而惊喜地说："好可爱哦！"因为母亲正面、快乐地对待他、抚育他，形成乙武洋匡热爱生命、乐观、勇敢的正面人格。他的自传《五体不满足》出版不到 7 个月，就销售了 380 万本。他以轻松幽默的笔调，叙述自己从出生，上幼儿园、小学、中学，到大学的生活种种，对于自己的残障，他说："残障只是我身体的特征，没有必要为身体上的特征而苦恼。""既然有残障者做不到的事，应该也有只有残障者才做得到的事。上天是为了叫我达成这个使命，才赐给我这样的身体。"如此向上向善的人生态度，是残障者及其家人应该学习的。

伊甸基金会创办人杏林子，12 岁罹患"类风湿性关节炎"，全身关节皆损害，但是她写作不辍，更以丰沛的爱心，为全台湾 100 万个残障朋友服务。这位生命的勇者也曾说："依复健医学的观点来看，人人迟早必然在体能上成为残障。所以，体能残障只是生命的一个阶段，重要的是心理上或人格上是否也是残障。"

根据一份对 300 位成功人士的调查报告显示，其中有四分之一是有残障的。如罗斯福总统、爱迪生、贝多芬、海伦凯勒等。这些人的万古流芳，让我们明白：真正的残疾，不是外在的身根不全，而是心中没有慈悲与包容；真正的缺陷，不是环境的艰难困顿，而是自己丧失信心和勇气。他们未被自己的残缺打败，所以能化腐朽为神奇，为自己、为他人，点燃美丽的生命之光。

在《大般涅槃经·圣行品》里有一段记载：功德天和黑暗天是一对形影不离的姐妹。功德天所至之处，能带来种种财宝和象、马、车乘等物质；黑暗天所行之处，一切财宝皆衰耗丧失。有位富人只愿功德天入其家，不准黑暗天进来。但是，功德天说她们姐妹俩"行住共俱，未曾相离。随所住处，我常作好，彼常作恶；我作利益，彼作衰损。若爱我者，亦应爱彼；若见恭敬，亦应敬彼"。富人做不到，两姐妹只好离开，她们来到贫人家，贫人感念她们的光顾，很欢喜地将她们一起迎入家里。

此段故事告诉我们，世间福祸相倚，好的一半，坏的一半；善的一半、恶的一半，要求世间完美无缺是不可能的。残缺是生命的本相，也是世间的实相。孩子今生的残缺，是他们过去世的业力使然。《地藏经》

言：今生"短命"，是过去世"杀生"之故；今生"丑陋癃残"是过去世"嗔恚"之故。《梁皇宝忏》里也写道，"两目失明"，是因"前世不信罪福，障佛光明，缝暗他眼，笼闭众生"；"聋吃瘖哑，口不能言"，是因"前世诽谤三尊，轻毁圣道。论他好恶，求人长短。强诬良善，憎嫉贤人"；"或颠或痴，或狂或呆"，是因"前世时饮酒醉乱，犯三十六失"。因果报应不爽，明白这点，在尽心照顾孩子之余，可以带着孩子到寺院，借由亲近三宝、学佛之因缘，让他来世能拥有一个健康的躯体和聪明的心智。再者家有残障儿，正可以培养自己的慈悲和耐心，考验自己的忍辱和毅力；家中的残障儿，正是来成就自己的菩萨道呢！心念一转，欢喜接受这个事实，人生的路也会跟着宽广起来。

◆**过去社会上有名望的家庭都有"传家之宝"。有人以如意传家，有人以宝剑传家，有人以字画传家，有人以书香传家。请问大师，最好的传家之宝是什么？**

星云大师：国家有传国之宝，过去的帝王以玉玺作传承，现在的总统以印鉴来交接。佛教也有传承之宝，佛陀在灵鹫山，以"清净法眼，涅槃妙心，实相无相，微妙法门"传付给大迦叶；中国禅宗初祖达摩大师传法给二祖慧可大师时，说："内传法印，以契证心；外付袈裟，以定宗旨。"因此，佛教丛林便是以袈裟钵具作为传法的信物。一般家庭或家族的传家之宝，有实物，也有精神象征。例如连战先生，以其祖父连横之著作《台湾通史》，作为传家之宝。已故的台湾"海基会"董事长辜振甫先生，一生以"谦冲致和，开诚立信"作为安身立命之本，身为最具影响力的企业家，他言能立足经济界与政治界，是因继承了父亲固有的人际关系，因此，和信的"政商关系"就是辜家的传家之宝。

另外，有些原住民，会把用金饰、银饰制成的亮丽腰带，当作传家之宝，一代一代传下去，平时收藏着，只在重要庆典时才佩戴展示，向他人炫耀。台湾的排湾族，以一把象征贵族的"青铜刀柄铁刃刀"作为他们族群的传家之宝。其他传家之宝尚有玉如意、字画、手杖，或珍奇宝物等；凡认为稀世少有或具有历史价值、纪念意义的物品，都可以作为传家之宝。

许多父母会希望能留下房屋田产、金银财富给子女。但是，世间有形财宝，常是官府、盗贼、火、水、恶子"五家共有"，难以久存。怎样的传家之宝，才能让家庭和乐、家族兴盛绵延呢？我认为"勤俭"是传家之宝，西谚云："黄金随潮水流来，也要你早起去捞起它。"中国人相信有财神爷，但是财神爷送财来，也必须站起来礼貌地接受，如果懒惰、不理睬，也不能发财呀！世上懒惰与贫穷是难兄难弟。因为懒惰，所以贫穷；因为贫穷，容易懒惰，这是互为因果的。要让家庭富有，家族事业永续经营，就得勤劳精进。

社会上许多成功的企业家，他们之所以能成功，绝不是从安逸享受中得来，而是从勤俭奋斗中获得的。蒋介石、蒋经国先生，他们本身都很勤俭，可惜没有把这项美德传给儿孙，所以家道提早式微。六波罗蜜是菩萨成佛的重要法门，其中的精进波罗蜜就是勤劳、勤奋之意。

"春天不播种，何望秋来收？"不播种，如何有收成？不劳动，如何能成就？懒惰懈怠，又奢侈放逸，怎能守住家园呢？因此，勤劳、节俭，是财富，更是传家之宝。

"孝道"也可作为传家之宝。亲子之间有着"上代以来，从己而出"的血缘关系，借着世代相传的伦理，人类的纲常秩序才能稳固和延续。"五伦"中以"父子"为首，为人的"十义"以"父慈、子孝"为先。佛教也非常重视孝道，所谓："上报四重恩，下济三涂苦。""四重恩"之一便是"报父母恩"。《大乘本生心地观经》也说："勤加修习孝养父母，若人供佛，福等无异，应当如是报父母恩。"《五分律》中，佛陀更嘱咐比丘应"尽心尽寿，供养父母；若不供养，得重罪。"孝是道德之本，能够孝顺父母的人，其他伦理道德亦不差矣！

儿女如同一张白纸，父母的言行是他们学习的榜样。自己对父母供养承顺，自然会有孝顺自己的儿女。如是因，如是果，一个家庭有慈爱的父母，孝顺的儿女，亲子关系亲密和谐，也就能维持上慈下孝的伦理纲常。

当然，"慈悲"也是一种传家之宝。培养孩子有慈悲心、有善念，他就能与人为善，不会到处树立敌人，而拥有平安顺遂的人生了。慈悲是做人应具备的基本条件；一个人宁可什么都没有，但是不能没有慈悲。现代社会暴戾之气甚嚣，就是因为缺乏慈悲。以我多年来处世经验，深深体会：唯有慈悲，才能化干戈为玉帛，消弭人我之间的怨怼愚痴；唯有慈悲，才是家庭幸福的动力，才能广结善缘，成就事业。

不过，慈悲如果运用不当，也会沦为罪恶。纵容子女，会造成社会问题；姑息作恶，会导致社会失序；滥施金钱，会助长贪婪心态……所以，真正的慈悲必须以智慧为前导，否则弄巧成拙，反失善心美意。有了慈悲的心怀、慈悲的语言、慈悲的行为，不只能拥有慈悲的家庭，也能成就慈悲的社会、慈悲的净土了。

"信仰"可以是传家之宝。人不能没有信仰，没有信仰，心中就没有力量。但是要选择正信的宗教，如佛教、天主教、基督教。宋朝名相王安石曾说："不想皈依三宝的人，不要投胎我家做子孙。"他即是以佛教信仰作为传家之宝。父母把信仰传承给下一代，好比薪火相传，生命得以绵延不断。信仰，是留给子孙最好的财富。因为人世间的金钱终有散尽之时，有了信仰，则能开发善美的本性，获得无量的圣财。

正信的宗教，会教导我们布施、守戒、忍辱、慈悲，也会让我们明白因缘果报，知道"诸恶莫作，众善奉行"，而过着有正知正见、有道德的生活。所以，我们应该选择一个有益身心，能开发正确观念的宗教信仰，作为传家之宝。

除了勤俭、孝道、慈悲、信仰，可作为传家之宝，其他如儒家的三纲五常、仁义礼智，佛教的五戒十善、四摄六度、八种正道等，以及书香、教育、知识、明理、忠信、诚实、欢喜等都是值得代代相传的珍宝。

◆**人生在世，官有官道，商有商道，居家也有居家之道。最后，请问大师，居家之道应该注意些什么？如何才能营造一个幸福美满的家庭？**

星云大师：家，不是一个人的；家，是全家人共有的。家中的每个成员，都有责任经营和维护家庭的幸福。居家之道有哪些应该注意的呢？

在人际关系上，家庭里有父母子女，也有公婆媳妇、妯娌、兄弟姐妹等关系。平时我们对父母要恭敬孝养，让他们衣食无缺，并随时禀白自己的工作、去处，不令父母担心。除了甘旨奉养、光宗耀祖之外，能再引导父母向于正道，有宗教信仰，远离烦恼，才是最究竟的孝道。兄弟姐妹于事业、生活上，应该互相帮助，以尽手足之情。对于子女，要明白孩子不是讨债鬼，而是菩提幼苗、有缘眷属，所以，教育要宽严合度，平时多以赞美代替责备，以鼓励代替打击。婆媳、妯娌之间，须有"不是一家人，不入一家门"的认知，能在同一屋檐下，同吃一锅饭，都是过去世结下的因缘。好好珍惜这个善缘，纵有摩擦，只要自己、他人立场互易，便能减少不必要的隔阂与揣测。

夫妻是最亲密的关系，当初因为爱而结合，生活在一起，更要相敬相爱、互信互谅。做丈夫的，身边要少带钱，要回家吃饭；出门应酬，夫妻应该成双成对；平日多一些幽默感，对于忙碌辛苦的太太、儿女，常常给几句安慰、感谢的话。做太太的，平时须把家庭整理干净，准备美味可口的饭菜；勤俭持家，不私藏金钱，不隐瞒秘密，并对先生多说赞美、肯定的话。能够如此，夫妻感情就能长久维系下去。

还有，生活起居里，须养成良好的生活习惯，及替别人着想的美德。例如：早睡早起，生活起居正常；进门要弹指，关门要小声，走路要轻步，转弯要轻咳作声等。每日要勤于打扫庭院，把家里整理得窗明几净，布置得美化舒适，院子里、阳台上亦可莳花植草，以增进生活情趣。平日饮食要正常适量，营养均衡，不故意节食，也不暴饮暴食，便能保持身体的健康。

平日也应有正当的休闲，和养成良好的读书习惯，借由阅读，增加知识，扩大学习空间。如果家中环境许可，可以设个佛堂，每日晨起，于佛菩萨圣像前献花供水，上香礼拜，或诵经一卷，或静坐五分钟。夜晚临睡前，可于佛前礼佛静心，或诵读《佛光祈愿文》，反省自己的功过。

最后，家庭的经济管理也要健全，常言："有钱不一定万能，但是没钱则是万万不能。"金钱是维持我们生存的基本条件，一般人都希望财富越多越好，不过自古以来，许多有钱人不一定快乐。我觉得真正的财富，是欢喜不是金钱，没有欢喜，纵使再多的金钱，也没有意义；真正的财富是知足，不知足的人，即使把全世界的财富给他，他还是贫穷的，因为内心永远觉得不够。此即所谓："财多越求，官高越谋，人心不足，何日够休。"（《安乐铭》）

所以我们应该把财富的范围扩大，财富不限于金钱、汽车或别墅；这种财富是无常的。钱财非万能，家里的经济虽然不宽裕，但是在精神修养上能够提升，如懂得欢喜、知足，就是无价之宝！

平时我们要懂得开源节流，常常想："我有多少的'源'可以开?"生财之道无他，智慧、勤劳、结缘是也！所谓"开源"，除了有形的财富，更要开发心灵的财源，如慈悲、智慧与明理、通达。"节流"方面，节省日常生活的金钱支出之外，还要节省时间与节省生命。

人的一生，与家庭生活关系密切，家庭是悲惨的地狱，或是欢乐的天堂；眷属是善人聚会，或是怨憎相会，端在我们一念之间。《无量寿经》言："世间人民父子、兄弟、夫妇、家室、中外亲属，当相敬爱，无相憎嫉。有无相通，无得贪惜。言色常和，莫相违戾。"要让家庭幸福和乐，柔软、慈悲心是不二法门。眷属之间，多一些赞美的声音，多一些关怀的温情，多一些互助的行动，多一些忍耐的智慧。彼此相互学习，常怀惭愧、感恩之心，就能将家庭建设成清净安乐的净土了。

佛教对青少年教育的看法

　　"一个国家、一个团体有没有前途，就看他对年轻人是否重视。一个人要想有所作为，年轻的时候就要将基础打好。"这是佛光山开山宗长星云大师于 2005 年 5 月 27 日，在佛光山传灯楼大会堂主持"当代问题座谈会"时，针对"佛教对'青少年教育'的看法"所做的引言。星云大师一生非常重视青年，也一直很关心青年的教育，所以，佛光山开山至今积极办学，设立大慈育幼院、丛林学院、沙弥学园、普门中学、均头中学、南华大学、佛光大学、西来大学等；更举办各种活动，如教师研习营、大专青年佛学夏令营、青年领导人讲习会、国际佛教青年会议、国际杰出青年英文禅学营、国际杰出青少年英文禅学营、青少年夏令营等等。

　　大师强调："佛教是青年的宗教，不是老人的宗教；是朝气蓬勃的宗教，不是暮气沉沉的宗教。"佛教教主释迦牟尼佛青年时成道；玄奘大师26 岁到印度求法；禅宗六祖慧能大师 24 岁到黄梅五祖那里求法，同年开悟成道。翻开历代祖师大德传记，也绝大部分都是十几、二十几岁出家学道。所谓"四小不可轻"，如善财童子五十三参、妙慧童女问道、均头沙弥小小年纪证阿罗汉果、罗睺罗获得"密行第一"的美誉、小龙女即身成佛等，他们都是青少年时期修行成就的例子。

　　青年是社会进步的动力，也是国家未来的希望，然而近年来青少年犯罪率提高，年龄层也逐渐下降，不禁令人感到忧心。如何帮助青少年成长？大师有独到的看法。以下就是大师当天的问题座谈实况记录。

◆**随着生活水平提高，青少年拥有零用钱已经是很平常的事，然而许多青少年却因此大肆挥霍、贪图享乐。请问大师，青少年当如何建立正确的金钱观？**

星云大师：说到金钱，我幼年就进入僧团，经过了少年、青年、壮年，一直到了现在的老年，感觉到人生在青少年阶段不可以拥有金钱，否则容易失落了自己。我们可以看到，自古以来成功立业的人，他们在创业之初，日子都过得非常艰苦。如陶渊明先生穷得如诗中所说："三旬遇九食，十年着一冠；造夕思鸡啼，清晨愿鸟迁。"又好比 12 岁就在鞋油工厂当童工的狄更斯，在学习的热诚推动下，成为享誉世界的大作家；早年家贫如洗的李嘉诚先生，经过不懈的努力，日后成为香港首富；台湾统一企业集团荣誉董事长吴修齐先生，凭着勤俭奋发的精神，打造衣食住行的企业传奇，这些都是白手起家的例子。

孟子说："天将降大任于斯人也，必先苦其心志，劳其筋骨，饿其体肤，空乏其身，行拂乱其所为，所以动心忍性，增益其所不能。"佛教的修行虽然不以苦行为重，但是就以释迦牟尼佛为例，如果没有经过六年雪山苦行，没有经过多年的瞑目苦思，又怎能证悟成佛呢？就如佛教历代的祖师大德，哪一个不是历经千辛万苦、千锤百炼而成就道业的呢？又好比世界著名人物，如失明、瘫痪的奥斯特洛夫斯基，完成不朽名著《钢铁是怎样炼成的》；天生失去双腿的约翰·库缇斯，现今为国际知名的激励大师。所以，青少年应该勇于接受严格的教育，在苦行里才能促进成长，反之，一个人若沉浸在金钱堆里，好比纨绔子弟，整日游手好闲，怎么会成功？

现在许多有为的富家子弟，虽然家庭生活富裕，但是他放弃了优裕的、被保护的生活，选择走入群众，走入民间，甚至从苦工、学徒做起，才会有成功的机会。如美国三一冰淇淋少东家约翰·罗宾斯（John Robins），因为所学的知识告诉他，奶、蛋、鱼、肉对身体有害，而毅然放弃接掌冰淇淋公司，并与几位有心的医生共同倡导素食；出身南台湾望族，现任"纽约国际管理顾问公司"总经理的陈义敏小姐，在取得纽约大学学位后，应征进入美国一家大饭店，从洗厕所等基层工作做起，以实际行动证明自己的能力。

金钱不代表一切。有人说："有钱能使鬼推磨""金钱万能"。这倒也不一定，和金钱同等重要，甚至更重要的还有很多。好比有钱买得到物质，买不到智慧；有钱买得到医药，买不到健康；有钱买得到华美的衣服，买不到气质；有钱买得到书籍，却买不到品德。所以，青少年的时候，要能广结善缘，勤劳发心，奋斗苦干，读书求智慧，养成良好的人格道德，这都比金钱来得更重要。

一个人的人格道德不能用有钱没钱、有权无权来衡量。过去有的帝王将相虽然有权有势，但是没有道德人格，以致于骂名千古。如将某个人比喻为商朝纣王或周朝幽王、厉王，他一定很生气，因为暴虐无道的君王，人们耻于与之同类；反倒是被比喻为穷困潦倒却忧道不忧贫的伯夷、叔齐，人们会感到很欢喜。

解决世间上的问题不一定要靠金钱，凭着每个人与生俱来的意志力就可以。人生的成功来自于众多的因缘，不能只向钱看。尤其现在的年轻人，如果天天看到的、想到的都是钱，那么内心的世界就太渺小了，不仅没有远大的眼光，精神力气也因为金钱的诱惑而减弱，所以，年轻的人不要只顾想钱。"不要想钱"这句话，大家听了可能不大认同，以为有钱就可以呼风唤雨，要什么有什么，但是却没想到"要什么有什么"的结果，就是要不到未来了。一个人没有钱没关系，只要有志气、有慈悲、有智慧、肯读书、肯向上，何患没有未来呢？因此，人千万不要给金钱收买，不要给金钱左右，不要把金钱看得太重，从另外一个角度来看，未来的人缘、事业、健康、名誉才是最重要。好比一个人有钱而没有人缘，势单力薄，难以成事；一个人有钱而名誉败坏，人格受损，也不会成功。

我幼年时在丛林的生活很贫苦，常常是一封信写好了，却隔了好几年没有寄出去，因为买不起邮票；风雪交加的冬天，也没有棉袄取暖；鞋底破了，用厚纸板垫起来；袜子破了，用纸糊一下。所以养成我现在有也好、无也好的随缘性格。因为没有钱，也养成我"不买"的习惯。其实，不买就是富有。为什么要买？就是因为不足、缺少才要买。即使拥有万贯家财，心不能满足，还是穷人一个；即使是贫无立锥之地，心中能拥有三千大千世界，也是富人。所以，青少年除了对金钱要有正确的认识以外，心中要有国家社会、团体大众，才是真正富有的人。年轻人应当志在四方，何必用金钱来框住自己？

◆青少年时期感情丰富，多愁善感，面对情感上的困扰，很容易陷入焦虑情绪里。请大师开示，青少年应当如何处理感情问题？

星云大师：人类与生俱来就有感情。如喜怒哀乐、忧悲苦恼的情绪，都是在表达感情。感情问题不是青少年专有的问题，对于中年人或老年人，感情同样是人生重大课题，只是感情与青少年关系更加重大。因为青少年时期感情最丰富但也最脆弱，容易深陷其中，不能自拔。所以，建立对感情正确的看法非常重要。

说到感情问题，举凡家人、父母、夫妻、子女、同学、朋友之间都有感情，而感情处理不当，人生就会很痛苦。现今为了感情而失却人身、毁掉前程的比比皆是。所以，感情要用慈悲来升华，要用智慧来驾驭，才不会为之所苦。青少年的时候，最怕的就是把感情单一化，其实除了男女之间的感情，感情还有很多出路，比方对工作有兴趣，是对工作的感情；对社会有爱心，是对社会的感情；对国家奉献，是对国家的感情；对名誉能重视，是对品德的感情；对生涯能规划，是对前途的感情。大家想想，你为了得到一个，而失去一切，这划得来吗？现在有许多年轻人，觉得自己功名未就，也就不忙着结婚，不忙为自己做太多打算，反倒是积极地投入社会公益、为父母、亲人服务。因为"家"是一个枷锁，有了家就要负责任，若连自己都照顾不来，结了婚又多一个人，你能担当起照顾的责任吗？就是想在成家之后，再来完成自己的理想、事业，也会变得更困难。

一般人的感情是自私的，凡事只想要人家的，却没有想到自己要给人。一个人要先学会把感情用在家人、社会、国家之上，先播种，先结缘，先奉献，才能扩大自己的胸襟，进而做到"爱人无私"的精神，将私爱化为对一切众生的关怀。

世间无常，尤其感情最为无常，你能禁得起它的变化吗？所谓"山盟海誓""海枯石烂"的说法，如同迷魂药，只能麻醉一时。所以，我们应该认清这个世间，了知感情是盲目的，感情是愚痴的，没有智慧来领导就会错误百出，好比一个人走路，如果不用眼睛看，可能会有跌落深坑的危险。

人都想要自由，假如能将感情淡化一点，就可以求得人生的自由自在，倘若只在二人的感情世界里徘徊，天天过着被感情诱惑、束缚的日子，还有什么独立的人生可言呢？因此，每天净化自己的身心，扩大心胸去关心更多人、更多事，生活才能过得安乐富有。

佛教不是说不重视感情，佛教也"但愿有情人终成眷属"，但是不要为了私爱忘却了大众，不要为了个人忘却了家人、父母。所谓"慧剑斩情丝"，能够把感情理清楚，不被情丝所束缚，才是最难得的。

◆由于社会形态的转变，教育出现重科技、轻人文的现象，使得青少年道德观念越来越薄弱，所以建立青少年道德观念就更为重要。请问大师，现在的青少年应该具备哪些人文道德观念？

星云大师：除了金钱观、感情观，人文道德的观念对青少年来说也很重要。《天下》杂志作了一项调查——考试作弊的行为与自己的道德有没有关系？全台湾地区超过半数的高中生认为作弊与道德没有关系。从这项调查显示，青少年对于人文道德观念的认知并不健全。然而人文道德教育，不是一味由老师教导、父母要求，而是要有自知之明。现在我们提倡"三好运动"，做好事，说好话，存好心，倘若大家能在"身、口、意"上多注意，如身做好事、口说好话、心存好念，就会增进道德。

有些西方国家对于建立青少年道德教育非常重视，比方在公共场所严禁大声喧哗，对师长应当尊敬，不可以恶意说谎、欺骗，倘若违犯了，就以劳动来代替处罚，到慈善机构、福利机构等地累积服务的时数。像佛光山在美国的西来寺，就经常接受犯错的高中生到寺院里劳动服务，并为其证明服务的成绩。这是个不错的方式，不致严重到体罚，却能有效地让青少年警觉自己犯了错就要接受处分。

大家口口声声讲人格、道德，究竟什么是人格、道德呢？人格就好像是窗户一格一格的，超出范围就不成格了。道德也有范围，比方能合乎佛教的"五戒十善"、儒家"四维八德"的精神就是有道德。我们常听人家说"传统的、古老的、过去的道德观念……"其实，道德没有新、旧之分，道德是宇宙之间的正气，充满在宇宙之中，不因为你有钱就能有道德，不因为你有才能就是有道德，即使贫穷、失业、一时的失败，只要不失去做人的原则，对社会、他人能有贡献，还被认为是有道德的。道德具有维系国家纲纪，保护社会人民生活安全的功用。有规则的是道德，好比汽车有车道、火车有轨道、飞机有航道，一旦偏离则后果不堪设想。为人处世亦是如此，虽要圆融通达，但是更要以因果为规则，正规正矩，才不会丧失人格道德。

有仁义的、有正义的、有忠义的，所谓"四维八德"即是道德。"仁"字由"人"和"二"组合而成，意思是心中要有别人，不能只有自己。我们要反省自己，心中有人吗？有父母、有师长吗？有苦难的众生吗？我讲《金刚经》的时候，说到"无我相、无人相、无众生相、无寿者相"。我的母亲对我说："你可以无我相，怎么可以说无人相呢？"当然《金刚经》的诠释不是如此，但是母亲说的也不无道理。有道德的人，凡事都是大众第一，自己第二。

再者，能向上的是道德。有道德的人不是弱者；有道德的人，做起事来努力不懈、精益求精，不会有始无终，这种奋发飞扬的态度就是道德。

此外，能升华的是道德。一个人光求知识的进步是不够的，应该要求人格能升华。信心升华、观念升华、人我升华就是道德。比方过去做一小时的义工，现在能做两小时；过去布施给人五块钱，现在能给人十块钱；

过去和人见面只是点个头，现在不但点头还会微笑。待人好，人格提升就是道德。同理，不道德的行为，小则影响自己处世的态度，大则侵犯别人的权益，但是人往往不容易察觉。不道德的行为如：说理而不认错，怪人而不自责，无耻而不反省，愚昧而不自知。

常人最大的毛病莫过于不肯认错，只管说理。譬如吩咐的事情没有做好，推说是时间不够；打破东西，不愿承认自己的冒失，却责怪东西没放好。心里头总是别人不好、东西不好，自己才是对的。不肯认错就不能改正，如何能够进步呢？

所谓"责人之心责己，恕己之心恕人"，老是说别人不对的人，必定是自己本身有问题，才会引发外在的问题；如果自己做得好，人家自然会感受到你好。

《佛遗教经》说："惭耻之服，无上庄严。"一个人要有惭愧心、羞耻心，经常反省自己是不是做错了，是不是不够慈悲、不够容忍，才能增进道德。

世间上最可怕的是愚痴、不明理，凡事不应自满，不要自以为是，"明白自己"才有成功的希望。一个人有钱，别人不一定认为你是好人；一个人有权势，别人也不一定认为你是好人；反而一个人有道德，别人就会说这是好人。所以，建立道德观很要紧，比获得奖状、拥有富贵更重要。青少年应该建立诚信、荣誉、和平、正派的道德观。尤其世间以正为本，行得正，做得正，有正念，人格修养才能升华。

青少年要建立道德观念，树立为人处世的君子风范，倘若一个人没有品德，不懂得修德，不能赢得人家的信任，那么做人就失败了。

◆有句话说："人不轻狂，枉少年。"青少年时期，心志还不成熟，凡事容易冲动，容易受到诱惑而染上种种恶习，这都是由于没有正确的休闲观念所造成的。请问大师，现在世界各地的假日很多，青少年应当如何善用假日时间呢？

星云大师：目前世界各地的假日很多，尤其在台湾，不但周休二日、民俗节日、法定假日，学生还放寒暑假，一年365天就有三分之一的时间是在假期中度过的。因此，青少年如果不懂得善用假日时间，实在很可惜。

青少年阶段由于生理、心理上的变化，加上升学压力等外在因素影响，多数会情绪不稳定、容易冲动。因此，利用假日时间参与休闲活动以调剂身心更显得重要。如果能拥有适当的休闲生活，不但能学习到与生活有关的技能和知识，还能从活动中获得参与感和成就感，有利于青少年身心的健全发展。

佛教也很重视休闲生活，在忙碌的弘法修行之余，除了每周有一天的放香时间，也借助每天跑香、经行、禅坐、念佛等来调节身心，甚至古时候的修行人到处行脚云游、旅行参访、礼佛朝山、出坡作务，或是丛林里时兴茶道、书法、抄经、绘画、梵呗等艺术，都是调适生活的方法。

处在媒体科技发达、互联网兴盛的时代，使用电视和网络的行为已越来越普遍。根据富邦文教基金会于2004年初，针对台湾地区的高中生进行的"媒体使用行为"调查发现，高中生平均一天看电视的时数近达2.5小时，节目取向以偶像剧及娱乐性节目所占比例最高。青少年时期正是人格塑造的时候，模仿力也最强，倘若自我约束力低，又不善于选择好的节目，恐在暴力、色情、扭曲的潜移默化之下，造成身心的不健全，促使不良行为的发生。除了电视媒体，网络的影响力也急起直上，许多人在这虚拟的世界里找到了各种需求，但是却也衍生出许多问题。不少人因迷恋在网络的世界里而触犯法网，如网络援交、性侵害、诈骗等事件的发生。甚至最近媒体报道，有个美国年轻人因为过于投入网络打杀游戏，竟然在真实生活里杀害了游戏对手，实在是骇人听闻！反思这些事件的发生，引导青少年善用假日时间，建立正当的休闲观念，已成为一项重要课题。

新世纪的青少年对于休闲活动，多半具有很高的自主能力，比起上一代人的成长环境，他们的物质条件更为优厚，生活方式更为自由开放，因此，能参与的活动也较多元化。虽然如此，仍要慎选活动的性质，评估活动本身的价值和利益，才能增益心智、增上品德。

　　一个健康的休闲活动，要以不伤己、不伤人为原则。青少年时期喜欢追求新鲜刺激，好比飙车，虽然可以享受快感，却容易造成意外事故，不但危害自己及他人的生命安全，所产生的噪音，也会影响附近居民的生活安宁。另外，休闲活动的选择还要顾及金钱上的负担，不因自己个人的喜好，而随意浪费父母的血汗钱。

　　由于升学主义挂帅，青少年平常忙于课业、上补习班，复习功课的时间有限。所谓"思所成慧"，对于课堂上老师的指导，如果没有经过酝酿、思维，又怎能吸收成为智慧呢？所以，可以利用假日较充裕的时间来温习功课。

　　除了复习功课，为能增加生活经验的广度和深度，青少年须做多元化的学习，除了课堂上的知识吸收，通过广泛的活动参与，将所学的知识与生活结合也是必要的。

　　青少年的活动繁多，好比知识性活动，现在许多学校、机关团体举办游学团，利用寒暑假，带领年轻学子到国外作短期语文学习及生活体验，倘若家庭经济许可，这也是不错的选择，可以增广见闻、开拓眼界。或者参加读书会、上图书馆阅读，以丰富心灵的广度。

　　体能性活动，如散步、慢跑、打球等，不仅可以锻炼体魄，也能增加恒心和耐力。运动一旦成为专长，甚至还能为国争光。例如最近有一位台湾棒球选手王建民，当上美国知名职棒球队洋基队的先发投手，被誉为"台湾之光"。此外，登山、郊游，多接触大自然等，也能开拓心胸。才艺性活动，如学习音乐、美术、舞蹈、书法等，能陶冶性情，稳定心志；写作、撰述，能帮助我们厘清思绪，更清楚地认识自己。又好比对电脑、烹饪有兴趣的，趁着假日空当可以再予精益求精，一旦学精了，成为技能，将来还能为社会所用。所谓"万贯家财，不如一技在身"，广为学习，提早为日后的社会需求作准备。

　　服务性活动，如到各个机关、团体担任义工，能培养服务的热诚；到医院、育幼院、老人之家等慈善机构关怀慰问，能增加慈悲心和信心。好比渐冻人作家陈宏先生，全身失去知觉，口不能言，却凭着双眼写了好几本书。一个生病的人，依然如此精进，看在健康的人眼里，怎么会不激发向上的力量呢？

除了动态的活动，静态的禅坐、静修也有助于修身养性，集中注意力，能使头脑更灵活，提高读书的效率。不仅身心能得调适，更可开阔心胸，享受空无、寂静的禅悦。

有些青少年认为放假就是自由的开始，因为平时在家里要被父母管，在学校里要被老师管，好不容易有了假期，终于可以获得自由，可以不顾一切地玩乐。其实，现阶段虽然自由了，但是长大以后不一定就能自由，因为所学有限，将来的成就也就有限。要想获得成就，趁年轻的时候就要打好基础，好比植树种花，要将根往下扎深，一旦遭受风吹雨打才能承受得住。所以，基本的教育、基本的技能、基本的道德、基本的观念在青少年的时候就要养成。

青少年的休闲教育是重要的，甚至比平时学校教育、家庭教育来得更重要。假日活动可以纾解压力，放松身心，增广见闻，促进人际关系，融入大众，也能减少犯罪。参加活动除了有学习的功能，还有扩大的功能、联谊的功能、成就的功能。因此，青少年应当善用假日时间，会善用时间，就是会处理生命；能掌握时间，就是能拥有人生。

◆所谓"近朱者赤，近墨者黑"。青少年要结交好的朋友，才能互相学习、成长，结交不好的朋友，可能因此误入歧途。能请大师给予青少年结交朋友的建议吗？

星云大师：幼儿园时期的小孩，凡事以父母为中心，无论什么事情，都会说"这是我爸爸说的""那是我妈妈说的"；上了小学，老师成了权威，凡事都是"老师说的"；到了初中，就是"同学说的"；高中以上，则是"我男朋友说的""我女朋友说的"。由此可见，在青少年的生活中，朋友占有很重要的地位。尤其青少年时期结交的朋友，因为没有利益上的往来，往往可以成为挚友，甚至维持到成年以后。反之，如果这时候结交到坏朋友，则可能后患无穷，所以选择朋友应该谨慎小心。

选朋友在古时候也是一门学问，孔子说"友直、友谅、友多闻"为"益者三友"。要交耿直无私的朋友，不交装腔作势的朋友；要交诚信不败的朋友，不交花言巧语的朋友；要交正见多闻的朋友，不交巧言善辩的朋友，才能在你遇到困难时，开导你、帮助你。

《佛说孛经》中也提到"友有四品"，"有友如花、有友如秤、有友如山、有友如地"。如花的朋友，在你荣华富贵的时候，把你捧得高高的，当作是一朵美丽的花朵般，插在头顶、戴在身上，以增加他的荣耀，等到你挫折受难的时候，犹如花朵凋谢了，就被丢弃在一旁；有钱能买到如花的酒肉朋友，但是买不到患难之交。有一种朋友就像秤一样，在你拥有权力的时候，他会向你低头奉承；在你没有办法的时候，他就摆出一副傲慢的样子。如山的朋友，就好比山中潜藏的各种奇花异草、飞禽鸟兽，他的德行、学问兼备，有很多内在的宝藏可以挖掘，和他在一起，能让我们受益。如地的朋友，好比大地不嫌弃任何众生的存在，普载着万物，蕴藏着珍贵的资源，甚至任你走遍天下，它也不起厌恶之心，所以，如地的朋友能为我们担当一切，丰富我们生命的内涵。所谓"近朱者赤，近墨者黑"，如山如地的朋友要多往来，如花如秤的朋友应当远离。

古人择友非常谨慎，所谓"道不同不相为谋"，例如浮山法远禅师说："古人亲师择友，晓夕不敢自怠。"又如东汉时期的管宁，不惜与贪图钱财、名利的华歆"割席绝交"。由此可知，朋友对一个人的影响是很大的。有的朋友只适合当临时的朋友，有缘的时候才相聚，平时并没有太多的交集；倘若会经常往来的，就要交一个有品位、有正见、能正派、能合群的朋友，友谊才能持久。

有品位的朋友为人诚实、幽默，能负责，有理想，有抱负；没有品位的朋友，言谈间尽是名闻利养、吃喝玩乐，实在俗不可耐。没有正见，就好比照相机还没调好光圈、焦距就按下快门，照出来的相片当然会偏斜、模糊。交友亦是如此，要交有正见的朋友才能引导你走向善道，倘若一天到晚都跟为非作歹的朋友相处，即使不变坏，也难保不会受到牵连。

另外，要交正派的朋友，所谓"宁可正而不足，不可斜而有余"。与正派的朋友相交，才能提升自己的人格道德。此外，要交能合群的朋友。不合群的朋友，大家欢喜的时候他不欢喜，大家笑的时候他不笑，大家工作的时候他不工作，该吃亏的时候不肯吃亏，如同《阿含经》所说"五种非人"，凡事不能随缘，彼此相处就不能有共识。

除此，青少年交朋友应当要"以德相交"，拿出慈悲、真心、义气来交往，在紧要关头时才会互相扶持，患难与共。要"以诚相交"，朋友之间讲究诚信，摈除利害关系，才能成为知交。好比海基会前董事长辜振甫先生一生以"谦冲致和，开诚立信"作为座右铭，并实践于企业经营，而获得大家的尊重。另外，要"以知相交"，博学多闻的人，往往会受到大家的尊重，所以应多充实自己的技能、知识，好比会音乐、会绘画、会书法、会刻印、会驾驶等。一个人懂得吸收新知，也会引来许多见多识广的人，兴趣相投，则能成为好朋友。最重要的是"以道相交"，一个有道德的人，无论远近，人人都乐于和他亲近。君子以信誉为信，朋友以道德为信。以道所交的朋友，才堪称做道友、法侣、善知识。而且与人交朋友，不要处处想到要别人帮助我、有利于我，这种自私的心态，交不到知心的好朋友。与朋友交，要想到我怎样给人快乐、给人欢喜、给人利益。如果一味要求朋友有利于自己，就有失道义。所以，"交情不求益我"。

有的人说"情人眼里出西施""臭味相投"，有时还是要想想，你这个朋友真的肯为你牺牲吗？这样的友谊能长久吗？尤其现在流行交网友，若不慎交到恶友，真的是"网"友，被天罗地网给网住了，所以交朋友应该要谨慎小心。

◆社会发展到了饱和状态，青少年面对未来会有惶恐，不知道自己将来还有什么出路。请问大师，青少年应该如何做生涯规划？

星云大师：生命无常，稍纵即逝，因此人无论年岁多少，都要把握有限的生命，适当地规划人生，才能提升生命的层次。有了生涯规划，纵使偶遇挫折也会因为有目标、有方向而不致气馁。好比远近驰名的杭州雷峰塔虽然倒了，相关单位也计划在原址重建，但是大批观光客的涌入，仍是为了参观旧塔而来。同样的，这对我们来说，代表的意义就是人从哪里倒下并不是严重的问题，重要的是，如何从倒下的地方再站起来。

每个人的生涯规划都不同。例如孔子十五岁立志向学，三十而立，四十而不惑，五十而知天命，六十而耳顺，七十而从心所欲不逾矩。印度的修行人，第一个二十年是学习的人生，第二个二十年是服务的人生，第三个二十年为教学的人生，第四个二十年是云游的人生。而我的人生规划是以十年为一期，分别是成长的人生、学习的人生、参学的人生、文学的人生、历史的人生、哲学的人生、伦理的人生及佛学的人生。

所谓"因地不正，果遭迂曲"，凡事有规划就不容易走岔了路。好比耕种，不要老是奢望神明、佛祖赐予我们丰收，俗话说："要怎么收获，就要怎么栽。"凡事还是要靠自己努力争取。因果法则是必然的，丝毫不爽的。

我个人喜欢增加别人的信心，而不欢喜听人家说泄气的话，因为我希望每个人都能朝着自己的目标发愤图强。但是规划自己的未来之前，要先认识自己，了解自己的智能、兴趣、志向和能力，才不会因为理想太高却达不到目的而忧悲苦恼。

有位徒众读书的条件并不是很具足，但却执意要念书，求得学位。我问他："为什么要这么坚持呢？"他说："我要继续读书，我要学习做法师。"我一听："唉！阿弥陀佛！怎么不自知呢？"其实，他烧得一手好菜，只要愿意到厨房发心服务，典座个十年，自然就能获得大家的肯定和尊敬，但是他却宁可舍去长处不给人用，以为只有读书才能做法师，实在是不了解自己。虽然"天生我才必有用"，但也要用得恰当。

说到生涯规划，头脑好、口才好的人，可以规划自己从事教育工作，好比培育英才、著书立说、从事学术研究等，过一个智慧教育的人生。

你说："我智慧、口才都不好。"只要精神力佳，同样可以有所贡献。好比到养老院、育幼院、机关团体从事服务、关怀的工作，哪怕是为人家看门、扫地都行，过一个社会服务的人生。

你说："我慈悲心不够，要从事慈善的工作实在没办法，想要在工商界做事赚钱。"那也不要紧，不过，要做就要立志做得正正当当、童叟无欺。在中国，为什么要把农夫摆在士农工商里的第二位，跟读书人摆在一起呢？因为农夫多半比较老实、正派，收成多少、能卖多少都有一定的标准，没有暴利的非分之想，但是工商界人士，往往会出现奸商、刁民、偷工减料的事情。这是不当的行为，所以要立志过正当工商的人生。

你说："我对这些都没有兴趣。"那也没关系，可以选择过一个淡泊生活的人生，好比可以有个宗教信仰，在宗教力量的驱使之下，自己能安分守己，勤劳奋发，朴素淡泊、随遇而安，也是个不错的选择。名闻利养、虚假浮华会毁灭我们的人生。因此，做人老老实实、本本分分很要紧。

另外，生涯规划还可以从生命四期来作规划。少年时期，要有礼赞生命的感恩，感谢所有帮助自己成长的人；青年时期，要有自我肯定的信心，勇于表达理想和志愿；壮年时期，要有活水源头的精进，展现茁壮的生命力；老年时期，要有平静欢喜的生涯，凡事都能随遇而安。

青少年生涯规划的内容可以是为学业、为家庭、为社会、为国家，总之，有了目标就不会彷徨。更重要的是，在有限的光阴里，能为人间留下贡献、留下功绩，也才能创造生命永恒的意义。

◆现在青少年的问题越来越复杂，如沉迷网吧、翘家、逃学、诈骗、暴力、帮派、自残、飙车、穿舌洞、吸毒等，能请大师为这些青少年开示吗？

星云大师：这许多问题怎么开示呢？还是可以开示；开示什么？开示佛法，因为有佛法就有办法！今日青少年偏差行为的造成，说实在，不是没有原因的，正是其与大环境之间无法取得和谐关系，致使表现出与常态不同的变相行为，以满足需求或麻醉自己。好比在工商业社会里，父母一心一意地赚钱养家，却忽略了对子女的关怀，儿女在缺乏关爱的环境下长大，内心孤独寂寞，便逐渐寻求外在的支持及娱乐的刺激，或是以翘家（离家出走）、逃学来表现自己对家庭的不满。如此，在不良环境中长大的青少年，身心不但无法获得健全发展，也成了大家口中的"问题青少年"，更间接地构成社会问题的发生。当然，也不只是单一原因造成这些现象，举凡家庭暴力、交友不慎等等也都是影响青少年行为的因素。站在佛教的立场，对于青少年的偏差行为，观念的建立，远胜过事情发生后的辅导。比如守五戒、明是非、知人我、知罪福都是预防之道。

五戒的基本精神在于"不侵犯"，站在群我的关系上，也就是我与大众要慈悲相处，我与金钱要能知善用，我与衣食要惜福不奢，我与社会要广结善缘，我与身心要净化庄严，我与朋友要真诚对待，我与世界要注重环保，我与自然要同体共生。因此，守五戒具有止恶行善的积极意义。

人可以不信佛，但不能不信因果。所谓"善有善报，恶有恶报；不是不报，时辰未到"。一个人没有因果观念，为非作歹还以为没人看到，其实，就如俗语所说："举头三尺有神明。"因果是宛然存在的。所以，青少年心中建立了因果观念，自然不会胡作非为。

有的人开口闭口只会说："我的性格，我的性情，我就是这样！"其实，社会上每一个人都是相互依存的，心中除了有自己，还要有别人的存在。一味地孤芳自赏，只会孤立了自己。有的人会有一种习惯性的反叛心理，例如过去佛光山有一位职员，确实也是个人才，但是只要我跟他说话，他一开口就说："不是，不是啦！"我说："我是，你不是。"他又再说："师父，不是啦！"我说："你怎么一直说我不是？"他说："哎哟！对不起，我讲习惯了。"又好比有的人总是说："不是这样，我怎么样，但是怎么样……"唉！在他而言，是在说道理，但是在别人看来却是一种不肯认错的行为。

另外，要能分辨什么事情是有罪的，什么又是福德之事，才不致铸成大错。所谓"菩萨畏因，众生畏果。"最近媒体报道"毒蛮牛事件"，歹徒即使有千面人之称，"魔高一尺，道高一丈"，最后还是被警察抓到。所谓"差之毫厘，谬之千里"，失足的人往往只是一念之差，而造成不可收拾的后果，后悔都来不及。

所以，佛教鼓励青少年朋友们，要有菩萨的心、青年的力。有了菩萨的心，大愿心、清净心、慈悲心、般若心，还要有青年的力，承担力、辨别力、自制力、带动力。另外，年轻人在观念上要有正见，要亲近正派的善知识；在智慧上要能辨别，能明理。如此，想必就能过一个愉悦的青少年时期。

◆**青春期的孩子比较叛逆，一旦对事情感到不满或遭受压力无法突破，容易以自我伤害的方式来发泄情绪。请问大师，青少年要如何适度发泄情绪，父母、师长又当如何教育学生、子女，才不会造成孩子心理的障碍？**

星云大师：有人说情绪失调等问题，是由于压力太大造成的。其实不能把这些情况完全归罪于压力。我幼年在丛林出家，接受严苛教育，也没有躁郁、忧郁症啊！即使是苦不堪言，也要忍耐。说实在的，这个时代就是太自由、太开放，有了胡思乱想的空间和机会，才会造成这么多精神疾病的问题。

打开报纸、电视，几乎都是社会乱象的报道，没有深度、没有道德、没有善美的社会，怎么会不引发精神疾病呢？根据卫生署统计，台湾忧郁症人口高达百万人。这是台湾的一个危机。过去是白色恐怖的台湾，现在恐怕是忧郁症的台湾。不只在台湾，世界卫生组织已公布，忧郁症是21世纪三大疾病之一。社会进步，不但没有带来快乐，却增加了人们精神上的压力，令人闻之不胜唏嘘。

面对生活中的一切，人人都会有不同程度的情绪表现，倘若长期压抑，有时会因为心理过度负担，造成身心上的某些障碍，因此，适度的发泄也是有必要的。尤其是青春期的孩子，年轻气盛，又多愁善感，一旦遭受压力无法突破，容易以不当的方式来宣泄，因此，更加需要给予情绪上的引导。

为了避免因为情绪失控而伤害自己、伤害别人，当心情不好的时候，可以借由做自己喜欢做的事情来转移注意力，比方散步、唱歌、运动、爬山、听音乐、学舞蹈、戏剧表演、投入工作、结交善知识、训练各种技能、学习语言等，以沉淀纷乱的心灵。或是改变想法，正向思考，带着积极向上的活力面对发生的困难。内在向上的能量，也能平衡不愉快的情绪。甚至培养幽默感，适时地解除紧绷的气氛，也能舒缓压力。

在心理调适上，青少年应该做好自己，不要常常与人比较、计较。老是希求自己样样出色、样样比人好的人生，一旦无法如愿，内心就会感到空虚、无力。所以，坦然接受自己的人生，生活才能安然自在。

人有情绪是正常的，但是过度的情绪反应，却是需要避免的。因此，面对青少年的压力，为人父母、师长者，应该给予适当的协助，在快乐环境中长大的小孩，才能有健全的身心。对于青少年的教育，更要避免消极的劝阻，改以鼓励代替责备，以慈爱代替呵骂，以关怀代替放纵，以理解代替隔阂。青少年血气方刚，过于责骂，会产生叛逆心理："反正你认为我坏，我就坏到底吧！"所以，对于青少年的缺点要多包容，以鼓励来劝勉向上。例如："啊！你今天只挑了三担水，这么少，真没用啊！"这样讲话容易使人产生挫折感，换个说法："啊！真好，今天挑三担水，假如明天再增加一担，那就更好了。"如此，反而能激励他奋发向上。

父母打小孩、老师打学生，是因为已经没有办法，才会出此下策，其实不打骂小孩并不表示不关心。所谓"良言一句三冬暖，恶语伤人六月寒"，良宽禅师对翻墙夜游的沙弥不怒不火，只是叮咛："夜深露重，小心着凉。"从此沙弥受感化而不再夜游，所以，用爱才能赢得爱。

当然，父母也不能过度放纵孩子，否则会造成他为所欲为的行为；但也不能过分威权，否则会让子女产生敌意。青少年时期最需要的是关怀。例如世界著名的海伦·凯勒，自小残疾，曾因别人不懂自己的表达，一度情绪暴力，但是在老师的关怀之下，改变了她的一生，使她日后成为举世闻名的伟大人物。另外，现代教育当注重"同事摄"，老师和学生相处要能打成一片，不要求每个学生都在同一个模式中成长，要能让他在不同中各自发挥所长，在不同中互相包容。让学生觉得你了解他，而不是拂逆他；让学生觉得你很体贴、值得信任，他自然就能接受你的教导，也就能避免彼此的隔阂。

佛教是给人信心、给人欢喜的宗教。例如，佛陀教育弟子不用打骂、责备的方法，大都是用譬喻、鼓励的方式，不伤害弟子的尊严。又好比一进入寺院的大门，迎面而来的就是满脸笑意的弥勒佛。所以，佛教是以爱和欢喜来摄受人的。

总而言之，对于青少年的情绪反应，除了为人父母、师长应多予关心，青少年本身也要找出适合自己的情绪出路，以确保能尽速远离烦恼的漩涡。

◆**现代青少年除了学习国语，为了配合升学考试，还必须学习英语。当然，最重要的是现在是信息爆炸时代，学习外语能让人更快掌握新信息。请问大师，学习外语的诀窍或如何才能增长国际观？**

星云大师：为拓展国际观，迈入全球化，语言是不可或缺的工具。所谓"一分耕耘，一分收获"，学习语言没有特别的诀窍，贵在勤勉，勤说、勤听、勤读，勤于创造讲说的环境，并与日常生活结合，才能提升学习的速度与效果。

除此，学习语言要经常温习、不断酝酿，倘若一味地强记，不能制造复习的机会，将随着时间的日久而生涩。学习语文不是强记就行，强记不会记得很久，而是要用心，所谓"读书四到"，眼到、耳到、口到、心到。常听人家说："我已经三年、五年不讲某某语言，忘记了！"这是功夫扎得不够深。学习语言要每天持续，但也不要求多，好比吃饭，三天的饭不能一天把它吃完，每天学一点，久了自然就有成长。

说到国际观，先从国际礼仪说起。在物质文明、经济成长的时代，国与国之间的往来更加密切，凡事要讲究礼仪，才能维持彼此间的和谐。倘若老是失礼，开会迟到，会议中闲话，不守秩序，国际形象也会因此大打折扣。但是礼仪并不是到了需要的时候才学的，平时就应该养成习惯，好比手机礼仪、餐桌礼仪、航空礼仪、社交礼仪等都要留意。

学习国际礼仪，要先革除自己的陋习。青少年时期是块璞玉，是最佳的雕琢时期，言行举止要学习宁静安详、雍容华贵、端庄大方，展现态度的稳重。如何拿筷子、执刀叉比较容易，但是讲话声音要小、举止行为要得体却不容易，所以平时就要培养，否则一旦成为习惯，就很难调整了。

我常说这是一个有声音、有动作、有色彩的时代，但是声音、动作、色彩也要恰如其分，才能为人所欣赏。好比佛光山初创之时，殿堂的柱子全部都漆成大红色，为什么？因为当时佛教给人瞧不起，认为佛教是青灯古佛、暗淡无光的宗教，所以当时就用华丽的颜色来展现蓬勃的朝气。但是现在社会进步，大家对佛教苦苦恼恼的印象已经改变，所以我们也把柱子的颜色统统都改成咖啡色，这是因应时势而有的阶段性发展状况。因此，青少年也要懂得观察时代的发展和国际的变化，才能跟上时代的脚步。

国际观不是常到国外走走，或对各国有粗浅的认识就是国际观，真正的国际观是对整个世界的脉动、趋势及各国文化等有充分的认知。而认识世界的第一步，就是要"走出去"，好比汉、唐时期，因为外交走出去，所以缔造了历史盛世；而清朝末年，则因为封闭自大，将国家带向被列强欺侮的悲伤之地。增进国际观更重要的是思想要走出去，走出去才能让思绪海阔天空，才能心包太虚。一个人的心量有多大，容纳的世界就有多大。

现在世界各国都非常重视国际教育，比如美国将国际教育列入教育优先政策，日本在中小学课程添加国际理解教育，英国推动中小学与跨洲学校交流等等，无非都是为扩展年轻学子的国际观。

青少年时期若能养成对国际的关心，不仅打开视野，更能远离以自我为中心的狭隘思想，对于心胸的开阔、人际的关系也将更有帮助。

◆**现代的青少年多半生活条件都很好，不愁吃不愁穿，要什么有什么，却也造成以个人享乐为追求目标。请示大师，青少年如何学会关心别人？**

星云大师：人活在世间上，不能一味地只想到个人的利益。因为人的生存，是靠着家庭、学校、社会，乃至全人类、士农工商各阶层赐予的资源和关注，甚至是大地的普载、上天的护覆，山川、海洋、空气、日月的滋养才得以存在。既然人生是在这么多善因善缘的成就之下而存在，不也应该主动回馈、主动关怀别人吗？

综观新闻报道，其中不乏青少年打架滋事、结党寻仇的社会事件，那都是由于不懂得尊重别人的生命而引起的。新时代的青少年，由于生活环境优厚，不少人倾向于个人主义、享乐主义，以个人的需求满足为追求目标，丝毫不懂得尊重别人、帮助别人。不懂得关心别人的青少年，即使将来功成名就，也会显出自私、自我的一面。所以，学会关心别人，是青少年学习上的一大课题。应当如何引导他们用一颗善美的心，关怀周遭的一切呢？

其实，小孩子在很小的时候就有关心别人的潜力，例如父母生病了，他们会表现出关心和同情，试图解决问题。报纸曾经刊载，英国一位父亲糖尿病发作昏倒，年仅两岁的女儿从厨房里拿出一袋糖，一匙一匙喂食，因而救活了他。除此，对于受伤的动物，小孩子也会积极展现帮助的行动。及至长大，因为受环境、教育方式等影响，才造成少部分青少年的冷漠无情。其实，青少年时期拥有无限的热情，只要再给予为人处世的正确引导，培养悲天悯人的心，他们也能以实际的行动帮助别人，以宽大的胸怀体谅别人，以坦荡的胸襟尊重别人。

要让青少年学会关心别人，首先必须让他懂得关心自己，好比学习规划自己的生活、爱惜自己的身体、关心自己的前途、加强自己的学业、注重仪容整洁、礼貌周到等等。倘若连关心自己都不会，哪里谈得上关心别人呢？

《诗经》上说："父兮生我，母兮鞠我。拊我畜我，长我育我。顾我复我，出入腹我。欲报之德，昊天罔极！"青少年除了关心自己，也要进一步学习关心家庭，体谅父母的辛劳，协助父母打扫环境、拣菜、洗碗、接待客人等等。家庭里大大小小的事情关心惯了，自然就会关心别人。

此外，青少年时期养成写日记的习惯，借由每天对不同的人表示关心，即使是路上遇到的、车上看到的人都行。赞美这个人怎么好、那个人怎么好，赞美久了，也会养成关心别人的习惯；内心所想的都是好人好事，人生也就过得积极乐观。

父母的言行也能影响孩子的行为，好比父母乐于助人，间接地就在家庭里制造关心他人的气氛。相对地，小孩子有了关心别人的环境和机会，也就能发挥关心他人的潜力。还有一个途径，就是身为家长者，可以鼓励孩子投入社区的志愿活动中，让他们找到帮助人的地方。

青少年时期，凡事都要建立目标，没有目标，就像人徘徊在十字路口，无所适从。造福人群也是一个目标，目前许多国家正在流行一种以帮助别人来度过假期的休闲方式，好比到穷乡僻壤的地区教授英文、救济贫苦，到许多病残、弱势的机关团体当义工等等。倘若你心心念念都想要创造社会的美好，心心念念都想帮助别人远离苦难，无形之中也会增加自己的慈悲心，增加自己的动力，也会升起救苦救难的菩萨行为。

也有许多青少年，自小就积极关怀别人。例如"国际儿童解放组织"总裁魁格·柯博格，12 岁的时候便发起成立"解放儿童基金会"，为拯救世界受难儿童而努力，成为举世所尊敬的青少年；台湾斗六国中的沈芯菱，以 26 张电脑证照的实力，为农民架设销售网点，解决农产品滞销问题，不但拓展了农产品市场，也嘉惠了农村社会，相信这种善行也能成就她未来在社会的地位。青少年时期就想未来、想服务，长大以后必然也是心心念念关怀别人，又怎能不像救苦救难的观世音菩萨一样，为人所尊敬呢？日后的前途当然也将是不可限量的。

付出关怀，能让事业、学业受挫、心灵受伤的人有了重新面对人生的力量，甚至爱的力量还可以让植物人苏醒，何乐而不为呢？而且关心别人不仅为自己带来欢喜，也能让自私的人变得慷慨，让怯弱的人变得勇敢，让怠惰的人变得勤奋，让刻薄的人转为宽容。关心的力量扩而大之，那么世界和平的一天也就指日可待了。

◆面对升学压力提高，许多青少年认为自己没有能力考上理想学校，所以自暴自弃。请大师开示，青少年应该如何建立立足社会的自信？

星云大师：每个人都有压力，好比幼儿缺乏父母呵护，会哭闹不停；

为人父母者面对家庭所需，会有经济上的压力；老年人面对老病，会有死亡的恐惧。青少年时期由于身心变化大，对于所面临的压力，诸如家庭贫穷的压力、师长管教的压力、同侪之间排挤的压力、学习能力不够的压力、身体缺陷的压力、课业繁重的压力等，若无法承受或化解，可能造成各种问题行为的产生。因此，青少年必须增强承受压力、化解压力的能力，方能有健全的人格。

说到压力，适度的压力是需要的，好比打篮球，如果没有施与压力，篮球怎么弹得起来？船只航行时，如果没有水的阻力，怎能乘风破浪？植物种在小盆子里，空间小，不能健全发育，若是种在庭园里，枝叶就有广大的空间可以伸展，一定能长得肥硕。一个青少年有没有前途，决定于对自己的信心，升学、考试只是人生的一小部分，课业好不一定代表未来就能成功，成绩差也不一定永远就会失败。课业比不上人没关系，表示还有努力的空间，人家花一个小时用功，我花两个小时努力，一样可以弥补不足，就像龟兔赛跑，精进不懈又何愁不成呢？

就如禅宗六祖慧能大师，虽然被讥为南方獦獠，却在 24 岁证悟了佛道；莱特兄弟没有上过大学，却利用在生活中体会的航空知识，发明了飞机；爱迪生小时候曾被老师视为低能儿，但是在母亲的教导和自学之下，日后却成为举世公认的"发明大王"；爱因斯坦小时候，数学成绩也很差，但是当他提出"相对论"后，全世界都推崇他在学术上的成就；2002 年诺贝尔物理学奖得主日本科学家小柴昌俊，小时候成绩惨不忍睹，得诺贝尔奖的时候，他说："成绩单不是人生的保证，我就是例子。"所以，体悟智慧才是人生重要的力量。

网络上流传一篇文章提到："何谓天才？放对地方的就是天才。反过来说，你眼中的蠢材，很可能也只是放错地方的人才。例如，有些科学家连音阶都抓不准，有些画家连一封信都写不好，可是他们把自己放对了地方，所以成就非凡。"

有首偈语说："你骑马来我骑驴，看看眼前我不如。回头一看推车汉，比上不足比下余。"一个人大可不必和别人比较、计较，人比人气死人，所谓"天生我材必有用"，人生不只是读书才能有成就，还有很多条路可以走，培养多方的兴趣、发挥专长，才能肯定自我的价值。学问不如人，可以做好事；做事不如人，可以有道德。书读得不好无妨，会画画也能受赞赏；绘画不好，会音乐也会受到肯定；音乐天分不够，会体育也能获得荣耀；体能不好，愿意服务大众，也会受到尊敬。只要埋头苦干，不懈怠、不自馁、不自暴、不自弃，经得起时间的磨炼，一定能成功。

◆**人生在世要建立自己对人生的看法，例如文学家有文学家的看法、哲学家有哲学家的看法、科学家有科学家的看法、历史学家有历史学家的看法。请问大师，青少年在人生的际遇里，应该要建立什么样的人生观？**

星云大师：每个人面对生活的态度都不一样，对生命的意义诠释也不同，甚至追求的理想也不尽相同。即使有所不同，重要的是建立积极向上的人生观，才能拥有健全的人生。

由于社会变迁、物欲横流，新世代的年轻人常处于虚拟的生活中，凡事"只要我喜欢，有什么不可以"，对于生命的意义、存在的价值没能真正了解。尤其在"万般皆下品，唯有读书高"的功利主义社会中，青少年面对未来感到心灵空虚，甚者寻求刺激，以麻醉自己。在这样的情况下，青少年更应该建立健全的人生观，运用有限的生命，做有意义的事，丰富生命的内涵，才能让年轻的生命发光发热。

正确人生观有利于青少年树立远大的理想和信念。青少年有了远大的理想，就不会计较眼前的得失，也就能有乐观的人生。青少年应该建立的人生观有很多，例如：

第一，正向思考的人生观。人往往因为遇到困难而陷入胶着的情绪里，有时不妨学习换个角度思考，也许会出现转圜的余地。其实，只要有面对困难的勇气，便能寻求转机。例如下雨了，不能外出旅行，如果转个念头，下雨天正是读书天，心也就不为天气差所苦了。况且好事不一定全好，坏事也不一定全坏，佛教讲"无常"，凡事可以变好，也可以变坏。

悲观的人为自己只剩下百万元而担忧，乐观的人却永远为自己还剩下一万元而庆幸。海伦·凯勒说："面对阳光，你就看不到阴影。"所以，人生没有绝对的苦乐，只要积极奋斗，凡事往好处想，自然能够转苦为乐。

第二，逆境自强的人生观。逆境，是磨炼意志的大冶洪炉；困苦，是完成人格的增上缘。例如世界著名音乐家贝多芬，虽然罹患耳疾，却创作了无数首享誉世界的名曲；瑞典单脚无臂女歌手莲那·玛丽亚，不但是知名演唱家，18岁时更勇夺世界冠军杯游泳比赛金牌；由中国大陆残疾人士担纲演出的"千手观音"，精湛的表演，获得国际瞩目。人的命运掌握在自己手中，没有人能够掌控，只要发愤图强，就能为自己创造出一片天地。

第三，乐于服务的人生观。各行各业都讲究服务，举凡商品服务、电话服务、导览服务、顾客服务等。有"日本经营之神"称誉的松下幸之助，起初是在脚踏车行做学徒，经常被来修车的客人唤去买香烟，但他一点怨言也没有。乃至佛陀时代的驼骠比丘，长年为人提灯笼照路，迎送挂单的人，也能乐在其中。他们都是因为乐于服务，所以能受人尊重。青少年时期要培养服务的人生观，从做中学习，以创造深刻的学习经验，建立自信、增进友谊，甚至从服务中领会奉献的欢喜，从服务中获得心智的成长。

第四，担当负责的人生观。所谓"大丈夫一身做事一身当"，想要获得朋友的信赖，要给人能担当负责的信任感；希望人生过得踏实，就要养成自己担当负责的态度。做事勇于担当负责，凡事不推诿、不轻易拒绝，就能广结善缘。佛教讲"发心"，就是一种担当负责的态度。心如田、心如矿，人的心里藏有很多宝藏，唯有将此宝藏开采出来，才能让自己成为有用的人。尤其青少年时期懂得对自己负责，日后才能为家庭、为社会、为国家负责。

什么力量最大？心的力量最大。人的意志力往往可以决定一生的前途，所以青少年时期就要建立积极的人生观，有了健全的人生观，不但关乎自己一生的幸福，对家庭、社会、国家也会造成极大影响。有健全的个人，才有健全的家庭；有健全的家庭，也才有健全的国家社会。

佛教对应用管理的看法

　　"管理学"是近几十年来兴起的热门学问，可以说任何事都能和它沾上边，如企业管理、财务管理、档案管理、仓库管理、人事管理、情绪管理等等。其实只要生活在团体里，小至家庭、公司，大至学校、国家，都脱离不了管理。早期管理者把人（被管理者）视为生产工具，管理的目的只是为了提高工作效率，提升生产质量；进而能了解、关心人的经济需求，以加薪、奖金作为工作动力；到后来更体认和尊重人的社会需求、心理需求，以及如何在整体发展中，又能兼顾个人的创造力和独特性。

　　于是，这些年来，许多领导人和管理学专家，纷纷投注员工的潜能开发，重视员工的道德观念、忠诚度、稳定性、抗压性和群我关系等等。在这方面，无疑的，宗教提供了丰富的资源。

　　佛教自释迦牟尼佛创教以来，就有一套独特的管理学，佛陀所建立的僧团，也有健全的组织和完整的制度。佛门的管理，以自我发心、自我约束、自我觉察为原则，管理的目的则是为了使僧团能和合发展，俾令正法得以久住。除了僧团的管理，佛陀也对世俗社会提供许多管理法，例如他曾指导频婆娑罗王、波斯匿王、阿阇世王等君王治国的方法，教授善生童子、玉耶女等居家之道，也告诉世人如何管理金钱等等。可以说具"世间解"的佛陀，本身就是一个高明、一流的管理专家！

　　2005 年 10 月，星云大师在美国西来大学远距教学时，学生提问了许多有关管理的问题，像如何当个让属下心悦诚服的领导人，如何管理自己的身心和情绪，如何运用管理学，让人际关系更和谐，如何有效管理时间和空间。另外，佛光山在全世界，有近 200 个道场和各种事业单位，他们也好奇：大师是如何领导这么庞大的团体的？其他如经典的管理理念、传统寺院的管理、因果的管理等等，都是大家关心的问题。所谓"理以事显，事以理成"，大师理事圆融，无碍说法，为学员上了一堂精彩又精辟的课程。以下是当天的座谈纪实。

◆ "管理学"是现代最时髦的一门学科，包括人事管理、财务管理、企业管理、仓库管理、档案管理，乃至学校管理、医院管理、饭店管理等。首先可否请大师针对"管理"的定义与要领，为我们做一些说明？

星云大师："管理学"是因应时代进步而产生的一门学问，顾名思义，指的就是有计划、有组织、有系统、有目标的运作方式。国际企管学者哥夏尔曾说，优秀企业与不良企业的差别，其产业本身的因素只占6%至10%，其他差别全在于管理。一个企业团体，有良好的管理，必然发展迅速，兴隆长久；一个国家有良好的管理，必然民富国强，安和乐利；一个家庭有良好的管理，必然父慈子孝，幸福美满。而一个人如果懂得自我管理，也必定能身心健康，生活平顺。

管理是一种艺术，有其灵活巧妙之处。一位大将军在战场上，他的一个口号、一个命令，可以让成千上万的士兵不顾生死地冲锋陷阵，但是，战场上的管理大将回到家里，可能连一个太太也管不了。

曾经有一位女士告诉我，她的小女儿因为学芭蕾舞，有机会到世界各国表演。她看到美国教练在教导时，都采取鼓励的方式，学生跳得不好，也说："很好！我们再来一次。"没有责备，而是一次一次地赞美和鼓励。相反的，上海的教练就不一样，嘴里说的总是："你这么丑，站到前面干什么！""跳得不好，往后面站！"

每个人资质不一，各有妙用，只要善于带领，败卒残兵也能成为骁将勇士。最重要的是，要能看出他们的优点长处，给予适当的鼓励；看出他们犯错的症结，给予确切的辅导。尤其不能伤害他们的尊严，要让他的人生得到正面的成长。像盘珪禅师以慈悲爱心，感动恶习不改的惯窃；仙崖禅师以不说破的方式，教导顽皮捣蛋的沙弥，都可看出历代高僧大德"管理"十方丛林，接引各类僧众的善巧智慧。

大约是从三十多年前开始，西方诸多管理大师的学说、理论，在全球掀起风潮，市面上出现许多管理书刊，也常有各种管理学讲座、管理人员培训班等。最近几年，管理学又有和中国传统文化结合的趋势，不少东西方学者发现儒、释、道诸家学说中，蕴含微妙的管理哲学，于是，出现了如"古代帝王学""从三国演义看管理""企业禅""庄子与经营管理""心经与现代管理"等论题与书籍。不论是向西方取经，还是探索东方的智慧，这种种理论、方法，只能作为借鉴和参考，如何因时、因地、因人而灵活运用，才是最重要的！

有些人从事管理，善以谋略在人我之间制造矛盾，然而一旦被人拆穿，就不易为属下所尊重；有些人从事管理，喜用计策先试探别人的忠诚，但是一旦被人识破，就不能为对方所信服。所谓"疑人不用，用人不疑"。最好的管理方式，是以己心来测度他情，以授权来代替干涉。

我觉得管理不是命令，不是指示，不是权威；管理要懂得尊重、包容、平等、立场互换，要让人心甘情愿，给人信心，让人欢喜跟随，这才是最高明的人事管理。而且，管理者不能总是高高在上地发号施令，要常常深入群众，和大众建立"生死与共"的观念及感情，才能发挥团队的最大力量。

古今中外，善于管理的良臣名将，都是因为拥有这种体贴、担当的美德，所以能够克敌制胜。像战国时的吴起将军，不但平时嘘寒问暖，与兵士同甘共苦，同榻而眠，同桌而食，还亲自为患"疽"的士卒吸吮脓血，所以官兵们都肯为他赴汤蹈火，即使战死沙场也在所不辞。李广带兵，在饥乏之际，发现泉水，不待士卒尽饮，必不近水；不待士卒尽餐，必不尝食，所以大家都乐于为他效劳卖命，出生入死。

总之，说到"管理"，其实就是在考验自己心中有多少慈悲与智慧。管理的妙诀，首先须将自己的一颗心管理好，除了让自己的心中有时间的观念，有空间的层次，有数字的统计，有做事的原则，能合乎时代与道德，更重要的是，让自己心里有别人的存在，有大众的利益，能够将自己的心管理得慈悲柔和，将自己的心管理得人我一如，以真心诚意来待人，以谦虚平等来待人，才算修满"管理学"的学分。

◆针对刚才大师所说，不管任何管理，都离不开人，所以管理学最重要的是"人"的管理。请问大师，如何把人管理好？

星云大师：在世间上，物品的管理或事情的管理都比较容易，因为物品既不会表达意见，也不会和我们对立抗争，怎么安排，它就如何发挥功用。事情的处理，也有一定的原则，如果能将事情的轻重缓急拿捏妥当，把事情的好坏得失权衡清楚，管理起来也不觉为难。

管理学中最难管理的是"人"。因为人性是自私的，人有很多的烦恼、很多的意见，尤其面对不同的思想、习惯、看法、学历、资历，不同的地域、籍贯、年龄等，在这么多的差异之中，要将他们统摄管理，是非常困难的。

有一段民间的绕口令说："有一个城隍庙，东边坐了一个管判官，西边坐了一个潘判官，西边的潘判官要管东边的管判官，东边的管判官要管西边的潘判官，究竟是要东边的管判官来管西边的潘判官，还是西边的潘判官来管东边的管判官。"你看，连判官也彼此不服气，互相看不起。可见有了管理对方的想法，就有了分别对立，反而更难管理呢！

被誉为"现代管理学之父"的管理大师彼得·德鲁克，曾为"人的管理"重新定义，认为在新时代，以信息为导向的企业组织里，主管和有专业能力的员工之间，已不似传统的上下关系；主管不再是"管理"人，组织则如同交响乐团，身为指挥的，只是"带领"各有所长的团员，演奏出完美的乐曲。我觉得这样的团体颇类似我们僧团，僧团中的成员彼此之间是同参法友，有着弘法利生的共同目标，平时大家也是自治自律，有事时则团结合作，集体创作。

如何把人管好？我常说："有佛法就有办法。"什么是佛法？慈悲、智慧、权巧方便、六度、四摄等等，都是人事管理时可以运用的妙法。另外，要把管理学好，自己必须具备"以众为我"的菩萨精神。例如要能为人着想，能给人利益，肯帮助别人，让每个人"皆大欢喜"，就是管理学的最高境界。除此，在人事管理上，最好不要用否定的态度，不要一味地说"这个不可以，那个不可以"。过分讲究规矩，往往难于管理和成事。所谓"订法要严，执法要宽"，真正擅长管理的人不强迫要求，却在"无为而治"中，让属下"心甘情愿"地奉行，从宽容、尊重里，得到进步成长和发挥的空间。曾经有位泰国工厂的老板，他告诉我，他的六百名员工，每天上班前会有半小时的打坐、诵经。他的用意是希望从思维法义，从打坐沉淀中，培养他们的慈悲、热忱和因果观念。长期下来，他发现对工厂的管理和运营，帮助不少！

在台湾，也有不少企业团体成立佛学社、禅修班等，希望借由佛法的净化，让员工情绪稳定，配合度高，进而营造和谐的工作气氛，提升工作效率。如电信局很早就成立"学佛会"，台塑有"福慧社""中道社"的佛学社团；长庚、荣总、台大等各大医院都设立佛堂，固定举行念佛共修；"中钢""中油""中船"等公司常举办佛学讲座；高雄炼油厂有"光照念佛会""禅坐研究班"，常与佛光会联合举办各类讲座和活动。还有，巨东建设集团不但认同我"发扬人间佛教，建设人间净土"的理念，更以"六波罗蜜（六度）"作为企业经营的大目标。

佛教一向重视人的管理。《禅林宝训》言："善住持者，以众人心为心，未尝私其心；以众人耳目为耳目，未尝私其耳目，遂能通众人之志，尽众人之情。"我认为人事管理，必须注意几点原则：要顾全大局，要明白分工，要知道协调，要用心策划，要全力推动，要向上报告，要知道承担，要追查成果。此外，主管与属下之间，必须能上下坦诚交流，彼此融和尊重，工作上主动勤奋，能自我厘订计划，平时处事多沟通协调。

再者，身为现代领导人、管理者，应该具备以下几个条件：

- 笑在脸上，赞在口上，怪在心里，气在肚里。
- 宽以待人，严于律己，功归大众，过自承担。
- 不计得失，不可畏缩，不能颓丧，不会顽执。
- 顾全大局，倡导人和，上下交流，意见一致。
- 发心服务，遵守诺言，居安思危，知己知彼。
- 注意调和，照顾大众，善用机会，把握人生。

● 处事幽默，聆听报告，细心研究，双手合十。

做一个领导人，如何用人也是一门学问。身为主管最容易犯的毛病，就是对属下只有批评，没有指教，所以对于人才，要能吸收、包容和培养。另一方面，身为主管或高级领导干部，要随时自我检讨，并与属下沟通，才能做到"将相和"，让团体健全巩固地发展。

在管理时，我们常会跟对方说："你都不听我的话！""你都不接受我的意见！"其实，想一想，我们又何尝听自己的话？往往自己承诺的事情却做不到，所以与其说管人难，有时候管自己更困难。我们在管理别人之前，先要管好自己，所谓"身教重于言教，口说不如身行"，不言而教，即是最好的管理。

◆ **懂得管理学，甚至善于管理别人，未必就懂得管理自己。有的人可以管理数家公司，统领数千员工，却不见得能管理好自己的"心"。请问大师，如何做好"心"的管理？**

星云大师：前面说"人难管，自己更难管"。其实比人、比自己更难管的，就是我们这颗"心"！如《五苦章句经》所云："心取地狱，心取饿鬼，心取畜牲，心取天人。"每天早上醒来，我们的心就这里、那里到处走来走去，忽而欢天喜地，忽而痛哭流涕，在十法界里流转不停。《华严经》说："心如工画师，能画种种物。"当我们的心希圣求贤，自然浮现圣贤的面貌；心如凶神恶煞，便表现出如魔鬼罗刹一般的狰狞模样。在佛经里，有许多对心的譬喻，像心如猿猴难控制、心如电光刹那间、心如野鹿逐声色、心如盗贼劫功德等等。此外，佛陀也说我们的身体好比一个村庄，村庄里面住了六个盗贼，他们的首领就是"心"。心是身体这个村庄的主人，所以我们要想治理身体，先要治心；把心管理好，身体就能听我们的话。俗话说，"上梁不正下梁歪"，心之不正，何能做眼耳鼻舌身的领导呢？何能让眼耳鼻舌身成为善良之辈呢？当一个人连自己的身心都无法管好，又怎能管理他人呢？

"心"是万物之本，没有把根本管理好，只管理枝末，人生当然不会圆满。能把自己的心管好，心正则一切皆正，心净则一切皆净，心善则一切皆善。这才是最重要的管理学。因此，佛陀设教，就是倡导"心"的管理。所谓："佛说一切法，为治一切心；若无一切心，何用一切法？"人都有自私心，如果没有把自私的心管理好，怎么有"天下为公"的观念呢？人都有疑嫉心，如果没有把疑嫉心管理好，怎么能以诚信待人呢？此外，诸如成见、执着、愚痴、谄曲、悭吝、我慢等，都是心中的鬼怪，如果不好好管理，让心中藏污纳垢、百病丛生，又怎能调和人际，服务大众，担负起济世的重任呢？

如此看来，我们每一个人都很可怜，也很伟大。因为每个人都离不开"心"而生活，这颗心给我们制造很多的妄想、烦恼，让我们不得安宁。因此，儒家提出"非礼勿视、非礼勿听、非礼勿言、非礼勿动"，来规范我们的心。

佛教更有许多对治法门，如"五停心观"就是五个治心的方法。贪心重的人，可以用"不净观"来对治，观想身体是个不清净的臭皮囊，贪求就会少一点；嗔心重，喜欢发脾气、骂人、怪人、冤枉人的，用"慈悲观"来对治；对世间的道理，常常颠倒妄想，不能明白来龙去脉，凡事一知半解，愚痴无明的，用"缘起观"来对治；自觉业障深重，又执着、计较，有诸多烦恼者，可用"念佛观"对治；平常容易散乱、妄想，心意不能集中，精神容易恍惚的人，可以采取"数息观"，数自己的呼吸，一进一出，从一数到十，再从十数到一。如此心意集中，就容易专注，不会散乱，烦恼妄想也会慢慢地像水一样平静下来，心一平静，自然就容易看清自己、认识自己。能如此，则任外面的世界如何纷乱，自己的心都能如如不动了。

《佛遗教经》说，只要我们"制心一处"，就能"无事不办"。修学"心的管理"这门学科，不能完全依靠别人，必得依靠自己，把自己的真心、慧心、慈心、信心、定心、忠心等，呈现出来，并且以这些善心、好心，来管理自己，管理环境，管理事物，管理团体。平日我们参禅念佛、早晚反省、喜舍行善、克己利他，都是为了把心管好，也是为了修满

"心的管理"这门学科的学分呀！

◆管理学其实就是一门领导学。请问大师，身为一个领导者，如何才能让属下心悦诚服地接受领导？

星云大师：近代管理学从崛起到现在，大约将近九十年。由其发展过程，可看出一些趋向，如从"物性"管理，进展到"人性"管理；早先将被管理者视为生产工具，只求工作效率，增加产能；后来渐渐重视被管理者的心理因素、人际关系等人性问题。以及从"个体"到"整体"，建立员工的团队认同观念，创造企业形象，关注社会公益等，都是因应时代而自然演变的管理趋势。我想唯有"人性化"，能关怀属下的需要，能尊重、提携属下，并为他们解决问题的管理者，才能让属下心悦诚服地接受领导。另外，"给人信心、给人欢喜、给人希望、给人方便"这16个字，不只是佛光人的工作信条，也是领导者必须谨记在心的。能"给"，代表心中有无尽的能源宝藏；肯"给"，才是一种宽宏无私的度量。不过，许多主管喜欢下属言听计从，毕恭毕敬，甚至以磨人为乐，借此展现自己的权威。其实，领导者能融入大众，"以身作则"是非常重要的。

四十年前，我初创佛教学院，即使像"出坡（劳动）"这么一件例行的事情，我都亲自说明意义，并且身先表率，挑砖担水。到现在，想要为我做事情的徒众何止万千，但我不仅未曾以命令的口吻叫人做事，还经常主动地为徒众解决问题。听到某个徒众在为北部事情忙碌，我便为他主持南部的会议；知道哪个徒众正在主持会报，一时无法结束，我就为他代课教书。我觉得能和属下培养出"同甘共苦"的情谊，不只可以发挥团队精神，更能让属下心甘情愿地跟随。有的人是天生的领袖人物，有的人则是后天培育而成。美国的华伦·班尼斯，曾经担任肯尼迪、里根等四任总统的顾问，他出版了二十几本有关领导的书。班尼斯认为领导方式很多，每个人都各有不同的领导风格，但是优秀的领导者，必须具备四种特质或能力：（一）注意力管理，给部属明确的目标或愿景，以凝聚共同的心力；（二）意义管理，让部属认同愿景之意义；（三）信任管理，言行一致，诚恳正直，能让部属信赖；（四）自我管理，明白自己的优缺点，并且能虚心改进，坚固所长。班尼斯还认为只要领导者愿意努力和自省，就能拥有这四种管理能力，成为一流的领导者。

除了这些条件，在统理大众上，我觉得"知人、育人、用人、留人"，也是身为领导者要具备的识能。知人首重了解各人长短，育人要懂得教导部属，用人要公平合理，留人要使之有前途。在这方面，《祖徕训》里，也有很好的意见，如：不能一开始就想了解每个人的优点，必须等用人之后，优点才会自然呈现；用人时，只需取其优点，不要过分在乎他的缺点；不可只任用投其所好的人；不要计较小过，而应重视对方的工作表现；用之则无疑，务必给予充分权限；在上位者，不可与在下者争功；人才者，必有乖僻，因为有"器用"，自然不能舍癖；只要能善用人，必定可获得适事、应时的人才。明朝刘伯温的《郁离子》里记载这么一则故事：有位赵国百姓因为家中老鼠为患，到中山国讨了一只猫回来。这只猫很会捉老鼠，却也爱咬小鸡。一段时间之后，这户人家不再有鼠患，但是小鸡也被咬死不少。有人劝他将猫赶走，他回答："我们家最大的祸害在老鼠，不在没有鸡。老鼠偷吃粮食，咬坏衣服，穿通墙壁，毁损家具，可说祸害无穷！没有鸡，顶多不吃鸡肉；赶走猫，老鼠再来就不得了！"所谓"金无足赤，人无完人"。管理者不能只是盯着属下的缺点，能舍其短，用其所长，才是最重要的！

汉代政治家贾谊也说："大人物都不拘细节，所以能成就大事业。"因此，大原则不放松，小细节不计较，用人之道在各得其位而已矣！身为主管者要能授权，要有宽阔的度量，让属下发挥所长，在"提拔后学"的原则下给予机会，但也不能一直留在身边，不让其离开。另外，领导者本身不能太忙，太忙容易顾此失彼，而无法作长远、全面的整体规划。

关于用人之道，我提供几点原则：取人之直，疏其谄曲；取人之朴，疏其奢侈；取人之宽，疏其狭隘；取人之敏，疏其懒惰；取人之辨，疏其迷糊；取人之信，疏其虔偶。人有所长，必有所短，懂得用人之道，优秀的人才就会甘于为其所用。

如何当个称职的主管？在《佛光菜根谭》里，我将主管分成四等："一等主管，关怀员工，尊重专业；二等主管，信任授权，人性管理；三等主管，官僚作风，气势凌人；四等是劣主管，疑心猜忌，不通人情。"身为领导者，能有知人之明，且能推心置腹地信赖、尊重，凡事多体恤、多包容，部属就会因为受到赏识、重用，而心悦诚服，甚至会萌生"士为知己者死"的忠诚呢！

◆佛光山的寺院道场遍布五大洲，每日所从事的弘法事业又多，却都能井然有序地进行。请问大师平时如何管理佛光山的人和事？

星云大师：过去也常有人问我，说我门下徒众一千多人，寺院近两百所，又有各种文教事业单位，如此庞大的团体，不知我是如何管理的？其实，我并没有什么特殊的管理技巧，我只是为佛光山建立各种制度，以制度来管理，以组织来领导而已。例如在开山之初，我即根据六和敬、戒律和丛林清规，着手为佛光山制定各项组织章程，建立各种制度，以及"集体创作、制度领导、非佛不作、唯法所依"的运作准则。在人事管理上，有几个基本方针。"徒众不私有"：佛光山所有的徒众，没有一个是个人的徒弟，所有的弟子都是佛教的、公家的，只以第一代、第二代、第三代为序。因为不私收徒弟，徒众之间就不会为了徒弟而产生纷争。"金钱不私蓄"：佛光山所有徒众除了常住发放的"单银"之外，涓滴归常住所有，个人不私置财产。徒众没有金钱，并不代表他们的生活没有保障，反而他们的衣、食、住、行、疾病、留学、游学、参访，甚至剃度以后，回家探望父母的礼品，常住都会为他准备。在佛光山健全的制度下，大众享有最完善的福利。还有"人事要调动"，秉持"滚石不生苔，流水才是活水"的原则，佛光山的人事有轮值调动。每一座别院、分院、布教所、事业单位，都不是个人所有。或许今年在这里做住持，明年可能调派到另一个寺院去。调职有许多好处，可以多方学习，多方结缘，增加不同的经验。"序级有制度"：佛光山依每一位徒众在道业、事业、学业上的努力而评核序级，由清净士、学士、修士到开士，逐级升等。

因为有这些健全的体制，所以佛光山能够和谐顺利地发展。此外，佛光山依徒众的性向、能力，分别训练，再依个人专长担任各项职务，如住持、当家、知客、文教、策划、法务、典座等等，总希望每个人都能各尽所长，为佛教奉献心力，也为自己的生命留下光辉。

在寺院管理方面，佛光山的各个殿堂，像大雄宝殿、大悲殿、会议室、客堂、教室等，都是全日开放，以便让大众随时都能进去瞻仰、使用。在物品管理方面，我不喜欢建仓库，我觉得物品是给大家用的，最好能物尽其用，东西一旦堆在仓库里，往往一放多年，等到要用时已经发霉生锈，岂不可惜！我管理金钱，也不喜欢放在秘密的地方。三四十年前，在寿山寺的时候，我常将金钱放在固定的地方，让学生、徒众各取所需；我认为这才是公平之道。我管理人，倡导法治、人治，甚至无为而治，我觉得最好的管理，是自己内心的管理；心治则身治，身治则一切皆治。

有鉴于"人和为贵"，所以我一向主张"集体创作"。我觉得最上乘的管理方式，应该是让大家自动自发，肯定彼此所扮演的角色，互相合作，共同奋发突破。我也大力提倡"同体共生"的精神，我觉得最高明的管理原则，应该是让整个团体能够产生共识，而上下一条心。不过，在"以和为贵"的前提下，我亦提倡"和而不同"的运作模式。

《资治通鉴》里，任延对东汉帝刘秀说："上下雷同，非陛下之福。"一个团体如果形成只有一个声音的"一言堂"，将会缺乏活力，不再进步成长。因此，虽然我一手创建佛光山，但我都以召开会议来代替下达命令；尽管我是多少人的师父、师公，但我宁愿大家商讨研究，也不愿断然否决别人的意见。当然，其中也曾遇到很多不必要的困扰，例如有些议案必须赶紧实行，因为主事者的保守、延误时机，可能日后得付出多倍的努力及代价，但是为了尊重他人的看法，也只有孤注一掷。40 年来，为了斡旋各个单位的意见，为了调和各个主管不同的看法，总有开不完的会议，但想到能给人多少利益，给人多少方便，给人多少学习，一切的辛苦也是值得的。

总之，佛光山那么多人相处在一起，之所以能和谐无诤，一个最大的妙诀就是相互尊重，再者就是大家有共识。佛光山不是一个痴聚的团体，大家有相同的理想、方向与愿景，而且99％的僧众都毕业于佛光山丛林学院，所以在思想、理念上，大体一致，大家以弘扬"人间佛教"为目标，从弘法利生中，看到自己的未来和希望，所以能安住身心，共创一个六和敬的僧团；这就是佛光山最好的管理之道。

◆从刚才大师谈如何管理佛光山的人事，可以看出大师很有现代管理学的理念与长才。不知大师这些理念是否受到佛教经典的启发，能否举一些实例说明？

星云大师：四十多年前我到日本访问时，见到许多工商企业团体，为了培养员工良好的思想理念及生活习惯，在正式工作之前，会将他们送到寺院，接受佛教的"管理"课程，以此作为"职前训练"。当时日本寺院负责行政的出家法师，也无不以佛门对人事、对工作的管理方式倾囊相授。那时我就认为佛教在社会管理方面，应该可以提出一些贡献。

佛教的三藏十二部经典，有关管理的方法，可以说俯拾皆是。如《阿弥陀经》就是阿弥陀佛的管理学，阿弥陀佛是善于营造管理的建筑师。他所建造的极乐世界是七重栏楯，七重罗网，七重行树，七宝楼阁，有七宝池和八功德水，街道皆以金银琉璃铺成，花草树木香洁微妙，重重叠叠的景观，非常庄严美丽。更重要的是，极乐净土没有空气、水源、毒气、核能等各种污染，没有嘈杂的噪音；气候清爽宜人，没有生态失衡的问题，也没有水火风灾及地震、海啸之害，是一个庄严安乐的清净国土。而且，在西方极乐世界里，交通管理顺畅，没有交通事故；人事管理健全，没有男女纠纷；经济管理完善，没有经济占有；治安管理良好，没有恶人陷害。也没有政治的迫害、衣食的扰人、老病的挂碍、种族的界限、怨家的敌对。极乐世界的居民注重品德，相互尊重，他们在道业上，已达不退转的阿鞞跋致境界，因此没有暴力伤害，更没有贪赃枉法，人人友爱合群，互敬互重，是个有德贤者共同居住的佛国。

阿弥陀佛将极乐世界的居民，全部"管理"成"诸上善人聚会一处"。不论在自然环境、建筑规划，或社会、人际的管理上，可以说阿弥陀佛都是最高明的管理专家，因为他能够给人安全，给人安乐，给人安心，给人安适。

一卷《普门品》，是观世音菩萨最好的"管理学"。观世音菩萨具足大慈悲、大智慧、大神通、大无畏、大力量，寻声救苦，以千手千眼救苦救难，对风灾、水患、火难等，菩萨无不伸以援手，主动帮忙他人解决困难，救脱困境，让众生得以无忧无惧。另外，观世音菩萨能观世间音声而随缘度化，圆满众生所愿。贪欲者，他以布施喜舍来帮助；嗔恨者，他以慈悲来教化；愚痴者，他用智慧来引导；疑嫉者，他赐信心来摄受；求生儿子的人，助其生下福德智慧之男；求生女儿的人，助其获得端正有相之女。观世音菩萨善于随类应化，观机说法，如果是军人，观世音就为他说军人法；对工商人士，就讲工商管理法；对童男或童女，也会给予童男童女的教育。这种"应以何身得度者，即皆现之而为说法"的随机应现，即是"同事摄"的体现。

除此，《普门品》里还有一个重要的管理，就是"一心称名"。在人间，不论是上司与部属，父母与子女，老师与学生，或是朋友同侪之间，若想获得对方的尊重与爱护，达到人际关系的圆融，首先应该学习"爱语"布施。人与人之间唯有至诚赞叹，"口中有你，心意诚敬"，双方才能心意相通，圆满融和。

再如《华严经·普贤行愿品》的"十大愿"，也是非常好的管理学。此十大愿是菩萨为了度众生，精进勇猛，长期不断修行的愿力，应用于世间的人事管理，更是微妙高超。我以现代语言来诠释：礼敬诸佛，是人格的尊重；称赞如来，是语言的赞美；广修供养，是心意的布施；忏悔业障，是行为的改进；随喜功德，是善事的资助；请转法轮，是真理的传播；请佛住世，是圣贤的护持；常随佛学，是智者的追随；恒顺众生，是民意的重视；普皆回向，是功德的圆满。身为主管的在身、口、意上，若能依此十点待人处事，相信定能成为让部属真心爱戴的领导者。

佛陀是最早的管理专家，他讲说的教理义涵，可以说无一不是管理法。例如以"横遍十方，竖穷三际"来形容每个人法身、自性的永恒，无始无终、无穷无际；用之于管理，不也是要做到纵的上下联系，横的各方关照，才能圆满周全吗？其他如"四无量心""四摄""六度""八正道"等等，也都是自觉觉他，自利利他的管理法门。

◆**原来佛教经典里，有那么多的管理法宝！我们从大师的传记知道，大师从小就在大陆接受完整的丛林教育。可否请大师再谈谈传统佛教寺院道场的管理学？**

星云大师：佛教寺院的管理，从佛陀成立僧团时，即已有健全的系统。佛陀认为众生皆有佛性，提倡人我平等制度。他常说："我亦僧数。"也说："我不摄受众，我以法摄众。"佛陀不以领导者自居，而是以真理来摄受统理僧团大众。因此，凡是进入僧团的每一成员，都必须舍弃过去的阶级、财富、名誉、地位，仅有内在修证境界的差别，而无外在身份阶级的划分，以人格尊重、长幼有序、互敬互爱，作为僧团建立的基础。

佛陀住世时，以其制定的戒律及所说的教法为领导中心，僧团生活采取托钵行乞，和合共住的形式。在共住规约上，僧侣除个人使用的衣钵等物外，其他物品、用具、床具，乃至房舍、园林等，均属僧团共有，不得据为私有。对僧团器物的维护，则有工作上的分配；于每一住处僧团中，推选一位有德长老，领导僧侣的生活作息，及担任平时的教诫。

在日常生活上，僧侣以戒律和"六和敬"，作为共住的法则。"六和敬"是：

（一）见和同解：在思想上，建立共识，是思想的统一。

（二）戒和同修：在法制上，人人平等，是法制的平等。

（三）利和同均：在经济上，均衡分配，是经济的均衡。

（四）意和同悦：在精神上，志同道合，是心意的开展。

（五）口和无诤：在言语上，和谐无诤，是语言的亲切。

（六）身和同住：在行为上，不侵犯人，是相处的和乐。

在身口意、见解、利益各方面，有这些共识和依循的准则，所以能维持清净和谐的僧团。

佛陀也会于每月八日、十四日或十五日与僧众共集一处，布萨说戒，期使散布于各处的僧侣能定期集会。若有违犯戒律者，即于此时对其所犯的情事，加以审议、判决、处置。这些都是佛陀为让僧团和合久住，所制定的身心净化的管理制度。

佛教传入中国之后，除了延续佛陀的教法，在僧团管理上又有进一步的发展。古今丛林接纳十方参学的衲子，因此，住持亦须经由十方大德共同推举。同时，寺院重要纲领政策，或领导大众，维系纲纪的职务，也多是经由僧众议决、选举投票而产生。这种"选贤与能"，重视大众意见的民主管理，加强了寺院行政的公信力。

丛林事务统分四十八单，在两序的人事组织下，职务有文有武，有内务、有外务、有执纲纪、有执众劳、有任教育、有任幕僚。如《缁门警训》说："丛林之设，要之本为众僧，是以开示众僧，故有长老；表仪众僧，故有首座；荷负众僧，故有监院……为众僧出纳，故有库头；为众僧主典翰墨，故有书状；为众僧守护圣教，故有藏主；为众僧迎待檀越，故有知客……"各单职务由常住依职事发心、能力、德行、才学的不同而派任。大众皆是基于服务的立场，各司其职，分工合作，彼此互尊互重，使寺务正常运转。

丛林寺院的一切净财、物品来自十方，因此概归常住所有，由常住为大众储蓄道粮、维护寺产、规划福利，使僧众得以安心办道，这种"公有公用"的管理法，也就是六和敬中"利和同均"的经济理念，可以结合个人的力量，为团体创造更大的利益。

僧团除了以戒律为规范外，并制定有一套完整的生活规范，使大众生活有一定的制度可循。例如东晋道安大师为其领导的僧团，制定有三项僧尼规范：

（一）行香、定座、上经、上讲之法。

（二）常日六时行道、饮食唱食法。

（三）布萨、差使悔过法。

而中国禅宗丛林，由于注重劳动生产的农禅生活，则施行"普请法"，就是集体出坡作务，无论上下，一律平等，均需参与生产劳动；这种平等普请之法，有助于凝聚大众的向心力。

从唐代百丈怀海禅师制定的《百丈清规》《禅苑清规》，或其他日用清规，以及戒律仪制中的"布萨举过""僧事僧决""灭诤法"等，都能看出佛教丛林公开、公平、公正的管理特质。

佛教很重视群我的关系，丛林寺院管理的原则，从启发心灵及服务大众着眼，而且主张自动自发、自我约束。两千多年来，佛教以佛、法、僧三宝作为信仰的依归，以经、律、论三藏为管理的法则，令僧众有明确的方向目标和最佳的修行指南。其实，这个管理方法亦可用之于国家、社会、各行各业，乃至个人的身心管理呢！

◆情绪化是立身处世的障碍，用情绪做事不容易成功立业，所以现在社会很流行"EQ 管理"，也就是情绪管理。请问大师，如何才能把自己的情绪管理好？

星云大师：一个人想把自己管理好，必须管理的事情实在太多了。例如：自己的思想、心念、威仪、语言等等的管理，尤其自己的情绪更要管理好！情绪管理不好，会为我们带来许多无谓的灾殃，所以，现代人很重视"EQ"情绪的管理。

有的人情绪变化很大，如天气般"晴时多云偶阵雨"，让人捉摸不定。我曾将人分成四种："一是很能干，没有脾气；二是很能干，但脾气很大；三是不能干，也没有脾气；四是不能干，但脾气很大。"

一个人无论多能干，绝不能情绪用事；用情绪做事不容易让人信任，当然也就不容易成功立业。过分情绪化是性格上的缺陷，是心智不成熟的表现；情绪化的人大都是非不分、事理不明。历代暴虐无道的帝王将领，大都是因为不能管理自己的情绪，结果导致国破家亡，身败名裂。美国加州大学心理学教授艾克曼，是一位情绪解析专家。他认为我们的脸部表情，是情绪的直接窗口。为了侦测情绪，他用电流刺激脸部肌肉，研究肌肉运动与情绪的对应关系，结果发现我们脸部肌肉，有大约七千种不同的组合方式；意思是我们每个人可变化出七千张不同的脸孔，有着七千种不同的情绪。艾克曼以科学方式提出基本情绪有十大类：愤怒、恐惧、悲伤、嫌恶、轻视、惊讶、愉悦、尴尬、罪恶、羞惭，而每一项都代表一大类相关的情绪。

这些基本情绪和佛教的分类颇为相似，早在两千多年前，佛教即已建构了一套成熟的心理学知识体系。佛陀说众生有"八万四千烦恼"，唯识学也将人的心理反应，分析成五十一种，其中属于负面情绪的，就有贪、嗔、痴、慢、疑、恶见六种"根本烦恼"，以及随根本烦恼而生起二十种大、中、小"随烦恼"，如愤怒、嫉妒、骄慢、悭吝、谄曲、昏沉、散乱、懈怠、无惭、无愧……这些情绪表现在外的，便是粗暴、蛮横、乖张、无理、喜怒无常的言行。

当一个人长期处在阴晴不定、激动忧惧的心理状态中，久而久之，会影响生理变化，造成不易治愈的疾病。例如：消化性溃疡、精神疾病等。医学研究报告中提到："当一个人不快乐、发怒或紧张受压力时，脑内会分泌具有毒性的'去甲肾上腺素'。"具有毒性的激素，不只伤害自己的身体，更会妨碍人际之间的相处，让自己陷入忧郁、躁郁、自闭的困境里。

情绪之害如此大，我们要如何做好情绪管理呢？佛陀说了八万四千法门，就是为对治我们八万四千个烦恼。除了前面提到的"五停心观"，可用来对治贪嗔痴等根本烦恼，在情绪管理上，还有几个方法，如借由禅坐可以调身、调息、调心，置心十一处，不散乱惛沉，在行住坐卧间，就能将粗犷的身心调柔，将浮躁的情绪稳定；从礼佛拜忏中，可以消除我慢、我执，减轻身体的业障，洗净内心的尘垢；念佛持咒，也可以止息妄想，抛开烦恼，而使心志清醒，保持心情的平静。

再如以喜舍对治贪心，以慈悲对治愤恨，以明理对治愚痴，以乐观对治沮丧、以知足对治嫉妒，以信心对治猜疑，以真心对治虚妄，以谦卑对治骄慢，以感动对治不满，以发心对治懒惰，以反省对治不平，以惭愧对治蛮横，以包容对治狭隘，都是很好的情绪管理妙方。

现在有一些年轻人常说："我的压力太重了!"父母师长教训，是压力；课业太多，是压力；工作负荷重，是压力；赚钱养家，是压力……这些承受不了压力、不堪一击的人，被称为"草莓族"。其实从古到今，历代的人物，不管圣贤或普通人，哪一个不需要经过这许多压力来成长呢？就是青菜萝卜，也要经过风雨日晒的孕育，才能成熟；山谷岩壁隙缝间的小草，也是突破艰难的环境，才能成长。我童年时，也都是在老师打、骂、冤枉的教育中，慢慢成长。回顾我的一生，正如陈诚先生所言："为做事，必须忍耐；为求全，必须委屈。"在忍耐、委屈中，不也成就了许多佛教事业吗？

我认为现代人之所以得忧郁症、躁郁症，大都是太过清闲，胡思乱想，没有压力，才会造成这许多疾病。有人做过试验，把黄豆、绿豆摆到水盆子里，上面没有压力，长出来的豆芽，都是瘦瘦的。相反的，如果上面覆盖一层棉花或纸网，施以一些压力，长出来的豆芽，不但肥胖，而且甜美、营养。另外如日本人喜欢吃生鱼片，当日本本土的生鱼不够吃的时候，就从苏联进口。但是，将活鱼从苏联运送到日本，因为路程遥远，常常到了日本，鱼已经死去一半以上。后来有人想了一个办法，在鱼箱里放进几只螃蟹，螃蟹会咬鱼，是鱼的天敌，只要螃蟹稍微动一下，这些鱼就紧张地动起来；它们时时承受这些螃蟹的攻击压力，反而能增强生命的动力。结果后来运送到日本的鱼，有百分之八九十存活，可见经由压力更能生存。

有压力才会激发潜力，有压力才会成长，才有前途，好比篮球，打它一下，它就跳得很高。我们要培养乐观、开朗的心态，凡事随来随遣，如果尽是把事情摆在心里，会像水沟阻塞不通般发臭；唯有懂得疏通排解和调适，生活才会过得欢喜自在。

在《杂阿含经》卷十七里记载，有一次佛陀问弟子，凡夫和圣贤，对于苦、乐的感受有何不同？佛陀告诉他们，凡夫身体受苦，忧恼狂乱，连带内心也跟着痛苦；贤圣之人身体受苦时，不会忧愁烦恼，所以只有身受，没有心受。二者的差别即在于凡夫为五欲所染着，而产生贪、嗔、痴三毒，圣贤则无。

因此，我们平时要凭着正念、正勤、正道来做人处事；通过般若观照，培养自己的耐心、虚心、诚心、赤子心、清净心、慈悲心、宽恕心、欢喜心、平等心、忍辱心、惭愧心、感恩心……就不会产生各种负面情绪。唯有把情绪管理好，我们才能找回心灵的主宰，也才能做自己的主人。

◆人的一生岁月有限，如何运用有限的时间，让生命发挥更大的意义，做到如大师的"人生三百岁"，这就需要时间管理的智慧。请问大师，您平时是如何管理自己的时间与空间呢？

星云大师：我们在世间生活，与我们最有关系的，第一个就是"时间"。我们这一生的寿命，分分秒秒在减少，可以说每天都在跟时间赛跑。再来就是"空间"的问题，从小我们就知道要争取一个座位、一个床铺，长大进入社会，要争土地、争房屋、争车位。为了争取空间，有时候还和人吵架、打架，甚至世界上国与国之间，也常为了领土空间而战争。

常听到有人说："我时间不够用！"读书的人时间不够用，要赶夜车；上班的人时间不够用，要加班。很多人到了中年、老年，更是苦恼自己"岁月无多、去日不远"。记得我 20 岁从佛教学院毕业，将自己奉献给社会大众之后，一生就没有放过年假，也没有暑假、寒假，甚至星期假日还比别人更忙碌。从早到晚没有休息，不但在殿堂、教室里讲说弘法，在走路、下课的空当，甚至在汽车、火车、飞机上，我都精进地办公、阅稿。几乎每一天都在分秒必争、精打细算中度过。如果以一天能做五个人的工作来计算，到了 80 岁，就有 60 年的寿命在工作，60 乘以 5，不就是 300岁吗？这就是我主张的"人生 300 岁"。这 300 岁不是等待来的，也不是投机取巧来的，是我自己辛勤努力创造出来的。

唐伯虎有一首打油诗《七十词》写道："人生七十古稀，我年七十为奇，前十年幼小，后十年衰老，中间只有五十年，一半又在夜里过了，算来只有二十五在世，受尽多少奔波烦恼。"除了夜晚睡觉，人的一生，即使能活到百岁高龄，为了生活上的需要，也不得不将时间分割成零碎片断，如果将每天吃饭、走路、上厕所、洗澡的时间全部扣除，还剩下多少时间呢？真正能够发挥智慧，奉献社会的时间，又有多少呢？所以我学会善用零碎的时间，在等车子、等客人、等上课、等开会、等吃饭时，订计划、想办法，或思考文章的内容铺排、佛学上难懂的名相，或回忆读过的名著佳作等。如此，不但培养我集中意志的习惯，也增进我从"闻、思、修"进入三摩地的能力。

由于我懂得利用"零碎时间"，所以，无论是坐火车、坐汽车、坐飞机、坐轮船，无论要花费多少时间，路程多么曲折辗转，我不但从未感到时间难捱，反而觉得是席不暇暖的弘法生涯中最大的享受。我常说："公路、天空是我的床铺，汽车、飞机是我的餐厅，一本书和膝盖是我的书桌，一支笔是我所有的动力。"过去几十年，我南来北往，乃至国内外来回，一点都不觉得浪费时间。局限的空间里，正是我思考、写作、用功的最好时光！

另外，我经常在客人要来的前一刻，站在门口迎接，让对方惊喜不已。有人问我是不是有神通？其实这是因为我从小就训练自己要有时间观念，五分钟、十分钟，有多久？甲地到乙地需要多少时辰？做一件事情要花费多少时间？我的心中都了了分明，当然一切事物也就能"管理"得恰到好处。

一位信徒问赵州禅师："十二时中如何用心？"赵州禅师回答："你是被十二小时支使得团团转的人，我是使用十二小时恰恰当当的人，你问的是哪一种时间？"

的确，会运用时间的人，他的时间是心灵的时间，因为能够纵心自由，达古通今，所以他的生命展现了泱泱宇宙的全体大用；不会运用时间的人，他的时间只是钟表刻度的时间，由于受到钟表指针的支配，一小时不会多，一分钟不会少，因此他的生命浑浑噩噩而渺小有限。

韶光易逝，岁月荏苒，人生的意义是在有限的时光中，扩大生命的价值。因此，时间的管理，要有正当性、建设性和成就感。我们平时为人处世，说话要说有"三百年"功用的话，做事要做"三百年"长久的事业。如此，人生的岁月虽然老去，但时间却能带来成就、历史与功德。此即所谓的"精神不死"。如佛陀的说法、孔子的传道、玄奘的西行、马祖的丛林，以及许多伟大的寺院，伟大的雕刻、艺术、文学作品等，都是以其光辉照耀千古世间；这才是一流的时间管理。时间之外，也有人感叹自己在宇宙之间，所拥有的房屋太少、办公室太小，空间不够，东西放不下。其实，不只时间要靠自己懂得运用、处理，空间也是一样，大大小小，总有空间。重要的是自己的心量要大，所谓"心中有事天地小，心中无事一床宽"，只要自己放开心胸，心里的世界一大，有限的空间就会有意想不到的宽广。

记得我接办南华大学时，曾将一座大楼的设计方位改变。事后许多人说改得真好，他们问我是不是会看地理风水？其实心有心理，人有人理，情有情理，物有物理，地当然也有地理。过去我在读佛学院的时候，每次一上殿，我就知道要站到哪个位置，因为我喜欢敲法器，即使没有开我的牌，也总希望有递补的机会；每次一到斋堂，我也知道应该往哪里坐，因为我的食量大，要找一个行堂容易看到的地方，好为我添饭；每次一到教室，我知道该选择哪个位置，因为过去寺院没有钱点油灯，只有靠自己选择光线最好的地方。每次和师长谈话，我也知道该往哪里站，因为我要引起他的注意，好让我有更多学习的机会。后来举凡队伍的排列形式、建筑的远近高低、事情的快慢程序，我都能拿捏得准确，这是因为我能用心将自己的"空间"管理得当的缘故。

"阿弥陀佛"意为无量寿、无量光。无量寿意谓超越了时间，无量光意谓超越了空间，能超越时间与空间的人，才能与真理相契合。古德所言"立德、立功、立言"，就是无量寿、无量光的具体表现。虽然我们生命的时间有限，安身的空间不大，仍应将小我的生命融入宇宙大化之中，造福无量无边的众生，让一己的意志流入整个世间，与虚空万物同在，才是生命的真谛。

◆**现在的社会人际往来频繁，人际关系处理得好，不仅代表做人成功，对于自创事业或者职场升迁也会获得较多的助缘与机会。请问大师，如何运用管理学的原理，让人际关系更和谐？**

星云大师： 人际关系是现代人处世上很重要的一环，许多人之所以有忧苦烦恼，都是肇因于人际关系的不和谐。造成人际疏离，沟通障碍，有的是拙于言辞，有的因表达不当，有的则因为自己预设立场，不能接受别人的意见，自然无法沟通，也有的人态度冷漠，令人不愿碰触。但最是让人难以接受的，是贡高我慢，对于自己的主张，要别人奉若圣旨，完全没有商榷的余地。如此之人，人际关系怎会良好？

人生无绝对的大小、高低、好坏、贵贱。自古以来，愈是礼贤下士的帝王，愈是以贤名流芳；愈是不耻下问的老师，愈能以学问传世。所以，人际之间，要能做到"老做小""小敬老"。有一次，樊迟向孔子请教如何种庄稼。孔子说："我不如老农。"樊迟又请教如何种菜。孔子说："我不如老圃。"从这段话中，我们可以看出孔子的谦虚，他不会不懂强装懂，敢于在学生面前承认自己不如老农，不如老圃。

可见"谦虚"是人际相处的重要秘诀。一个人的学识再好，如果高傲不知谦虚，就难受主管的青睐；一个人的容貌再美，如果自负、不知含蓄，就难受他人的赞美；一个人的能力再强，如果不懂得忍让，难得他人的友谊。而且，沟通或管理，都是为了取得彼此的共识，而非强迫对方接受自己的看法，因此要能设身处地替对方着想。能令别人欢喜接受，才是有效而成功的管理。

另外，人我之间也常有"见不得人好"的劣根性。看到别人比自己漂亮、比自己有学识、比自己有能力，或看到别人升官发财，就嫉妒他、打击他、妨碍他，如此损人又不利己，人际当然不会和谐。人，一旦有了计较、比较之心，有了人我的利害得失之心，即使亲密如家人，恩爱如夫妻，也不能避免互相斗争。

"处人不可任己意，要洞悉人之常情；处事不可任己见，要明白事之常理。"管理，其实就是要"帮助你"。就像洗衣服一样，必须搓揉洗涤才会干净。自己无法改正的坏毛病，就需要别人适时地帮助。如何做好管理，有三个原则：

一是用"情"管理。父母管儿女要有爱，老师管学生要能保护他，长官管部下也要给予关心。人心是肉长的，用爱、用情来管理，才能赢得人心；没有爱心，对方不服气，就难以管理了。

二是用"理"管理。有时太重情爱的管理，无法折服对方，这时就必须讲究"理"了。家庭有伦理，则长幼有序，尊卑有别，上慈下爱，职场有伦理，则上下和谐，做事有条理、计划，被管理的人，也会心甘情愿地服从。

三是用"法"管理。如果道理行不通，只得仰仗于"法"了。所以国家定有法律，甚至军有军法，商有商法，教育有教育法；只有法才能公平、平等地把人、事都管理好。

领导人在实行中，要把握前面所言"横遍十方，竖穷三际"的佛门管理学；待人处事，要做到在时间上"竖穷三际"，在空间上"横遍十方"；懂得沟通、协调、合作的做事态度，才能圆满人际关系，也才是真正会管理的人。再者，人之所以会有纷争、不平，往往是因为"你、我"的关系不协调。不懂得如何善待"你"，也不知如何修持"我"，甚至还强立分别你和我，因此产生"爷爷打孙子，自己打自己"，以表示"你打我儿子，我也要打你儿子"的愚痴行为。与人相处，要把"你"当作"我"，你我一体，你我不二，如果能常常将心比心，互换立场，互相尊重，互相帮助，自然能化戾气为祥和。

此外，和人相处共事，看到别人有一点长处，要生起恭敬心，当自己不如，自己不能，自己不知，自己做不到时，更要心存恭敬，欢喜赞叹。有些人因为"卑慢"，而处处自我防卫，甚至摆起架子，凡事都拒绝，凡事说"No"。会拒绝人情，拒绝因缘，主要是由于能力、慈悲、道德不够，一个人如果经常拒绝一些因缘、机会，久而久之就会失去一切。一个有能力的人，一个会办事的人，凡事都"OK"；即使拒绝，也会提供取代的方案。西方心理学家马斯洛将人的需求，分为五个层次。每个人在满足生理、安全、社交三种需求之后，会进一步希望"被尊重"与"自我实现"。感受到自己被尊重、有尊严的人，就会更积极向上，努力学习，以期发挥自己的潜能与才华。所以，在管理学上，非常重视人的教育。教育，要有方法。在人事的交往上，不论亲子、朋友，乃至主管与部属之间，如果能以责人之心责己，就会减少自己的过失；以恕己之心恕人，必能增进人间的喜悦。

《菜根谭》说："念头宽厚的，如春风煦育，万物遭之而生；念头忌克的，如朔雪阴凝，万物遭之而死。"因此，平时与人为善，从善如流，如有摩擦，要能以你大我小、你对我错、你有我无、你乐我苦来要求自己。如此"严于律己，宽以待人"，才能赢得别人的尊敬，也才是一个善于教诲的人。

松下电器公司的创始人松下幸之助曾说，当创业初期，员工只有一百人时，他总是身先示众，坐在他们面前，走在他们面前；员工增加至千人时，他采取分层负责的管理方式；员工上万人之后，他只是站在他们旁边，合掌感谢他们为公司效命。松下幸之助明白事业是靠人来创造和完成的，所以，他非常珍惜和重视人才，他让员工们知道松下公司是"制造人的地位，也制造电器用品"。在一个有尊严的环境里，人人得以发挥所长，欢喜奉献；我想他应是一位成功的企业家与管理专家。

有道是，想"多管人"，必须先"少管人"；想"多办成事"，必须先"少管点事"。我觉得最高的管理境界，就是没有管理，所谓"没有管理的管理"，并非取消管理，而是能放手、能分权，使管理进入更高层次与境界。如我提倡的"三好运动"——说好话、做好事、存好心。如果大家都说好话，则时时耳根清净；大家都做好事，你帮我，我助你，则彼此相亲相爱；大家都存好心，则处处都有春风、有和平。如此，人人有秩序，有良善的道德，自然可以进入"无为而治"的管理了。

◆有句话说"英雄只怕病来磨",人在身体状况良好时或许还有方法掌握自己的情绪,一旦病痛来时,身心双重煎熬,实在令人意志消沉。对于身体自古多少帝王炼丹冶金,派人寻求不老之药;现代更充斥着健康食品、营养补给品、生机饮食等等,为了这六尺身躯衍生出许多名堂。大师您年届八十,多少经历过身体所带来的问题?对于身体的管理,有什么好的建议吗?

星云大师:在这个新时代,有的人好吃美食,吃出病来;有的人游手好闲,闲出病来;有的人信息太多,多出病来;有的人工作压力太重,压出病来;有的人是非太多,气出病来。许多人看我终日忙碌,却能从容应付,不见疲态,纷纷问我保健之道,其实四大五蕴假合之身,孰能无病?老病过程,谁能免除?只不过我从不刻意趋逸避苦,我觉得养生之道无他,疾病本身就是一帖良药。

回顾自己这一生的"病历",以香港脚与口腔破皮而言,人皆畏之,然而两者不仅长久与我为伍,而且时时交相为患。多年来,我非但不以为苦,反而深感庆幸,我认为这是身体排除瘴气的征兆。17岁时,罹患疟疾,忽冷忽热,全身无力,心想应是回天乏术了。家师志开上人,派人送来半碗咸菜,令我感动不已,当下发愿尽形寿将身心奉献给佛教。没多久,居然不药而愈。

28岁那年,我患了恶性风湿,两膝关节剧烈疼痛。医师诊断必须锯断双腿,以免殃及五脏六腑。当时我一点也不惊惶恐惧,反而觉得行动不便,正好可以掩关阅藏,专心写作,一样可以尽绵薄之力,弘法利生。只是由于法务繁忙,开刀时间一拖再拖,或许因为能够将生死置之度外,后来竟然痊愈了。1991年8月20日清晨,我在浴室滑跤,将腿骨跌断,虽说真正尝到"寸步难行"的苦头,但是躺在医院的病床上,既不用会客开示,也没有一大堆的计划公文让我伤脑筋,感觉真是舒服极了。

尤其我的糖尿病已经跟着我四十多年了,这些年又导致视力模糊,多次接受激光治疗,也动过心脏手术,医生一再叮嘱我要多休息,但是在勉强能识物、能行走的情况下，我依然四处弘法。我学会了"与病为友"，我不讨厌它，跟它好好相处，自觉也有无穷的妙趣。

一生经历大大小小的病痛，但我从不以为意，不曾因死之将至，而烦忧懊恼，也未曾因生之复得，而庆幸欢喜。我认为不管是天赋异禀也好，是诸佛护佑也罢，人生的意义，不在于世寿的长短，色身的强弱，而在于利用有限的生命，为众生谋取福利，为世间留下贡献。

佛教讲"因缘"，世间一切都是因缘所生法，所以我们的身体有生、老、病、死，如同世间器的成、住、坏、空，季节的春、夏、秋、冬一般。对于身体的管理，应该是"当闲，要让它闲；当忙，要让它忙；当老，要让它老；当病，要让它病"。我们要求"长生不老""永远没病"，是不可能的，就像要求"东西不坏"，也是不可能。因此不必太过介意自己的身体，即使病了，有时还能"久病成良医"呢！

所以有病不要紧，只要我们能正视疾病，对症下药，就能迅速恢复健康。最怕的是逃避现实，讳疾忌医，如此，则纵使华陀在世，佛祖降临，也难有治好之时。佛陀是大医王，佛教经典中，有许多有关身体保健、医疗方面的记载，如《佛医经》《医喻经》《疗痔病经》《治禅病秘要经》《除一切疾病陀罗尼经》《金光明最胜王经》《四分律》《十诵律》《摩诃僧祇律》等，都有谈及医药的问题。佛陀不仅治疗众生身体和心理的疾病，更能"识病"，"知病因"。

中医将病因分为内伤七情（喜、怒、忧、思、悲、恐、惊）与外感六淫（寒、暑、燥、热、湿、风）。七情是五脏之主，"喜和恐太过激烈，伤心；怒则伤肝；忧则伤肺；思则伤脾；惊悲则伤肾"。中医从内外因来谈疾病产生的原因，与佛经阐述有颇多相似之处。例如《佛医经》中说，人得病有十种因缘："一者久坐不卧；二者食无贷（饮食无度）；三者忧愁；四者疲极；五者淫佚；六者嗔恚；七者忍大便；八者忍小便；九者制上风（忍呼吸）；十者制下风（忍放屁）。"《摩诃止观》亦指出造成疾病的原因有六种，即四大不调、饮食不节、坐禅不调、鬼神得便、魔神所扰、恶业所起。前三种因素引起的病，只要改善饮食，不受病菌感染，即可治愈；后三者则与患者自身的业力相关，必须借由拜佛礼忏修福，才能减轻病苦。身体有病，要找医生治疗；心灵生病，除了靠善知识劝告提醒之外，最重要的还是要靠自己来医治。我曾仿效石头希迁禅师的"心药方"，开了一帖药方：

慈悲心肠一条，真心本性一片，惜福一点，感恩三分，言行实在，守德空间一块，惭愧果一个，勤劳节俭十分，因缘果报全用，方便不拘多少，结缘多多益善，信愿行通通用上。

此药用"包容锅"来炒，用"宽心炉"来炖，不要焦，不要燥，去火性三分（脾气不要大，要柔和一点），于整体盆中研碎（同心协力），三思为本，鼓励作药丸，每日进三服，不限时，用关爱汤服下，果能如此，百病全消。切忌言清行浊、损人利己、暗中箭、肚中毒、笑里刀、两舌语、平地起风波。以上七件速须戒之，而以不妒不疑、不放纵、自我约束、心性有道来对治。

除此，维持正常的生活作息，早睡早起，养成运动的习惯，多动脑筋，让自己有活力、有动力；饮食上少肉多菜、少盐多淡、少食多嚼、少细多粗，也是生活保健之道。

人生的种种病痛，大都是对外来事物牵挂太多，以致心不能静、气不能和、度不能宏、口不能默、嗔不能制、苦不能耐、贫不能安、死不能忘、恨不能释、矜不能持、惊恐不能免、争竞不能遏、辩论不能息、忧思不能解、妄想不能除，种种都是因未淡未空所致。若能以般若空慧观照，不执着有病、无病，健康、不健康，一切随顺因缘，随顺自然，相信就能生活欢喜，身心皆自在了。

◆大师常常提到，佛教的最高管理学是因果，我们想知道为什么因果会成为最高的管理学？请大师开示。

星云大师：我们常听到一句话："法律之前，人人平等。"事实上，法律仍有漏洞，有时还会受到人情左右，未必能做到绝对的公平。世间真正的公平是"因果"，无论达官贵人或贩夫走卒，无一能在"善有善报，恶有恶报"的因果定律下获得宽贷或殊遇。唯有在因果之前，人人平等，因果业报如影随形，谁也逃不了；因果才是人间最公平的仲裁者，才是最高明的管理学。

过去经常有人问我："佛光山的财务如何管理？佛光山的钱怎么个用法？佛光山又是如何记账？"记得在 1991 年兴建如来殿时，我特地在四楼大会堂的外墙，把佛光山功德主的姓名，全部镌刻在高温烧成的艺术陶壁上。当时我就说："功德芳名墙就是佛光山的账簿，而替佛光山管账的则是'因果'。"

信徒捐给佛光山的钱财，如果指定用来出版书籍的，不会被挪用来购买香烛；指定用来买水果供佛的，不会被挪用购买日用品；指定用来作为僧众道粮的，不会被挪用作为建筑款项；指定用来添置车辆的，不会被挪用裁制僧服僧鞋。佛光山的大众，对于信徒的每一分钱都能俯仰无愧，不会错置"因果"。

因果，最简单的解释，就是"种什么因，得什么果"，这是宇宙万有生灭变化的普遍法则。佛教的因果观源自"缘起性空"的道理，旨在阐明宇宙间万事万物都是仗"因"托"缘"，才有"果"的生起，而此"果"又成为"因"，待"缘"聚集又生他"果"。如是辗转相摄，乃成森罗万象。因此，宇宙间从自然界到众生界，从天体到微尘，没有一个现象能脱离得了因果的关系。

因果，不仅仅是一门理论学问，日常生活中的衣食住行，乃至人我相处、信仰、道德、健康、经济等，都各有其因果关系。譬如肚子饿了，吃饭就能解饥；吃饭是因，腹饱就是果。一个人勤勉不懈地工作，因此赚了很多钱；努力是因，赚钱就是果。凡事有因有缘才有结果，有的人不明白因缘果报的道理，发生困难，遭遇挫折，不去检讨原因，只在果报上计较，于是怨天尤人，愤恨不平。

所谓"菩萨畏因，众生畏果"。一般凡人只能认识"果"，不能认识"因"。殊不知"以果推因"，必定是"因"地不正，才会遭此结"果"。例如有的人责怪父母不慈之"果"，却不知父母不慈是缘于儿女顽劣的

"原因"；有的人责怪儿女不孝之"果"，但不知道"因为"父母失德，才会造成儿女的不孝。所以，凡事不去"推果寻因"，怎能知道事情的真相？怎能有公平、公正的管理呢？此外，也有人对因果认识错误，而对信仰产生不正当的要求，比如吃素为求身体健康，拜佛为求佛祖保佑他升官发财，这都是错乱因果的谬见。其实，"种瓜得瓜，种豆得豆"，信仰有信仰的因果，道德有道德的因果，健康有健康的因果，财富有财富的因果。因此，若要身体健康，必须调心行善，多作运动，注意保健，心安自然体泰；若要财源广进，必须多结善缘，勤苦耐劳，信守承诺，有智慧能力，自助而后天助。吃素、拜佛，是信仰、道德上的因果，如果以信仰的因，妄求健康、财富上的果，那就错乱了因果，不能正确地认识因果。

一些不解佛法的人，一听到因果，便斥为迷信。因果观并不是宿命论，宿命论认为：一切得失成败，由命运之神掌握，努力是没有用的。而因果的观念则认为：所有的果报，不管善恶，都是自己造作出来的。《三世因果经》言："有吃有穿为何因？前世茶饭施贫人；无食无穿为何因？前世不舍半分文；高楼大厦为何因？前世造庵起凉亭；福禄俱足为何因？前世施米寺庵门；相貌端严为何因，前世花果供佛前。"所以，有人一出生就住在繁华的都市里，享受文明的生活；有人终其一生，都在荒山野地、穷乡僻壤营生，日月穷劳。这不是命运不公平，而是因缘果报不同。

明太祖朱元璋，有一次微服出巡，来到乡下，正是又热又渴时，一位农夫盛情地奉上一杯茶水，明太祖如饮琼浆。回京后，马上差人到农夫家，封了一个官衔给他。一位落第秀才得知，心中不平，于是在庙前题字道："十年寒窗苦，不及一杯茶。"数年后，朱元璋再度出巡该地，见到此句，问知原委，于是在旁边加了两行字："他才不如你，你命不如他。"

如果一个人懂得"因果"法则，明白行为能决定自己的幸与不幸，就会谨言慎行，行善积德，广结善缘；而对于过去的不幸，也会不断地努力改进，使它转变为幸福。如此的自我管理，不就是最究竟、最上乘的管理法吗？

佛教对杀生问题的看法

　　生命的诞生是宇宙间最奥妙的事，每个生命从降诞开始，莫不为自己的生存而努力奋斗，从而带动世间的欣欣向荣，这是值得歌颂的好事；但有些生命为了自己的存在，不惜伤生害命。尤其自诩为"万物之灵"的人类，往往视万物为人类资生的粮食，而肆无忌惮地猎杀各种生灵。尤有甚者，有的人因为自己的贪嗔愚痴、爱恨情仇而伤害他人，乃至自己的抗压性不够，当遭受外力冲击而无法突破逆境时，就以自杀了断。这些都是最丑陋，也是最该谴责的行为。

　　杀生，就是杀害生命，包括自杀与杀他。宇宙间不只人或动物有生命，举凡山河大地，一花一木，一沙一石，他们的存在都有生命，只要破坏其功能，就是杀生。如星云大师经常举例说，一张沙发原本可以用十年，因任由儿童蹦跳破坏，而缩短它的使用年限，这就是杀生；说话断人希望，也是杀生；甚至浪费时间，都是杀生。

　　杀生造成的悲剧，是无可弥补的，因为世间最宝贵者，就是生命，凡一切众生莫不惜生爱命。所以《法句经》说："一切皆惧死，莫不畏杖痛，恕己可为譬，勿杀勿行杖。"明朝莲池大师的《放生文》更有深刻的描述："盖闻世间至重者——生命，天下最惨者——杀伤，是故逢擒则奔。蚖虺犹知避死，将雨而徙，蝼蚁尚且贪生，何乃网于山，罟于渊，多方掩取；曲而钩，直而矢，百计搜罗？使其胆落魂飞，母离子散，或囚笼槛，则如处囹圄，或被刀砧，则同临剐戮。怜儿之鹿，舐疮痕而寸断柔肠；畏死之猿，望弓影而双垂悲泪。恃我强而凌彼弱，理恐非宜。食他肉而补己身，心将安忍？"

　　慈悲是佛法的根本，不杀生就是慈悲。但有一些肉食主义者认为，杀生才能平衡生态；甚至他们质疑，佛教戒杀生，难道所吃的蔬菜水果就没有生命吗？乃至一些从事农渔行业的人，他们捕鱼、以农药扑灭虫蚁等，算不算杀生？关于佛教对杀生问题的看法，2003 年 9 月 20 日星云大师在日本本栖寺与参加三皈五戒的二百多名中日信徒座谈中，对此有多层面的探讨。以下就是当天的座谈纪实。

◆佛教是个戒杀的宗教，五戒的第一条就是不杀生，也就是不侵犯他人的生命。请问大师，生命的定义为何？在什么样的情况下伤害生命，才名之曰杀生？

星云大师：杀生，有广义的杀生与狭义的杀生。狭义的杀生指杀人，广义的杀生则凡是世间生存的万物，让他毁灭，都是广义的杀生。因为不但人有生命，动植物也有生命，乃至山河大地都有生命，甚至时间就是生命；因为生命是时间的累积，所以浪费时间如同杀生。相同的，随便浪费物品也是杀生，因为物品是大众的资源，是聚集大众的因缘而成，所以浪费时间，破坏物质，都是广义的杀生。

人间最宝贵者，就是生命，如果没有生命，世间的一切将不再具有意义。谈到生命，如刚才所说，不光是人有生命，动物、树木花草等植物也有生命，甚至山河大地、日月星辰，整个地球都有生命。有时候我们会听到哪个地方火山爆发，说明火山有生命，乃至流水都有生命；甚至花儿在开、鸟儿在叫、日月星辰、山河大地充满盎然生机，所以大自然跟我们同样都有生命。佛教有两句话："溪声尽是广长舌，山色无非清净身。"流水潺潺，那是佛陀在对我们说法；山峦叠翠、树木花草，都是诸佛如来的法身妙用。我们每一个人都有生命，而且无分贵贱，生命都是一样的宝贵，可是一般人对生命的探讨与知识却普遍缺乏。

所谓生命，就是有生长的机能，它是活的，是动的，是有用的。依此定义来看，我们身上所穿的衣服必定也有生命，我爱惜它，能穿七八年；不爱惜它，只穿三五个月就坏了。同样，桌子、椅子、车子，我爱惜它，可以用几十年；不爱惜它，不到几年就朽坏、腐烂了。

因此，不只人有生命，凡是有用的、活动的、成长的，可以说宇宙万物都有生命。就以人来说，生命也不仅止于活着的时候吃饭、穿衣等一切活动，即使死亡也是生命的一个阶段。死亡并不代表什么都没有了，死亡只是这一期生命转换成另一期的生命，就像时辰钟，一、二、三、四……

走到十二，还要再回过头来；好比将一颗种子播种下去，它会生长、开花、结果，而后有了种子，再播种下去，又是另一个新生的开始。一般人容易知道、感受活着的生命，但是死亡也是生命的一个延续。生死只是一个循环，在佛教认为生命是不死的，死亡只是一个环节，死亡只是一个蜕变，死亡是另外一期生命的开始，生命的本体并没有改变。

生死虽然都是生命的一部分，不过人要活动才有生命力，有生命，才能活动。就拿人体的眼、耳、鼻、舌、身、心来说，眼睛瞎了，眼睛就没有生命；耳朵聋了，耳朵就没有生命。同样的，我们的身体如果没有触觉，心灵不能有感受，也就不知道要怎么表现生命了。当我们能感受生命的活用是无限的时候，那么在家庭里，看家中的每一分子都会有活跃的生命；在社会上，看到每一个人也都有旺盛的生命；在世界上走动，会发现所有的生命都跟着我跳动，所以有生命，人生才有意义。

世间上罪业最重的无过杀生，世间最有功劳的无过护生。生命，是一种欣欣向荣，生生不息的延续；生命的存在应该活出真善美的品质。平时我们给予他人道德上的成长、信仰上的增加，事业上的方便、前途上的顺利，都是护生；反之，假使一言破坏他人的信仰、慧命，一事使他遭遇困难、阻碍，一行让人失去所有，一念嗔嫉让人受到伤害，都名之曰杀生。

所谓杀生，顾名思义，就是使对方没有办法生存，断绝生路，包括自杀、教杀、赞杀。杀生的方式，有的是用有形的刀枪杀害对方，有的是用无形的语言伤害对方。例如说话断人希望，使他无以生存，或是造谣生事，使他无以立足，都是杀生。杀生有行为上的杀生，有语言上的杀生，乃至有意念上的杀生。甚至"我不杀伯仁，伯仁因我而死"，这种无心之杀虽有杀生之"行"，但无杀生之"心"，罪业比较轻。

世间上每个生命虽然都是"个体"的存在，但生命不是分裂的，生命是"同体共生"的关系。话说有个将军奉命攻城，他鼓励士兵杀敌，杀得愈多的人奖赏愈大。于是大家开始比赛杀人，很快就把城内所有人民杀光。将军依言要犒赏士兵，当大家想要喝酒，没有人温酒；想要吃肉，没有人煮食；想要女人，也没有女人。让别人无法活命，自己也不能生存，所以，杀人就是杀己。因为生命是要靠众缘所共同成就，佛教讲的"缘起"："此生故彼生，此灭故彼灭"，就是对生命存在的最好定义。

生命的定义就是用我们这一期的生命，创造继起生命（下一世）的因缘。例如国家、社会、父母、师长、朋友给了我们很多因缘，才得以让我活着，我也应该结缘，给大家一些因缘。因此，生命的意义就是为未来的生命创造一个更好的因缘，或者说，这一期的生命，是为了给全人类的生命、给大我的生命更多的贡献。反之，破坏因缘，让一切美好的事物无法成就，让世间宇宙万有无法生存下去，都是广义的杀生。

◆现在医学发达，大大延长了人类的寿命，但是在医学的研究、实验过程中，经常要牺牲许多小动物。请问大师，医学上利用小动物做实验，也是杀生吗？

星云大师：这就是刚才谈到的，有杀生的行为，但没有杀生的心念。一般说，医生利用小动物做实验时，心里所想的只是如何突破医学，以期救护更多的人，虽然行为上或许有争议，但用心是可以谅解的。

记得 2001 年我应邀到新加坡，与新加坡国立大学医学院毕业执牌医生及在学的准医生举行座谈时，他们也很关心这个问题。当时我告诉他们，医学上以动物做实验，目的是为了救天下的苍生，所谓"死有重于泰山，有轻如鸿毛"，死的价值不一样。医生从事医学研究，目标远大，因此实在可以不必拘泥于小节。

我的意思是，只要不是滥杀，不是心存恨意，不是以杀之而后快的心杀生，虽然功过还是存在，但是这种行为是为了救普世人类，也是功不唐捐。

再说，以人为本的佛教，对于杀生的诸多问题，只有功过上的轻重比较，但也不是绝对的。过去佛陀"杀一救百"，杀一个强盗而救了成千上万的百姓，表面看起来是不慈悲的，可是为了救更多的人，其实是在行大慈悲。此即说明佛教戒律不是消极地行善，更重视积极地救人。尤其佛法有"世间法"与"出世间法"，既有世间法，就不能不顾及社会人生的实际生活，否则与生活脱节的佛教，如何为人所需要？

所以医疗上以动物做实验，只能说功过如何，或有过失，但可用忏悔发愿等来补救。例如利用动物进行实验时，不要让它痛苦，甚至为它祈愿，让它早生善处，也能减轻自己的罪业。

其实，从事医疗工作的医生，平时随便替病人打一针，都会杀死很多的细菌。但他们的本意是为了救人，是大慈大悲的行为，不是杀生。所以在世间法上，戒律应该从多方面考虑。

◆平时居家环境里难免会滋生一些蚊蝇、虫蚁，造成生活上的困扰。请问大师，使用杀虫剂扑杀蚊蝇、虫蚁、蟑螂等，用药毒死老鼠，算不算杀生？乃至用动物的羽毛、皮革做服饰，也是杀生吗？

星云大师：世间上任何事都有因果，但因果很复杂，因中具有善恶，果报也有善恶，就看孰重孰轻。例如，同一块田地里，有的种子发育不良，有的虽然没有好的外缘，一样苗壮，可见因中的成分不同，所招感的果报当然也有不等的结果。就等于一场战争，某人对救国救民的理念强，就能勇敢杀敌。如琉璃王率兵攻打迦毗罗卫国时，摩诃男为了拯救族人，宁可牺牲自己的生命，这样的行为看起来虽是杀生，但功劳更伟大。佛教主张不杀生，就是不侵犯他人的生命。大至杀人，小至杀死蟑螂、老鼠、蚊蚁等，都是杀生。不过，佛教是以人为本的宗教，所以不杀生，主要是指不杀人。

从佛教的戒律来讲，杀生有两种，一是突吉罗（轻垢罪），一是波罗夷（极重罪）。波罗夷是不可救的意思，也就是弃罪，杀人才会构成"波罗夷"罪，这是戒律中的根本大戒，是不通忏悔的。杀害蟑螂、虫蚁，是犯突吉罗，属于恶作，虽然一样有罪，但跟杀人不一样。这种杀生虽有过失，但可通忏悔，可以补救，可以将功折罪。例如有的人以放生、护生来灭罪，有的人用忏悔、发愿来消业。

也就是说，根据佛教戒律的根本精神，驱除蚊虫等行为并不是很严重的大问题，因为佛法所说的不杀生，主要以"人"为对象，以杀人为严重，杀人是佛法所不许。如果为了去除虫害，能够事先预防当然要比事后杀害来得好，但以人为本的佛法认为，为了生存，虽用杀虫剂驱虫，并不是很大的罪恶。事实上，我们平时在无意中难免犯下杀害生灵的行为，这种无心之过，纵使有罪也很轻微，有些甚至无罪，最主要的是不能怀着嗔恨心而杀生。以嗔心而故意杀生，必然要堕地狱受苦。因为在佛教来讲，罪业有"性罪""心罪"。有的人喜欢杀生，以杀害生命为玩乐；有的人因报复心而杀生，罪业比较重；有的人为了自卫而杀生；有的人为了求得自己的生存而杀生。等于刑法上有故意杀人、蓄意杀人、临时起意杀人、一时情结杀人，或误杀、错杀、酒醉杀人等，罪刑都有轻重不同。所以不要把佛法的规范视为畏途，认为是束缚我们自由行动的绳索，或以为佛法的戒律要求太严，难以守持。其实，佛法的戒律有很宽容、自由的精神。只有在不侵犯他人自由的情况下，才能享受更大的自由。

至于使用动物的羽毛、皮革做服饰，是否也是杀生？一般人穿着皮鞋、皮袄，使用皮带、皮包，甚至寺院晨昏所用来警醒昏沉的鼓，虽然是动物的皮制成，但对使用者而言，它只是一个物品，因为没有生命，所以从直接的因果上来讲，构不上杀生罪，不能用杀生来论。

但是从另一个角度看，因为有人喜欢购买动物皮毛制成的用品、服饰等，所以间接促成一些人以猎杀动物为业，因此使用者难辞"我不杀伯仁，伯仁因我而死"的责任。所以一些国家的人民曾发起抵制穿皮衣的运动，荷兰就是其一。荷兰的畜牧业非常发达，牛奶、奶油、奶酪举世闻名。荷兰人吃奶酪就像吃豆腐一样自然。其畜牧业产量占荷兰国际贸易额的25％。但是在荷兰，即使天气再冷，也看不到一个人穿皮衣，因为他们为了护生发起的抵制穿皮衣运动非常成功。值得一提的是，荷兰有40％的人信奉基督教，35％的人信奉天主教。荷兰人虽然不信佛教，却在实践慈悲，实在值得一些信佛教却常在杀生的国家人民反思与效法。

总之，人的行为，自己的身口意都有善恶的因缘。善与不善、幸与不幸，都有因果关系。所以，不要为了自己需要保暖，甚至只是为了一时的虚荣、享受，而剥夺其他动物生存的权利。乃至对于蟑螂、老鼠、蚊蝇、虫蚁等，其实也不一定要用杀生的方法来解决，可以事前预防。例如家中保持清洁，就不易滋生虫蚁；装设纱窗纱门，蚊蝇就不会飞入家中；即使有了蚊蝇、虫蚁，也可以用驱除的方法把它们赶走，免得与杀生沾边。不预先设防，不从根本上解决，只用杀生对付，难免造业。

◆**人生在世，必须工作以赚取生活所需。佛教的八正道里，"正业"与"正命"都是强调佛教徒要有正当的职业与经济生活，但是社会上有一些从事捕鱼、屠宰、贩卖钓具等杀生职业的人，他们可以学佛受戒吗？戒的主要精神是什么？请大师开示。**

星云大师：佛教有所谓"八正道"，当中"正业"就是正当的行为，"正命"就是正当的经济生活和谋生方式。据《瑜伽师地论》卷二十九："如法追求衣服、饮食，乃至什物，远离一切邪命法，是名正命。"正常的经济生活对个人、家庭、社会而言都非常重要，因为世间大部分的罪恶，都是从经济生活的不正常而来。譬如开设赌场、酒家、地下钱庄、屠宰场，经营贩卖杀生用的钓鱼具、猎枪等商店，都不是正命。

从事不正业、不正命的人，能否学佛受戒？这个问题让我想起在台湾有个小岛叫小琉球，上面住了一万多人。在十几年前佛光会成立之初，岛上就有个佛光分会。有一次我应邀前去跟他们座谈，会长提出一个问题。他说："我们这个岛上的居民，大部分是以捕鱼为业，这与佛教的'不杀生'是相抵触的。如果要大家不杀生，我们会连饭都没得吃，所以在这里要推动佛教很难。"

我说："佛教虽然讲不杀生，但它还是有轻重之分。尤其杀生有'杀行'与'杀心'的分别。你们捕鱼，是为了维持生活，并没有杀的意念，就如同人死后举行火葬，一把火，不但把尸体上的寄生虫都烧死了，甚至连木材里的寄生虫也无法幸免。但是我们没有杀的意思，也就是没有杀心。如此纵有罪过也会比较轻，而且只要诚心忏悔，还是可以得救。"

我的意思是，佛教是以人为本的宗教，虽然主张对任何微弱细小的生命都要尊重，但是如刚刚所说，其实我们每天在无意之间伤害很多生命而不自知，例如呼吸时空气里没有微生物吗？茶食之间没有微小的生物吗？甚至打针、吃药、开刀、火葬、土葬，难道没有伤害寄附吾人身上的生命吗？只是当下我们并没有"杀心"，因此吾人的修养，纵有杀生的行为，也不要有杀生的"心业"。既有伤害物命的行为，便要对不慎杀害之生命生起惭愧之心，为之深深忏悔，这就是佛教戒律的根本精神。

佛教主张持戒，戒的根本精神是不侵犯，也就是尊重。例如五戒的不杀生，就是不侵犯别人的生命；不偷盗就是不侵犯别人的财产；不邪淫就是不侵犯别人的贞节；不妄语就是不侵犯别人的信誉；不饮酒就是不侵犯自他的智慧。

佛教是一个倡导平等的宗教，例如"人人皆可成佛""我不敢轻视汝等，汝等皆当成佛"，都是对于人格的尊重。这种特质经过持守戒律来实践、升华，最终达到不仅尊重"人权"，也能尊重"生权"。

不过在现实生活中，有的人因为工作的关系，无法持守五戒，因此不敢学佛受戒。例如，曾有一位开布店的老板娘说，经常有顾客上门买布，在看过布料后总会问道："你卖的布会褪色吗？"这时候如果照实说会褪色，生意必然做不成，因此有时候不得不打方便妄语。也有农夫说："我们种田栽水果，为了收成好，不得不喷洒农药，驱杀害虫，如此怎敢受戒呢？"

其实五戒可以全部受持，也可以随分受持。如《法苑珠林》卷八十八引《大智度论》说："戒有五种，始从不杀，乃至不饮酒。若受一戒是一分行，若受二戒、三戒是名少分行，若受四戒是名多分行，若受五戒是名满分行。"由此可知，在家居士人人可就自己的情况，选择自己容易受持的一戒、二戒，乃至三戒、四戒，精进受持，渐渐达到五戒圆满。也就是说，即使从事不正业的人，一旦发心学佛，还是可以就自己的方便，先从少分戒受起，然后慢慢待机转业。只要有心，世间的职业千百种，这行不做可以做那行，不一定要以杀生为业，也不一定以伤害人体的业务作为自己的职业，换个工作，还是可以生存。例如：

甚至，工作除了提供生活所需之外，也是奉献、服务、广结善缘的最好修行，因此不但要从事正当的职业，而且应该具备正确的观念，亦即所谓的职业道德。

（一）要有因果的观念：不借公务之便而贪污诈欺，假公济私，收受贿赂，强取豪夺，威胁利诱等；凡有所得，悉数归公，一丝不苟。

（二）要有忍耐的力量：受责不抱怨，遇难不推诿，要任劳任怨，一切想当然尔。有了忍耐的力量，才能担当，才能负责。

（三）要有敬业的精神：在工作中，要认真负责，要乐在其中，遇事不推托，不以磨人为乐，要给人方便，给人服务，此即是敬业。

（四）要有感恩的美德：凡事感恩，感谢老板提供工作机会，感谢同事、部属协助我们工作等。有了感恩的心，不论多忙、多累，都会欢喜地去做。

因此，发心学佛后，除受持净戒外，更需进一步在日常生活中广修善业，并以"八正道"为生活的准绳。所谓"八正道"，即正当的见解、正当的思维、正当的语言、正当的职业、正当的生活、正当的禅定、正当的忆念、正当的努力。能将佛法糅合在生活中，才堪称为一个正信的佛弟子。

◆我们知道大师对政治主张"问政不干治"，那么请问大师，佛教徒可以参政，甚至参战吗？乃至战争时可以杀敌吗？

星云大师：过去一般人谈到宗教与政治，总认为彼此应该各自独立，互不相干，所谓"宗教的归宗教，政治的归政治"。实际上，"政教分离"虽是举世都能认同的思想，然而政治与宗教彼此又能相辅相成，互补互需，这也是不争的事实。例如，佛教能影响帝王的施政理念，辅助帝王修身、治国、平天下；相对的，佛教的弘扬，也要靠帝王的护持，才能普遍推广。

所以历朝以来，僧团的沙门和政治的君王常有密切的合作来往，其中或有辅弼朝政被尊为国师者，如唐太宗向明瞻法师请教古来明君安邦定国之道，明瞻法师为太宗陈述以慈救为宗的方法，太宗大悦，尊为帝相；或有出家转而出仕朝中贵为宰相者，如南宋的慧琳法师，宋文帝礼请他为宰相来治理万机，南宋因此政治清明，国运强盛于一时，时人都称他为"黑衣宰相""紫衣宰相"；或有一度出家为僧再为人君者，如明太祖朱元璋，17 岁时曾在皇觉寺出家为沙弥；更有舍弃九五之尊剃度出家者，如清朝的顺治皇帝，从小就对佛教有一分孺慕之情，当了帝王之后，对佛教的向往之思更是有增无减，最后毅然决然抛下皇位，追求他心仪已久的出家生活。而对于国家政治有深远影响的出家人更是不计其数。

尤其佛教在烽火漫连的乱世，更经常扮演攘敌安邦的角色。例如：佛陀对摩揭陀国雨势大臣昭示健全国家的"七不退法"，巧妙地化解了一场血腥战争。唐朝的安禄山举兵造反，朝廷军需短绌，佛教徒于是发起贩卖度牒以增加军费，为平定"安史之乱"尽了最大的力量。南宋高宗偏安江南，礼请法道禅师入朝共谋国事。在禅师的极力奔走之下，为国家劝募了丰足的军粮，并且参战军旅，贡献计策，稳定了军机。曾经一度为禅僧的耶律楚材，元帝入主中原时仰慕他的贤能，特别征召他出仕为相。耶律楚材为了保全汉人的生命财产，免受无辜的杀戮，于是挺身而出，立朝仪，定制度，先后辅佐元太祖（成吉思汗）、元太宗（窝阔台），推行汉化，延续了汉民族的命脉。元代至温禅师，由于赞助王化有功，感动世祖而敕封为佛国普安大禅师。可以说，自古以来，佛教辅佐、教化政治的史例，多不胜举。

由于佛教的教义与僧侣的行仪可以影响帝王的政治理念，建立祥和社会，帝王的权势则能帮助佛教普遍弘传，净化世道人心，因此晋代道安大师说："不依国主，则法事难立。"佛陀在《仁王护国般若波罗蜜多经》中，也将护法之责交付国王，以收"上行下效，风行草偃"之功。此可证之于佛世时，因为有频婆娑罗王、波斯匿王的护持，佛教才能传遍五印度。佛陀灭度后，阿育王修建八万四千座佛舍利塔，并派遣布教师到锡兰等地弘法，使得佛教得以向外弘传，广宣流布。中国因有东汉明帝派遣郎中蔡愔西赴天竺迎请迦叶摩腾、竺法兰等高僧来华弘法，佛教因此得以传入中国。至于中国佛教的译经事业，大多是由于历朝帝王保护，设置译经院，因而得以完成，如鸠摩罗什大师受后秦姚兴的护持，在西明阁从事译经，而有《法华经》《中论》等七十四部三百八十四卷经论流传后世；玄奘大师在唐太宗的支持下，译出《大般若经》《成唯识论》等七十五部一千三百三十五卷经论，使法宝圣教的光辉普照于中国。

　　佛教与政治的关系，可以说有如唇齿相依，关系密切，因此若问佛教徒可以从事政治吗？答案是肯定的。观世音菩萨以三十二应化身游诸国土，度脱众生，其中即有国王、宰官、大将军身，以其政治背景，为众生创造富足安乐、无有怖畏的人间净土。佛陀为国王们讲说转轮圣王的理想政治，乃至历代国师以佛法的智慧辅佐帝王治理国家，都在证明佛教徒可以参政，但不必直接干治的中道思想。

　　也就是说，我们应该保有"问政不干治"的态度，但是如果有佛教徒参与政治，其实也没有不对。现代社会应该要有雅量接受，不能剥夺佛教徒乃至僧侣关心国家社会的权利，因为出家是信仰，参政是人权。

　　至于佛教徒能否参战？其实佛教本来就有在家与出家二众，即使是出家的比丘也有服兵役的义务。既然服兵役，国家是大我的生命，是众人所依，为国捐躯，为国牺牲，为国杀敌，为国而战，不管在法律或舆论共识上，都会有公论的。就是在佛教，也有所谓的"三聚净戒"，包括了摄律仪戒、摄善法戒、饶益有情戒，其中，饶益有情戒是属大乘菩萨戒，所以佛陀在因地时为救五百个商人曾杀一个盗匪，这种为慈悲救人而杀，为饶益有情众生而杀，不是为嗔而杀，好杀而杀，非一念之仁、片面之仁所能比拟的。同样的，佛教徒参战杀敌，他不是为嗔恨而杀人，而是为尽忠报国，为了救生民于水深火热之中。如此救国救民之举，绝非妇人之仁可喻。

　　曾有人要入籍美国，但表示不愿上战场捍卫美国，移民官便不发给他美国公民证。所谓"舍生取义"，是圣贤的行为，这时的参战也未尝不可。不保护自己的国家，对国家社会没有帮助，不顾及世间之所需，是会被国家社会遗弃的。

　　再说，国家战争也不全然是残杀无辜，有的王师之军是为了惩罚坏人、暴徒，有的救人于水深火热，有的保家卫国，在战争中也能表达仁爱、慈悲，在战争中更能发菩提心，行菩萨道，救济伤亡。

当然，战争是不得已的手段，非到必要时最好能用其他的方法。例如和平、道德、感动的力量都远胜刀枪。在中国的三国时代，诸葛亮"七擒孟获"，他知道杀一个孟获容易，但还会有无数个孟获起来反抗，所以用感动的力量才可以让人心服。

其实，佛教徒在修行的过程中要降魔，降魔就如战争。每个人内心里也有八万四千个烦恼魔军，也要降魔，也要战争。至于现实生活中能否参战？这就要看自己的人生观。如果是小乘修道者，小乘人要求消极的慈悲，在任何情况下都不杀生，这当然是好事；但大乘佛教主张在必要时，也能以力量折服敌人。所以参政、乃至参战与否，就看自己是发小乘的自了心，还是行大乘的菩萨道而定了。

总之，人本来就是政治动物，关怀社会则不能不关心政治，政治是管理众人的事，人是群居动物，无法离群索居，势必与大众有密切关系。既然无法离开群众，自然不能远离政治而生活。所以，佛教对于社会的关怀、人权的维护、民众的福祉，自是不能置身事外，当然也不能以远离政治为清高。所谓"问政不干治"，个人可以不热衷名位权势，但不能放弃关怀社会、服务众生的责任。也就是说，今日佛教徒为了弘法利生，对政治不但不应抱持消极回避的态度，相反的，应该积极关心，直下承担。这正是人间佛教菩萨道的实践。

◆过去有人主张"乱世用重典"，尤其对重刑犯处以死刑，以收警戒之效。但现在是个讲求人权的时代，有些国家和地区立法废除死刑，有则持保留态度。请问大师对死刑存废的看法，以及执行死刑是杀生吗？人有权利剥夺另外一个人的生命吗？

星云大师：在《论语·为政篇》里，孔子讲："道之以政，齐之以刑，民免而无耻；道之以德，齐之以礼，有耻且格。"意思是说，以政令教导，以刑罚管束，百姓虽会为求免于刑罚而服从，但不知羞耻；唯有以德行来教化，以礼制来约束，百姓才会知道羞耻而走上善的正途。

现在的社会由于功利主义挂帅，导致价值观念严重偏差，造成种种失序的现象。有人主张"乱世用重典"，希望通过严刑重罚来遏止犯罪。但是法律的制裁虽能起恫吓作用，往往只能收一时治标之效，却不能杜绝犯罪于永远。因此佛教认为，正本清源之道应是宣扬因缘果报的观念，人人持守佛教的戒律，体现慈心不犯、以法摄众、以律自制、因果不爽、忏悔清净等教义，才能确实改善社会风气。是以佛光山与佛光会多年来不断发起、举办各种净化人心的活动，诸如"七诫运动""慈悲爱心列车"，乃至"三好运动"。"三好运动"即做好事，说好话，存好心。无非是希望用"三好"来去"三毒"，让我们的社会能化暴戾为祥和，化嫉妒为赞美，化贪欲为喜舍，化浊恶为清净。

不过，佛法虽能防患罪行于未然，对于一些未受佛法化导而已然违法犯纪的人，还是需要法律给予适度的制裁，才能维持社会的秩序。例如小自拘禁、易科罚金，大至对叛国、贩毒、杀人等重刑犯处以死刑等。但是现在有一些国家以维护人权的立场，主张废除死刑。也有的主张"除恶之本，莫过于死"，因此对死刑的废除采取保留态度。

死刑的存废争议由来已久。死刑对遏止犯罪到底能发挥多大的成效？记得蒋经国执政的时代，台湾凡是犯下抢劫案的人，不问理由，一律枪毙，倒也发挥一时的吓阻作用。但现在抢劫案很多，不因枪毙就没有，反而更多。究其原因，除了时代、环境、人性等种种因缘不同以外，古代的死刑执行手段千奇百怪，诸如斩、枭首、戮、戮尸、弃市、肢解、剖心、炮烙、凌迟、射杀、醢（捣成肉泥）、活埋、车裂、磔（分裂人体）、具五刑（五种极刑并用）等等，任何一种方法都足以令人痛彻心扉，闻之丧胆。现在的死刑则愈来愈人道，坐电椅、打麻醉针，甚至一枪毙命，其所带来的痛苦是短暂的，似乎已不足以产生吓阻之效，因此有很多暴徒不断向法律挑战，如此也就更加不得不有制裁的手段。

至于执行死刑是否杀生？记得二十多年前，台南市有个杀人犯，连续杀了七个人，后被判处死刑。当要被枪毙的时候，因台湾多年没有实行死刑，所以监狱里无人敢受命，只好从台北"国防部"请了四位宪兵执行。这些执行枪毙的宪兵有罪过吗？没有罪过，因为他们是在执法，而不是杀生。执着不杀生，反成了法执。所以执行死刑的人构不上杀生罪，因为他不是主动杀人，而是执行法律。对他而言，只是一种任务，并没有杀心。只是社会上一般人对刽子手必然也会有不好的看法。

凡事都离不开因果，对于有些国家主张废止死刑，如果死刑废止了，完全没有因果也不行。试想，一个人杀了多少条人命，自己却不受因果，总是说不通，所以有时候要"乱世用重典"。但是判处死刑太多也不合人道，完全废止也不是办法。唯有号召全民的力量和觉性，从"净化心灵，重整道德，找回良知"做起，才能改善社会风气。此中提倡受持"五戒"最能发挥成效，因为如果一个人受持五戒，自己的人格道德就能健全；一家都能受持五戒，一家的人格道德都能健全；一个团体、一个社会、一个国家，乃至全人类都能奉持五戒，那么国家的安和乐利，世界的和平，人间净土的完成，也就指日可待了。

◆世间的法律，因过失杀人或自卫杀人，一般都会从轻量刑。请问大师，从佛法的观点来看，自卫杀人有罪过吗？

星云大师：自卫杀人，有没有罪过？这要看自卫的程度，有时候可以用另外的方法自卫，不必一定要杀人。比如为防小偷，吓唬他不敢来，或防备严密，最为上策；小偷上门了，把他吓走，也不失为中策；遭了小偷，造成财物损失，或与之打斗，此乃下策。

现在美国枪支泛滥，就是因为让美国人拥有枪支自卫。中国人过去一般家庭中都备有棍棒，也是为了保护一家安全。现在有的人雇请保镖、侍卫，也都是为了自卫。多年前在台湾的北投曾发生一桩案件，一名台湾人刘自然被美国士兵用枪打死，结果美国判决该士兵无罪，理由是自卫杀人。此事在台湾引起轩然大波，由此可见美国对自卫的重视。

另外，在美国也发生过两个小孩到邻居家的院子玩，结果被屋主打死，杀人者同样被判无罪的事件。美国人对个人的隐私权极为保护，所以每个国家对自卫杀人的定义、看法、判刑程度，都没有一定的标准。有的人认为自卫杀人，理由正当；也有的人觉得因自卫而杀人，太过分了。

其实自卫可以用很多的方法，最好不要让杀人事件发生。例如家中装设警铃、红外线、摄影机。尤其财勿露白，不要引起别人的觊觎，自能减少危机。

在佛教来讲，自卫杀人也是杀生，杀生当然有严重的罪过，不过视其杀时的动机、心态，也有程度上的不同。例如有的人是过失杀生，有的是奉命杀生（如刽子手），有的为保护国家而杀害敌人；有的为了生活而捕鱼打猎，有的为了生存而杀生，像肉食动物，包括人类。但也有人虽有杀生之行，但没有杀心，其罪较轻；具有杀心之人，罪无可逭。总之，不管如何，自卫杀人总是有罪，只是轻重不同而已。

◆佛教提倡吃素不杀生，但是吃蔬菜水果可以吗？蔬菜水果有生命吗？甚至素食者能吃鸡蛋吗？请大师开示。

星云大师：戒杀生，主要是长养我们的慈悲心。《涅槃经》说："食肉者，断大慈种……若行若住若坐若卧，一切众生闻其肉气悉生恐怖。"所以佛教提倡吃素，主要是不忍心杀害鸡、鸭、猪、羊等动物的生命，也就是不忍众生苦。因为动物有心识，你伤它的命，吃它的肉，它会害怕、恐惧、痛苦。所谓："我肉众生肉，名殊体不殊；原同一种性，只为别形躯；苦痛由他受，甘肥任我需；莫叫阎王断，自揣应如何？"儒家也有"见其生，不忍见其死；闻其声，不忍食其肉"。所以佛教主张不杀生，主要是指有生命的动物；至于蔬菜水果等植物只有生机，没有心识，因此它没有痛苦，所以吃蔬菜水果为佛制所许可。

但是也有人质疑，佛教讲"花草树木皆能成佛"，植物既能成佛，难道没有生命？佛教徒吃蔬菜水果难道不算杀生？这个问题就像常有人问：地藏王菩萨到地狱度众生，他发愿"地狱不空，誓不成佛"。地狱会空吗？如果地狱永远没有空的一天，地藏王菩萨是否永远成不了佛？其实，地藏王菩萨心中的地狱早就空了。意思是说，"树木花草能成佛吗"？人能成佛，树木花草当然也能成佛。人是有生命的有情，而树木花草一般说只有生长的机能现象，并没有心识，它怎么能成佛呢？只要我成佛，我心里的法界、我心中的宇宙万有都会跟着我成佛。也就是说，不是树木花草成佛，而是我成佛了，它们是我生命之流所流出，所以因为我成佛而能成佛，这就是佛教所谓的"情与无情，同圆种智"。

吃蔬菜水果算不算杀生？由于植物与动物不一样，植物只有"生机"（生长的机能），没有"心识"，所以青菜萝卜只有物理上的反应，没有心识的反应；有"心"，佛教才承认它是生命，因此吃素不算杀生。

至于素食者能否吃蛋的问题，见仁见智。好吃者，自有很多理由；不好吃者，也有很多说法。重要的是，佛教主张吃素，不是"吃"的问题，而是为了净化心灵、清净行为。有一些人虽然口说不吃鸡蛋，但是平时所吃的蛋糕、饼干，其实都掺有鸡蛋。再说，西藏佛教喇嘛吃牛肉、羊肉，南传、日本僧人也吃鱼肉，对某些人而言，吃未受精的鸡蛋并不是个严重问题。只不过佛教戒律中有一条讥嫌戒，也就是要避人讥嫌。例如佛教徒为了吸引荤食者吃素，特意将素菜做成荤菜的样子，或取荤菜的名称，虽说"欲令入佛智，先以欲勾牵"，但不宜太过分，形象、味道弄得太像，难免让人讥嫌。

因此佛教徒能否吃鸡蛋？有的人为了避免吃鸡蛋逢人便要解释：这是饲料鸡产的蛋，未受精，不能孵小鸡。为了避讥嫌，于是干脆不吃；但有的人吃蛋素，也不是严重的问题。

◆物竞天择，这是自然发展的定律；弱肉强食，这是万物维生之道，甚至有人认为猎杀飞禽野兽，才能维持生态平衡。请问大师，佛教对素食与肉食的看法如何？

星云大师：素食是中国佛教特有的饮食习惯之一，其他国家的佛教徒很少吃素。中国佛教之所以提倡吃素，原因有二：一是儒家所谓"见其声，不忍见其死；闻其声，不忍食其肉，是以君子远庖厨"；二是佛教经典中也提到要不断大悲种，慈悲而不杀害动物生命。素食有很多好处，可培养仁慈的心，养成柔和的性格及耐力。西方国家的医学界早已极力提倡减少肉食，因为肉食容易造成血管内积聚太多的脂肪与胆固醇，导致血管硬化与阻塞病症，而素食则有益清除体内毒素。

站在佛教的立场，其实不一定要佛教徒全然吃素，吃不吃素是一个形式，心地的清净最为重要。平时我们也常听到不信宗教的人说：只要心地善良，不做坏事，何必要吃素呢？乍听之下，好像很有道理，若仔细去想，便发现此中有矛盾。如果是一个心地善良的人，怎忍心把自己的欢喜建筑在众生的痛苦上呢？只管自己的口腹之欲，却无视于被杀者的惨痛，这还能说是心地善良吗？佛教劝人素食，主要是为了长养慈悲心。连儒家对食肉都有"见其生，不忍见其死；闻其声，不忍食其肉，是以君子远庖厨"之言，可见吃素食对长养慈悲心有其重要意义。

不过素食者也不能矫枉过正，不要为了一人吃素影响大家，而造成他人对佛教反感。所以能够素食当然很好，如果无法全素，有条件的吃三净肉、肉边菜也可以。只不过现代人喜欢"活吃"实在太残忍了。平时我们在日常生活中，偶一不小心割伤或烫伤手指，即感痛楚，然而当我们为了一己口腹之欲，杀鸡拔毛，宰猪杀牛，活鱼生吃时，可曾体会它们的垂死之痛？所谓："一指纳沸汤，浑身惊欲裂；一针刺己肉，遍体如刀割。鱼死向人哀，鸡死临刀泣；哀泣为分明，听者自不识。"

另外，有一些肉食主义者认为，肉食能使生态平衡。根据最新的研究报告指出，现代社会为了大量供应肉食的需要，以一贯作业大量生产的方式养殖牲畜鱼虾，不仅耗费大量的土地、水源、电能、人力、粮食，而且砍伐大量的天然森林。肉食文化造成森林消失、土地贫瘠、温室效应、环境污染，将会招来地球反扑的恶果。其实世界上所有的生物，彼此相互依存，必须均衡发展，但由于人类长久以来的滥杀、滥捕，已经导致生物链的破坏，乃至许多动物濒临绝种的危机。试想鱼在水中悠游戏水，是多美好的生态现象，但是在台湾有些贪婪的渔民过去用竿钓，用网捕鱼，现在用炸、用毒、用电，水里的鱼虾不分大小，不是被炸昏、电昏，就是被毒死、电死，真正是赶尽杀绝。甚至每年灰面鹫和伯劳鸟都会从台湾的屏东恒春过境，也总是有一些人会想尽方法去猎捕残杀。人类这样破坏生态，大自然的资源慢慢枯竭，实乃自绝生路，终将自食恶果。因此在加拿大有一条法律，只要钓到的鱼不满一尺，一定要再放回水中，不然就会受到法律的制裁。他们对于维护自然资源，实在很有远见。

谈到生态平衡，自从 1872 年美国成立世界第一座国家公园——黄石公园，一百多年来，经由不断地研究，自然与人间的关系逐渐为世人所了解。地球上的生物及无生物环境，因为物质、能量的相互交换而造成自然界的平衡，这种平衡关系称之为"生态系"。而人只是整个能量循环中的一个环节，人只是自然界的一分子，而非主宰。如果人们不节制、不善用自然资源，一旦资源耗尽，环境就会严重污染，生态平衡就会遭到破坏。

因此，我们对生命要护其生存，凡是有生命的东西，不要说一个人，就是一只小麻雀、一条鱼、一只蜻蜓、一只蝴蝶，甚至山河大地、一花一木，只要是有生命的东西，我们都要保护他的生存。因为人与自然万物是"同体共生"的关系，唯有彼此尊重，才能共存共荣。

◆常见一些佛教徒喜欢在法会中"放生"，借此祈福消灾，但往往因为"放生"不当反而造成"杀生"。请问大师，佛教对"放生"的看法如何？

星云大师：佛教徒的慈悲，充分表现在对生命的尊重上，不仅尊重人权，而且尊重生权，所以主张不杀生，进而倡导放生。

放生的立意很好，本来应该值得嘉许，但是许多不当的放生最后反成"放死"，所以值得商榷。例如，有人为了庆生、祝寿，让人抓鸟、捕鱼再来放生；飞鸟、鱼虾禁不起折腾，"生"未放得，早已"死"去许多；有些豢养的鸟类则因没有野外求生的能力，放出去没多久就饿死了。甚至还有一些不当的放生，如买毒蛇放生，危害到人的安全；把乌龟放到放生池里去吃鱼；把食人鱼放生到鲤鱼潭、日月潭去吃人；把淡水鱼放到海里，把海水鱼放到淡水中等等。凡此刻意的放生、不当的放生，虽美其名曰放生，实际上是不如法的、不道德的，所以佛教提倡随缘放生，不要刻意放生，进而要护生。

佛教的护生思想，如《梵网经》菩萨戒云："若佛子以慈心故行放生业，应作是念：'一切男子是我父，一切女人是我母，我生生无不从之受生，故六道众生皆是我父母，而杀而食者，即杀我父母，亦杀我故身。'若见世人杀畜牲时，应方便救护，解其苦难，常施教化，讲说菩萨戒救度众生。"

佛教提倡不杀生而积极护生，是对一切有情生命的尊重，从一些偈语可以得到印证。诸如："我肉众生肉，名殊体不殊；原同一种性，只为别形躯。苦痛由他受，甘肥任我需；莫叫阎王断，自揣应如何？"

"谁道群生性命微，一般骨肉一般皮；劝君莫打枝头鸟，子在巢中望母归。"佛教戒律对于动物的保护，有着积极的慈悲思想。白居易的《护生诗》写道："谁道群生性命微，一般骨肉一般皮；劝君莫打枝头鸟，子在巢中望母归。"所以根据《六度集经》记载，佛陀在过去世为鹿王时曾代替母鹿舍身，感动国王制定动物保护区，禁止猎杀。佛世时阿育王广植树林，庇荫众生，设立动物医院，规定御厨不得杀生等，凡此都是佛教对于护生的最好示范。

到了中国，常以佛教徒自居的梁武帝，著有《断酒肉文》，并曾颁行禁屠诏令；以佛教精神统治天下的隋文帝，在开皇三年诏示天下："正、五、九三月为长斋月，以及每月六斋日禁杀一切生命。"唐高祖在武德二年也曾诏示："庶民须习佛制，今后每年之正、五、九月，及月十斋日，一切人等不许执行刑戮，杀害动物，捕杀鱼贝。此禁令即为国制。"由于帝王崇佛，使体现慈悲精神的戒杀运动能普及于全国。此外，天台四祖智者大师，曾居住在南方沿海一带，每日见渔民们罗网相连，横截数百余里，滥捕无数的鱼虾生灵，心中不忍，于是经常购买海曲之地，辟为放生池，共遍及全国 81 个地方。开皇十四年，他应请开讲《金光明经》，阐扬物我一体的慈悲精神，感化以渔、猎为业者，共有一郡五县一千多处，全部止杀而转业。

宋初天台的义寂法师，常应村人邀请，浮舟江上，一面放生，一面讲

《金光明经·流水长者子品》；唐代译经僧法成法师，曾在长安城西市疏凿一大坑，号曰"海池"，引永安渠的水注入池中，作为放生之处；唐初杭州天竺寺的玄鉴法师，常以爱物为己任，将寺前通往平水湖的河流作为放生池，并得到太守的批准，禁止人们在六里内捕鱼。明朝莲池大师撰《戒杀放生文》以诫害物，并在云栖寺设置放生场。寺里的僧众则自减口粮节约两百石，用来赎换鸟类，将其放入放生场中。唐末五代永明延寿禅师，未出家前，曾任华亭镇将，督纳军需。因私用官钱买生禽鱼虾等放生，事后被判处死刑，在押赴市曹行刑时，面无戚容。典刑者追问其详，他坦然地回答："动用库钱是为了护生，自己并没有私用一文。"后来，被无罪释放。

由于佛教僧侣们"以爱物为己任"，广行放生，不但拯救无数生灵，且蔚成社会善良的风气。甚至过去祖师大德因慈及六道众生，尤其是畜生道，感得与虎豹共处而无阻扰的事例很多。例如隋代慧日道场的慧越法师，于群兽前来时，为其说法，老虎的凶性不但不发，更以法师的双膝为枕，时人传为美谈。新罗慈藏法师，日常以慈救为先，隐居山林，绝粮数日，感得异鸟衔果供养。《杂宝藏经》载，一位即将命终的沙弥因为抢救落水的蚂蚁而得延长寿命。这种种的例证无非启示后人，"护生"是做人的基本道德，也是化暴戾为祥和的利器。

然而现代的人，不论是天上的飞禽，地上的走兽，或海里的生物，无一不食，恣逞口腹之欲，任意杀生，不但增加内在心灵的污染，也影响到外在自然界的生态平衡，增加暴戾之气。

有一次我到佛光山北海道场上课，车行经过淡金公路，看到沿路都是露天的海鲜餐馆、钓虾场，内心忍不住涌起"为什么要用杀生来娱乐"的感叹。

豢养宠物是现代人的时尚，然而所谓："人在牢狱，终日愁欷；鸟在樊笼，终日悲啼。聆此哀音，沁入心脾；何如放舍，任彼高飞。"把鸟雀关在笼里形同囚犯；如此虐待动物，亦不合护生之道。因此不虐待动物也是护生，例如不倒提鸡鸭、不鞭笞牛马、不弹射鸟雀、不垂钓鱼虾等。只是现代社会，钓鱼、钓虾场到处林立，有的人虽然醉翁之意不在酒，纯粹以垂钓为乐，尽管钓上来之后又再放生，但当下已对鱼虾造成伤害。如此欺负弱小，何乐之有？

佛教的慈悲心是普及一切众生的，所以杀生被列为佛教的根本大戒；放生更是佛教"无缘大慈、同体大悲"的慈悲心体现。不杀生而护生进而倡导生权平等，最合乎现代举世关心的生态保育，所以护生就是保护自然生态。所谓"情与无情，同圆种智"，对无情而言，哪怕是一花一木、一沙一石，乃至一支笔、一张纸、一条毛巾、一块地毯，任何物品都有生命，都应好好维护它的功能，延长它的使用年限，发挥它的效用价值。这是佛教对放生的广义诠释。

总之，放生要随缘行之，更重要的是能护生。护生最大的意义是放人一条生路；给人方便、给人救济、给人善因好缘、助成别人的好事等，这才是最好的放生之道。

◆**现在各国自杀人数都有节节攀升的趋势。请问大师，自杀也是杀生吗？从佛教的因果定律来说，杀生者会得到何种果报呢？**

星云大师：自杀也是杀生，是不道德的行为，佛法不允许人自杀。因为从佛教的因缘法来看，每一个人的生命并不是属于个人所有，这具血肉之躯最初是由父母结合而生养，并且从社会接受种种所需以茁壮、成长。生命的完成既是社会大众的众缘所成就，当然也应该回报于社会大众，因此每个人都有义务活出生命的意义，但是没有权力毁灭任何生命，包括自杀。

自杀是对生命无知的表现，人之所以会自杀，推敲自杀者的动机，有的是心理问题，想不开；有的是情场失意，失去人生动力；有的是经济困难，失业无助；有的人是身体不好，久病缠身；也有一些人是无法达成所求，以死抗争。其实，一个人既有勇气自杀，死都不怕，还怕什么呢？再说，自杀并不能解决问题，只留下问题，增添别人的负担和困难，加深别人的痛苦，所以自杀也是杀生，不但有罪，而且比杀人更严重，更加重其罪业。

至于杀生者会得到何种果报？根据《大智度论》卷十三说："若杀生者，为善人所诃，怨家所嫉；负他命故，常有怖畏，为彼所憎；死时心悔，当堕地狱，若畜生中，若出为人，常当短命。"又说："若人种种修诸福德，而无不杀生戒，则无所益。何以故？虽在富贵处生，势力豪强而无寿命，谁受此乐？以是故知，诸余罪中，杀罪最重；诸功德中，不杀第一。"

世间之罪，无过杀生。反之，世间最大的功德，就是慈心不杀。佛陀曾说："第一施就是不杀生，如果有众生持不杀戒，就能以慈心对待一切众生，必然不会有所恐惧。"另外，《分别善恶所起经》说，人于世间，慈心不杀生，可得五福："一者寿命增长；二者身安隐；三者不为兵刃、虎狼、毒虫所伤害；四者得生天，天上寿无极；五者从天上来下生世间则长寿。"甚至在《贤愚经·重姓品》里记载，一位重姓比丘过去世持不杀生戒，感得虽遭堕水鱼吞诸难却能不死的果报。

世间最宝贵者，即为尊重生命；最恶劣者，就是残杀生灵。所谓："爱自命者，则不杀生；爱自财者，不盗他物；爱自妻者，不侵他妻。"（《宝箧经》）这种同理心就是一种慈悲。慈悲不杀才能得到长寿的果报，杀害生灵而祈求长命百岁，犹如把油倒到水中，却要油沉下去。如此不合因果之道，自然无法如愿。

佛教讲"因果"，"因果"是宇宙人生的实相。佛教所说的因果不仅仅是劝人行善的说辞，也不能只是当成一门理论学问来研究，举凡日常生活中的衣食住行，乃至人我相处、信仰、道德、健康、经济等，都各有其因果关系。譬如肚子饿了，吃饭就能解饥，吃饭是因，腹饱就是果；又如一个人勤勉不懈地工作，因此赚了很多钱，努力是因，赚钱就是果。

只是一般人往往错解因果，因此对信仰就有很多不正当的要求。比如吃素为求延年高寿，拜佛为求佛祖保佑他升官发财，这都是错乱因果的谬见。其实，信仰有信仰的因果，道德有道德的因果，健康有健康的因果，财富有财富的因果。因此，若要身体健康，就必须调心行善，多做运动，注意保健，心安自然体泰；若要财源广进，就必须多结善缘，勤苦耐劳，信守承诺，有智慧能力，自助而后天助。

因果，是事实，是人间的实相，也是很高深的哲学；有因必然有果，它的准确性即使现代的电脑科技也比不上。因果报应不但为人间所不能勉强，苍天所不能更易，即使鬼神也不能违抗。它支配了宇宙人生的一切，也种下了横亘过去、现在、未来的三世因缘。《涅槃经·遗教品》就郑重指出："善恶之报，如影随形；三世因果，循环不失。此生空过，后悔无追！"

三世因果，俱由业识所成，因此世人欲求长寿富贵、子孙满堂、家庭和谐、平安吉祥、智慧庄严等福报，唯有持戒行善，慈心不杀；而且不但爱惜自己的生命，更莫为了祝寿、喜庆、亲友聚会而杀生，如此不但不能长寿，反而减损寿命。如果人人都能正确认识因果，必能惜生爱命，继而推己及人。

◆**现在举世天灾人祸不断，有人说这是人类杀业太重的果报。请问大师，佛教慈悲戒杀的教义可以改善社会风气，甚至转变人类的共业吗？**

星云大师：佛教讲因果业报，每个人投生到世间为人，除了依个人的三业善恶好坏，感得的正报有智愚、美丑、高矮、胖瘦等差别以外，众生共通的业因则能招感自他共同受用的山河、大地等器世间，这是依报的业，称为共业。

业，就是行为；行为的善恶可以招感各种祸福。一个人在生活中因"别业"与"共业"而遭遇的灾难，大致有自己招感而成的"自灾"，如疾病、残障、失业等；因人制造出来的"人灾"，如绑票、贪官、杀戮、中伤、毁谤等；由大众共业所成的"共灾"，有大自然的风、火、水、旱、震灾，乃至战争、虫害、瘟疫等天灾人祸，这些大家共同感受到的灾难，就是众人的业报所招感，称为共业。2003年5月SARS流行，世界各地都同受威胁，一时引起举世的恐慌，这就是大众的共业所成。甚至翻开历史的扉页，几乎每隔一段时期必会有一些传染病的流行，对人类的生存造成极大的危机。这些共灾必须通过大众的觉醒，共同行善止恶，才能消业。所以当年 SARS 流行时，我立即手拟《为 SARS 疫情祈愿文》，在第一时间发表，并为大众祝祷，以抚慰当时惶恐的人心。在文中，我呼吁大家：如果仅止于某一人、某一行政机构的应变、努力，都缓不济急；只有唤起全体人民的觉醒，大家共体时艰，人人修德净心，改善社会风气，净化全民人心，才能转化共业。

甚至我在 2003 年 7 月应邀到大陆南普陀寺参加"海峡两岸暨港澳佛教界为降伏'非典'国泰民安世界和平祈福大法会"中也说，非典肆虐乃众生业力所致，所以降伏非典的重要武器是净化身心，人人做好事、说好话、存好心，内心有了善的力量，即能消除恶业，所以消灾、消业比祈福更重要。而消灾的方法可以通过忏悔发愿、广结善缘、给人欢喜，乃至修五戒十善、行四摄法、八种正道、六波罗蜜、四无量心、三无漏学等，所谓"有光明就能去除黑暗，有佛法就能求得平安"，只要人人奉行佛法，不但可以消灾，而且可以改善社会风气，净化人心，自然能够转化大众的共业。

记得有一次我应邀到军队中讲演，校长希望我具体说明佛教对于国家、社会能有什么贡献？当时我说，举凡三藏十二部的圣典，都可以有益于国家社会。简单地说，只要一个五戒，就可以治国平天下。

五戒就是不杀生，不偷盗，不邪淫，不妄语、不饮酒。现在社会上许多作奸犯科、身系囹圄的人，无不是违反五戒之故。譬如杀人、伤害、毁容，就是犯了杀生戒；贪污、侵占、抢劫，就是犯了偷盗戒；妨害风化、破坏家庭、重婚、强奸、拐骗，乃至贩卖人口，都是犯了邪淫戒；诈欺、恐吓、倒会，就是犯了妄语戒。而所谓饮酒戒，除了饮酒外，包括吃鸦片烟、吗啡、吸食强力胶等毒品，不但伤害自己的智慧，还会做出伤天害理的事。

如果人人都能受持五戒，则不杀生，对于他人的生命能够尊重而不侵犯，生命就能自由；不偷盗，对于他人的财产不侵犯，财富就能自由；不邪淫，对于他人的身体、名节不侵犯，身体、名节就能自由；不说谎，他人的名誉、信用就不会受到伤害；不饮酒，甚至不吃毒品等刺激的东西，对自己的健康、智慧不伤害，同时也不会侵犯他人。如此不但牢狱里没有犯人，尤其如前所说，个人能持五戒，个人的人格道德就健全；一家都持五戒，一家的人格道德都健全；一个团体、一个社会、一个国家都能奉持五戒，则国家社会必和谐安定。因此，只要弘扬佛教慈悲戒杀的教义，只要人人奉行五戒，自然可以改善社会风气，甚至转变人类的共业，这是不容置疑的事实。

第八讲

佛教对生命教育的看法

　　人从出生的那一刻起，就必须为生命的存在与意义而奋斗。因为，人活着不应该只是追求尸位永存，生活也不能只是为了三餐温饱；生命的可贵，在于活得对自他有益，也就是要能活出生命的意义、生命的价值与生命的尊严。

　　生命的意义、生命的价值在哪里？如何才能活得有意义、有价值、有尊严？乃至生命的本质为何？生命的真相是什么？这些都是提倡"生命教育"的重要课题。甚至当我们在实现自我生命意义的同时，如何与宇宙众生、自然环境等外在因缘展现同体共生，彼此尊重和谐地共存共荣，这都是生命教育所应涵盖的范畴。

　　生命教育是近年来才受到社会关注的重要议题，然而在佛教里，早在两千多年前佛陀宣说的"缘起法"，就已说明生命是彼此相互关系的存在。佛陀以"十二因缘"说明生命的由来与三世轮回的关系，帮助我们解答"生从何来，死往何去"的生命之谜；佛教的"三法印""四圣谛""八正道""缘起""中道""空性"等真理，都能帮助我们认识生命的本质，了解生命的意义，创造生命的价值，活出生命的希望。

　　由于佛教的教义最能贴近"生命教育"的意涵，所以多年来每逢寒暑假，"教育部"与国际佛光会合办的"全台教师生命教育研习营"，总是选择在佛光山上课。2003年8月23日，两千多名参加"生命教育研习营"的老师们，就在这样的因缘下，与佛光山海内外主管共同在如来殿大会堂，参与了一场由星云大师主持的"佛教对'生命教育'看法"的座谈会。

　　谈到生命，星云大师首先开宗明义说："人活在世间，就是因为有一条命，没有命，也没有身体，就没有活动；因为有命，才有世界、才有人我、才有幸福、才有欢喜，生命的重要于焉可见。"

　　生命不仅仅限于人类，星云大师认为，广义来说，它就是每一个众生的心。例如，宇宙世间，山河大地、一花一草、一沙一石，甚至一件衣服、一张桌子，都有它的生命。一件衣服，如果不懂爱惜的人只穿三个月就坏了；懂得爱惜它，可以穿上十年、二十年，它的生命自然比较长久。

一张桌子，小心搬动，好好爱护，可能几十年不坏；假如才买回来的新沙发，让小孩子在上面蹦蹦跳跳，不要几天就坏了，它的生命也等于死亡了。不过，这还是浮面的，真正的生命是"心"，这是死不了的。因此大师认为，在大自然里，到处都有生命，生命就在时间之流、空间之流，乃至情爱之流中，就看你用什么样的眼光去认识它。

大师还强调，佛教提倡不杀生，不杀生是一种慈悲；不杀生而护生，进而倡导生权平等，这是最合乎现代举世所关心的生态保育，也是最积极的生命教育。

在两个小时的座谈会上，星云大师从佛教的观点，指导大家重新认识生命，进一步尊重生命、爱护生命，继而创造生命的价值，圆满生命的意义。以下是当天座谈的纪实。

◆现在"教育部"积极在推动"生命教育"，但是谈起生命，一般人常有"生从何来，死往何去"的迷惑。请问大师，生命到底从何而来？佛教的教义能否为我们解答生死之谜？

星云大师："生从何来，死往何去？"自有人类文化以来，生命的起源就一直困扰着无数的思想家、哲学家。有不少人穷其一生努力在探究，急欲解开这个谜题。但千古以来，唯有释迦牟尼佛和历代悟道的禅师们为我们道出了原委，却又不易为人所了解。一般人对生命到底从何而来？如古人云："齐生齐死，齐贤齐愚，齐贵齐贱；十年亦死，百年亦死，仁圣亦死，凶愚亦死；生则尧舜，死则腐骨；生则桀纣，死则腐骨；腐骨一矣，孰知其异？"

由于古今人士对生命的所以然，大都所知不多，因此有人把人生的历程看成"来是偶然，去是必然，尽其当然，顺其自然"。也有人说："人是在无可选择的情况下接受了生命，然后在无可奈何的条件下度过了生命，最后在无可抗拒的挣扎下交还了生命。"就连孔子都教诫他的门人子路说："未知生，焉知死？"何况是一般人？其实，一个真正有智慧的人，应该懂得寻找生命的根源，提起"生从何处来，死往何处去"的疑情。生，不会像孙悟空一样，突然之间从石头里蹦出来。人既不是石缝里蹦出来的，也不会无缘无故从天上掉下来，那么人到底是从哪里来的呢？依一般世俗的说法，人是父母所生！父母从哪里来？从祖父母来！祖父母从哪里来？从曾祖父母来！曾祖父母从哪里来？一代一代往上追溯，最后就不得而知了。

佛教说，生命是缘起而有的。缘起是什么？就是由很多的条件因缘合和而有，不是单一存在，也不是突然而有。

根据佛教的"十二因缘"说，有情众生由于累劫的"无明"烦恼，造作各种"行"为，因此产生业"识"。随着阿赖耶识在母体子宫里渐渐孕育成色心和合的生命体，是为"名色"；名是生命体的精神部分，色则指物质部分。数月之后，生命体的眼、耳、鼻、舌、身、意六根成熟，称为"六入"；胎儿脱离母体后渐渐开始接"触"外境，并对外界的苦乐感"受"产生"爱"与不爱，进而有了执"取"所爱的行动，结果由于身、口、意行为的造作，又种下了后"有"的生命体；有了"生"终将难免"老死"，"死"又是另一期生命的开始。

于是"因为'无明'的关系而有了'行'为，有了行为就产生业'识'，有了业识，所以有精神与物质的'名色'，有了名色故而有眼耳鼻舌身心等'六入'，通过六入与外境接'触'，有了触觉就有苦乐的感'受'，有了感受就会拣择贪'爱'，有了贪爱进一步就会执'取'，执取的结果有了后'有'的生命，因为后有的因缘而出'生'，生命又会随着缘灭而'老死'"。因此在十二因缘的循环之下，有情众生一期又一期的生命便因此流转不已。所以佛教的"十二因缘"，明示一个人的生命是三世流转的，从过去到现在，从现在到未来，循环不已，这也是佛教和其他宗教对生命看法的最大不同。

佛教的主张是："人从哪里来？""人从死来。""死从何来？""死从生来！"人有生老病死，世界有成住坏空，我们的心则有生住异灭，生死永远不停止，就像时钟一样，从一点走到十二点，再由十二点走到一点，循环不已。哪里是开始？到哪里才能结束？事实上没有起点，也没有终点。就等于常有人问："先有鸡？还是先有蛋？"如果先有鸡，没有蛋，怎么会有鸡呢？先有蛋，没有鸡，怎么会有蛋呢？

佛教认为"法不孤起，仗境方生"，佛教对生命的看法是"无始无终"，佛教把人定位在六道轮回、五趣流转的枢纽地位。五趣六道就是地狱、饿鬼、畜生、阿修罗、人、天。人在六道里轮回，就是靠着"业"这条线来维系生命。业的生命线犹如念珠的线一样，一颗念珠等于一期的生命，一期一期的生命靠着"业"来串连，就像一条线把念珠串成，不会散失。所以佛教说生命的流转，是无始无终的"生死轮回"。

过去有一首歌《一江春水向东流》，不管江水流到哪里，又会再流回来。生命之流不但在五趣六道里流转不停，而且佛经说"此有故彼有，此无故彼无"，我们的生命不是突然而有，也无法单独存在。

例如，我们要仰赖农人耕种，才有饭吃；要有工人纺织，才有衣穿。甚至父母养我、老师教我、社会大众共同成就之外，还要自然界的阳光、空气、水分等宇宙万有"众缘和合"，我才能存在；如果宇宙万有缺少了一个因缘，我就无法生存了。

也就是说，吾人的生命不是建筑在自己的身体上，而是必须仰赖士农工商、社会大众的众缘成就。失去大众的因缘，吾人的生命就难以维系。尤其在众多因缘当中，因为父母相爱，有缘结合，再加上我的业"因"和他们为"缘"，因此生养了我。所以，我们要研究生命从哪里来，简单说，生命是从因缘所生，人是从业感而来，由于我们的行为造下各种业，最后就会随业而受报，所以生命就在"因缘果报"里随着业力流转不停，这就是生命的去来。

人，生从何来？死了又往何处去？宇宙人生是怎样形成的？其实天台宗的"百界千如"最能回答这个问题。我们每一个人的心都具足"十法界"，每一个法界又都具有"十如是"，所以"百界""千如"都在我们的自心里。我们的心，就时间来说是"竖穷三际"，就空间来说是"横遍十方"，所以能"心包太虚，量周沙界"，宇宙万有的根源，都在我们的心中。

佛教有一部《大乘起信论》，就是要我们相信自己的真心。真心就如一块黄金，把黄金做成戒指、耳环、饰物、碗筷等，甚至把它丢进阴沟里，或弃置垃圾堆中，它的形态虽然千变万化，但是黄金的本质却永远不变。正如一个人的生命，虽然在中阴身时不得不受生，已生不得不变老，已老不得不生病，已病不得不死亡，但是在生老病死的不停流转中，我们的"真心"却是圆成周遍，恒常不变的。

所以，世界可以毁灭，而我们的真心不会毁灭；生命的形象虽有千差万别，生命的理性则是一切平等。只是凡夫在分段生死中，一期一期的生命因有"隔阴之迷"，也就是说换了身体就不知道过去的一切，致使千古以来生命之源一直众说纷纭，莫衷一是。但是生命本来就没有所谓的起源、终始，生命只是随着因缘而有所变化，随着我们的业力而相续不断，因此只要我们对佛教的缘起性空、三法印、业识、因果等义理能通达明白，则生从何来，死往何去，即不问自明了。

◆请问大师，"生命教育"的意义是什么？佛教对"生命教育"能否提供一些积极面的启发与省思？

星云大师：谈到"生命教育"，前"教育部"部长曾志朗先生说过，有一次他问一群小学二年级学生对死亡的看法，当中有位学生回答："死亡就像睡了一觉，第二天就会活过来。"原来他们看电视里的人物，被打死了还会活过来，因此天真地把真实的人生当成电视剧情。为此曾先生忧心地说："学生们对死亡的看法如此浅薄，我们又怎能期望他们去尊重自己或他人的生命呢？"

的确，一个人对生命无知，自然无法尊重别人的生命，更不懂得活出自己生命的尊严。就如现在有些父母，放任儿童恣意地玩弄蜻蜓、蜘蛛、小鱼、小虾，直至死亡为止；从小就养成不知爱护生命的习惯，将来残杀人命又何足为奇呢？

生命是世界上最值得珍贵的东西，杀生是世界上最残忍的事情。人间虽有贫富贵贱，但生命都是同等宝贵，任何生命都应该获得吾人的爱护。所谓生命，依众生过去善恶业因所感得的果报正体，有天上飞的，有水中游的，有陆上爬的，有山中走的；也有两栖，或是多栖，乃至无足、两足、多足等类别。在各种生命当中，有的生命是独立的，有的生命是共生的，有的生命是寄生的。甚至有的生命是有形的，有的生命是无形的；有的生命会动，有的生命是不动的。

可以说，在大自然里到处都有生命。一滴水有生命，一片菜叶也有生命，都要爱惜。山川日月，苍松翠柏，几千年、几万年，时间就是生命。乃至佛教讲"三界唯心，万法唯识"，时辰钟表，我用心、用智慧去制造它，时钟里就有我的生命。一栋房屋，因为我的设计、监工而成就，房屋就有我的生命存在。地球生态被破坏，海洋、空气被污染，环保人士用爱心来保护，环保也有生命，爱心就有生命。

天地所拥有的生命，生生不已。因此，现在的生命学家也不能只是研究人类的生命。例如：地质学家研究地壳变化，天文学家研究宇宙星辰，气象学家研究大气变化，生物学家研究动植物，微生物学家研究细胞分裂，考古学家研究古今渊源，历史学家研究人文发展等，每个领域都有它的生命价值与意义。

生命的价值就是"爱"，生命的意义就是"惜"。有爱，就有生命；有爱，就有生机；有爱，就有存在；有爱，就有延续。生命不是出生以后才有，也不是死亡就算结束；生命是无始无终，生命是无内无外。生命是活力，是活用，是活动；生命要用活动、活力、活用来跟大家建立相互的关系。例如，雨水灌溉树木丛林，树木丛林也能保护水分；人吃了食物后排泄肥料，肥料又再成为万物的养分。生命是相互的，是因缘的；想独存，想个己，那就没有生命了！

生命是一门艰深难懂的学问，但是尽管生命深奥难懂，分析起来不外乎"生"与"死"两个课题。佛教正视生死问题，佛教其实就是一门生死学，如观世音菩萨"救苦救难"，就是解决生的问题；阿弥陀佛"接引往生"，就是解决死的问题。

佛教不仅解答生死问题，佛教更是尊重生命、爱护生命，佛教倡导惜缘、惜福、惜生、惜命，佛陀对一切众生的慈悲爱护，载之经典，处处可见。例如，佛陀曾"割肉喂鹰""舍身饲虎""施食救鱼"，乃至为野干说法，他把生命融入真理，以真理供养大众。佛陀重视"大我"的生命，他说"我是众中的一个"，他"以众为我"，他知道有形的躯体总会朽坏，因此把有形、有限的生命融入大化之中，用无形的法身慧命来照顾众生。所以佛教的生命能普遍全体，不仅普及一切人，一切动物，所谓"情与无情，同圆种智"，甚至"一阐提（有欲望的人）也能成佛"，这在后来"生公说法，顽石点头"已获得了证明。

佛陀曾为保卫迦毗罗卫国免于灭亡，多次端坐路中，借以阻挡琉璃王的大军攻打祖国；他也曾对雨舍大臣说法，及时阻止了摩揭陀国与越祇国的战争。这些无非都是为了爱惜生命、尊重生命。他希望大家爱好和平，不希望战争造成人民死伤，生灵涂炭。

佛陀对生命的爱惜，不是用武力刀枪与敌人对立，而是用慈悲来保护。例如提婆达多要攻击佛陀，阿难发动众人以刀枪棍棒保护，佛陀说：如果我还需要刀枪保护，还能算是正觉的佛陀吗？佛陀的生命不是一时、一世的，是无限、永恒的。佛陀的生命已融化到慈悲之中，当酒醉的大象见到佛陀，自然息下兽性，感动流泪；落单的鸽子飞到佛陀身边，好像找到了安全的庇护，一动也不动。甚至满怀杀心想要行刺佛陀的恶汉，一见到佛陀，就不知不觉丢弃手中的刀子，自愿皈依，成为佛陀的弟子。这些都是受到佛陀的慈悲所感化与摄受。

《净心诫观法》说："善门有多途，慈悲最是急。"谈到佛教的慈悲，记得很久以前曾在《国家地理杂志》看到一篇报道说："残杀才能维持生命。"因为物竞天择，适者生存，不适者淘汰，这是大自然的定律，所以一切动物弱肉强食，以残杀来维持生命，这是不得不然的手段。但是相较于佛教以慈悲来护生，如智舜"割耳救雉"、僧群"护鸭绝饮"，可以说形成"佛与魔"的强烈对比。

佛教对生命的尊重，不是爱惜自己就好，如地藏王菩萨到地狱度脱苦难的众生、观世音菩萨游诸国土，到处寻声救苦，乃至最细微的"佛观一钵水，八万四千虫"。佛教的慈慈，可以说无物不覆，无处不遍。

佛教讲地、水、火、风"四大"，地的生命就是坚固；水的生命就是流动，不流动就是死水；空气也是要流通才能存在；光的生命就是散发热度与温暖。佛教讲轮回、讲因缘，都是生命。轮回，就是不死的生命；因缘，就是集体的生命。佛教更提倡要建设无限、普遍的生命，例如，我们平常念"阿弥陀佛"，意义就是无量光、无量寿，这是超越时间和空间的意思。什么东西能超越时空？那就是真理，所以真理就是无限而普遍的生命。乃至佛陀的三身，应身是有为的，有来有去；法身是无为的，是进入宇宙无限的时空。所以只有真理的生命无限，其他都是有阶段性的循环生命。

宗教旨在传播真理，所以宗教的生命自然能维持长久。例如佛教的寺院都是千年古刹，万年常住；佛教的经书不但经常要晒，而且设有特别的藏经楼，尽力保护。

佛教从事慈善事业，出家人愿为众生做牛马，都是为了成就生命；佛教徒对环保、生态的维护，建设桥梁，施茶施水来方便行人，都是在维护生命。佛弟子当中，"沙弥救蚁"是护生的表现；"南泉斩猫"也是为了表达禅宗顿悟的真理。

佛教的出家人手捧经书，恭敬谨慎，不敢亵渎，如此爱惜真理，就是爱惜生命。云水僧手执锡杖行脚，驱赶毒蛇、害虫，也是表现出对生命的爱护。甚至佛门里，弟子常以自己的寿命回向于有德高僧，所谓"回小向大，回自向他"，甚至"回事向理"。回向的思想就是生命的延续与扩大。由于宗教的生命都有传灯，都是代代传承，灯续常明。因此，佛陀的生命，只要佛教流传多久，就有多久的生命；佛法的生命，随着真理普遍流传，它就能无远弗届；僧伽的生命，只要从舍利弗、目犍连等尊者留下的道德风范，就可以看到他们的精神所在。乃至神会大师在滑台大会，大作狮子吼，为六祖大师定位，那种旁若无人的奕奕神采，至今都可以感觉得到他的生命在跃动；唐玄奘走过八百里流沙的身影，千年之后我们不是依然感觉得到他的存在吗？

佛教的高僧大德撰写放生文，就是在提倡生命教育。儒家主张"怜蛾不点灯，爱鼠常留饭"，也在表达对生命的爱护。佛光山在 2004 年的春节花艺展中，特设素食动物园区，不但教育世人爱护生命，还为"自然与生命"提供最佳的生活教材。另外，佛光山文教基金会印行丰子恺的《护生画集》，也是提倡生命教育的最好教材。

2001 年佛光山发起佛教界从大陆"恭迎佛指舍利莅台"，许多人在见到佛指舍利的刹那，不由自主地跪下顶礼，有的人涕泪悲泣，有的人法喜充满，有的人感觉好像与 2500 多年前的佛陀又相聚首。这种感觉就是说明，佛指舍利是活的，他是有生命的。不只佛指舍利有生命，一张纸画一个圣贤，一块木头刻一尊佛像，都能赋予他觉性圆满的生命。

过去佛教许多高僧大德为了维护圣教，不惜舍身殉教。例如大陆"文化大革命"时，不少的寺庙、文物，就是由于许多僧众发扬殉教精神，毅然奉献生命而得到保护与留存。

所谓："无求生以害仁，有杀身以成仁。"求生以害仁者，虽生犹死；杀身以成仁者，虽死犹生。此即儒家所谓"死有重于泰山，有轻于鸿毛"。乃至古谚说："人死留名，树死留皮。"儒家也谓"立德、立言、立功"，无非都是为了留下不朽的生命。

生命是可以锻炼、创造的。在冰天雪地里生存的人和动物，自然磨炼出坚毅忍耐的生命力。一株墙头草，一朵路边的野花，他们在狂风中展现雄姿，也可以看出生命的力量。

生命之所以有力量，在于能为生命留下历史，为社会留下慈悲，为自己留下信仰，为人间留下贡献。因此，生命教育最重要的，就是指导学生如何尊重生命，如何活出生命的尊严，如何创造生命的价值与意义。尊严是人生最大的本钱，做人最怕尊严扫地。现代人不但要活得有尊严，甚至提倡"安乐死"，即使死也要死得有尊严。

尊严不是傲慢，不是自高自大，不是匹夫之勇，不是自以为是；尊严是在强权之前，不屈服，不妥协，坚持自己的立场与原则，保持自己的人格与操守。

人除了要活得有尊严以外，更要活得有意义、有价值。蒋中正先生曾说："生命的意义在创造宇宙继起的生命；生活的目的在增进人类全体的福祉。"毛泽东也说："世间一切事物中，人是第一个可宝贵的。"人生价值在于对社会、对人民的贡献，而不是向社会索取。因此，他非常强调人活着的目的和意义就是"全心全意为人民服务"。而佛教则认为，生命的意义在于增进人生的真善美，在于懂得永恒的生命。人的色身虽然有老死，真实的生命是不死的，就如薪火一样，赓续不已。因此，人生的意义不在于寿命的久长，而在于对人间能有所贡献、有所利益。例如，太阳把光明普照人间，所以人人都欢喜太阳；流水滋润万物，所以万物也喜欢流水。一个人能够活出意义、活得有用，生命就有价值。

总之，"蜉蝣朝生夕死，人生百年难再"，但是身体即使朽坏、死亡了，也不是生命的结束！所谓念天地之悠悠，感生命之无限。生命不在于长短，而在于活出什么，拥有什么。尤其如何开拓宏观的生命视野，深化优质的生命内涵，建立正确的人生观、道德观、价值观，才是提倡生命教育者应有的省思！

◆基督教说：""信上帝得永生。"道教也说，人只要通过修炼，就可以"长生不老"。请问大师，人真的可以长生不老，甚至不死吗？

星云大师：永生，这是个很美好的名词，就等于永恒一样。但世间没有永恒不变的东西。佛教说人生、世间都是无常的。所谓"无常"，就是迁流、变易的意思。例如，我们的心念，前念后念，念念不断，快如瀑流。我们的身体，根据科学家研究，组成身体的细胞，时时都在新陈代谢，每七日或七年就是一个周期，尤其七年一次的新陈代谢，能使我们完全脱胎换骨，变成另一个人。

"无常"是佛教的真理之一，然而一般人因为不了解无常的真义，因而心生排拒，甚至感到害怕。其实无常并不可怕，只要对无常有正确的认识就会知道，因为无常，才有希望，才有未来。例如，上古时代，帝王专制，人民毫无自由，假如不是无常，而是一成不变，哪里有今日的民主政治。过去石器时代，民智未开，人民茹毛饮血，如果不是无常，而是一成不变，现在不是仍然停留在文化未启的蛮荒时代吗？

无常，不限于某一人、某一事，它有普遍性的意义；无常，不受权利大小的影响，它有平等性的意义。无常不是完全消极的，例如：我贫穷，因缘际会，就发财了；我愚笨，经过勤劳苦读，一变而成聪明了。

台湾发生"9·21"大地震，许多房子倒塌，不少人受伤、死亡，可以说灾情惨重。但是因为"世间无常"，从无常中可以重新建设，所以地震后许多大楼、学校都更新了。因为无常，一切都可以改善、改好，因为无常我们的未来才有无限希望。

有人说，今生好苦，我要赶快好好修行，寄望来生会更好。这就说明因为"无常"，所以人生才有未来。等于汽车坏了要报废，不报废怎么会有新的汽车？人的身体会衰老，身体不衰老，怎么能换一个新的身体呢？

无常，让人会珍惜生命；无常，让人会珍惜拥有；无常，让人会珍惜因缘；无常，让人会珍惜关系。无常是人世间的真理，永生也是真理；无常苦空虽为人生实相，但在无常之中，吾人皆有一颗不变的真心，也就是不生不死的生命。所以，从另一个角度来看，生命本来就是"永生"，就是"不死"的，死的只是肉体。例如我经常举一个例子，茶杯打破了，要把茶杯复原已不可能，但是茶杯里的水流到桌上、地上，我用拖把、抹布把水擦起来，一滴也不少。身体虽有生老病死，生命之流、生命的水是永恒不灭的。

有一户人家老年得子，老夫妇欢喜得不得了。正在家里欢喜庆祝的时候，门口来了一个和尚，对着众人放声大哭。主人当然很不高兴，说道："出家人，你要化缘我可以给你钱，干吗在我们家门口哭哭啼啼？你不知道我们正为生了个儿子在庆祝吗？"禅师回答说："我不是来化缘的，我所以在这里哭，我是哭你们家多了一个死人。"

这一段话很耐人寻味，因为一般人都是"生之可喜，死之可悲"，所以生了儿子当然要庆祝、欢喜，只有死的时候才要悲伤，才需要哭。但是禅师了解到的是"生死轮回"，生了必定要死，所以不需要等到死的时候才来悲伤，生的时候就知道必然会死，因此他说我哭你们家多了一个死人。

生时就注定有一天必然要死，只是时间长短而已，为什么一定要等到人死的时候才哭呢？我们视"生之可喜，死之可悲"，这可能是一个错误的看法。死，有时候也是可以很欢喜地"含笑而去"，甚至"怀抱希望"而死。

印度有一位九十多岁的老人，日本记者访问他："老人家，你现在最大的愿望是什么？"老人家回答："现在最大的愿望就是快点死！""为什么呢？""哎呀！老朽的身体，吃饭已没有味道，走路也走不动了，快点死，可以换一个新的身体啊！"所以，死并不可悲，甚至还要欢喜，因为死后可以赶快换一个新而健康的身体，就如汽车坏了，也要汰旧换新。生与死是一体的两面，"生"就是"死"的开始，"死"也是另一期"生命"的开始，生命是永远存在的。

生命的流转，它不是信不信的问题，世间有形的东西，有生死、有得失、有好坏。可是真心的生命，它是超世间、超物质；它是无形、无相、无头、无尾、无来、无去；它是"绝生佛之假名，离空有之两边"，是永恒的。

生命究竟是"永生"，还是"长生不老"？其实生命是流转的。依佛教的看法，凡夫在一期一期的生命中有生死，这一段一段的生死叫"分段生死"；甚至证悟成道的罗汉、菩萨，还是有烦恼，有"变易生死"，仍要慢慢进步、净化。能够超越分段生死、变易生死，当然就是永生；但即使不能达到这个境界，生命也还是永生不灭。因为人人都有一个不死的生命，那就是"自性"，又叫"佛性"。

◆由于近代生物科技发达，中外相继有"克隆羊""克隆牛"的诞生，请问大师，站在佛教的立场如何看待这件事，佛教认为生命是可以克隆的吗？

星云大师：自从 1997 年英国成功克隆出小羊多利之后，紧接着克隆牛、克隆猪、克隆老鼠也相继诞生，甚至美国的科学家表示，他们不但克隆动物，而且还可以同时更改动物的基因，利用基因重组技术，克隆出对疯牛症具有免疫力的克隆牛。

此外，一个进行人类遗传学研究的国际科学家小组史说，未来克隆人类可能比克隆动物来得更为容易。因此一名意大利医生已经开始打算克隆人类，用来帮助不孕的夫妻，让他们也能享有为人父母的喜悦。

尽管科学发达，未来或许真有可能诞生出克隆人，但是以佛教的观点来看，科学家所克隆的是有机体，心灵的能量无法复制。也就是说，复制品只是形体上的，身体六根可以复制，但生命的精神与意志无法复制，生命要用生命才能复制，一切都不离"因果"。例如，用花、草、树木，不能克隆牛、羊、人。牛还是牛的基因，羊还是羊的基因，人还是人的基因，生命不能凭空复制，更不能错乱因果。

基因在佛教的看法，就如"业力"，业的内容很复杂，有"共业""别业""引业""满业""定业""不定业""三时业""三受业""三性业"等。基因是生命的密码，但基因不是一成不变的，基因的内容也有因缘业报的关系。根据一项报道指出，基因不是从父母身上继承下来就永远不会改变，它是从孕育时起就接受外界的指示而加以回应表现。也就是说，基因不是操纵人类行为的推手，而是被人类的行为所左右，所以"业"才是我们生命的主宰。

其实，真正的生命应该说是一种精神的作用，是附于身体的另外一个层面。有时我们形容一个人没有灵魂，就说他像"行尸走肉"；一个人空有身体，没有生命力，这个身体也没有"用"。

所谓"体、相、用"，佛教讲生命的本"体"是由外"相"来表达，"体"指的是"本体"，是内在；"相"就是外在的形相，比如这个人长什么样子，那个人长什么样子。"体""相"结合起来，也就是"精神"和"物质"的结合，就产生了妙"用"，就有动作、语言，以及种种的精神作用，继而有世间种种形相、种种色彩的显现。

生命的本体，从佛教的缘起法来看，生命是延续性的，生命是有传承的，生命是有程序的，生命也是会变化的。例如六道轮回就是变化；又如低等动植物慢慢发展成高等的动植物，甚至高等动植物也会慢慢退化为低等的动植物，这就是变化。因为有变化，所以生命并非一成不变；因为有变化，所以每个人都有机会改变自己的命运。你希望有善的因缘果报，就要做善事；不做善事，结下恶的因缘，自然有恶的果报。

由于生命的本体"本来如是"，是由个人的业缘感应而有，不是人工所能制造。因此，我们看世界未来的变化，不管科学如何昌明，克隆动物如何发展，基本上精神世界和物质世界是不一样的，因为一切世间法以外，还有一个出世间法。现代科学技术的研究、发明，都是以世间的知识来发展。虽说出世间法离不开世间法，但它有一点与世间法不同的是本体不变，能变的是世间法，出世间法是不变的。因此，我们不认为现代的克隆科技，真能改变生命的业和因；克隆的技术尽管可以改造身体的形象，可以改变高矮、胖瘦、美丑，但是业报的善恶、好坏，本来就是自己所造作，不是他人所能决定。

所以，生命可以复制吗？生命不是科学家所能复制，也不是哪一个神明所能创造，生命的基因都是由业力所润生，"业"才是维系生命的主因，故知真正的生命——"心识"不能复制，真如佛性更无法复制。未来不论尖端科技如何以基因繁殖方式来复制羊、牛、人，或是人工授精、试管婴儿、借腹生子等，我想最好能吸取世间的医学、心理学、教育学、生化科学为用，同时融和佛法的真理为体。如此才能解除现代人的迷思。

◆有生必然有死，死亡是很无奈的事，但是有人异想天开，想利用"冷冻"来保存"尸体"，希望几十年后医学科技能进步到足以让尸体解冻后复活。请问大师，尸体经过冷冻又解冻之后，真有可能再复活吗？

星云大师："惜生惧死"，可以说是有情众生与生俱来的本能。所谓："蝼蚁都懂得惜生，何况是人？"人之好生恶死，如中国人说："好死不如歹活。"英国哲学家罗素表示："为了生存，其他东西都可以放弃。"印度诗哲泰戈尔更是讴歌："我存在着，是一个永恒的奇迹，那就是生命。"

所谓生命，其实包含生和死。生固然是生命，死也是生命。死亡并不是消灭，也不是长眠，更不是灰飞烟灭、无知无觉，而是走出这扇门进入另一扇门，从这个环境转换到另一个坏境。经由死亡的通道，人可以提升到更光明的精神世界里，就如同现实的人间到处移民一样，因此佛经对于死亡的观念，有很多积极性的譬喻。例如：死如出狱、死如再生、死如毕业、死如搬家、死如换衣、死如新陈代谢等。

死亡是任何人所不能避免的事，生了要死，死了要生，生死是一体的两面，生死在时间的长河中流转、更替。诚如《战国策》里范雎说："圣哲如五帝要死，仁义如三王也要死，贤明如五霸也要死，力大如乌获也要死，勇敢如贲育也要死。"

尽管生死是再自然不过的事，但是自古以来人类一直在寻求长生不死的方法。例如中国古代的秦始皇派遣徐福渡海寻找不死药，汉武帝求助道家炼制长生丹等。在科技发达的今日，现代人则把头脑动到"冷冻尸体"上，希望通过科技之助，获得寿命的延长。根据报道，在法国西部索米尔小镇上，就有一名叫雷蒙德的男子，其妻于1984年去世后，雷蒙德就把她的尸体冷冻在地下室里，幻想随着科学技术的发展，有朝一日妻子能够再次睁开双眼。甚至他也希望自己死后一样能被冷冻起来，以期将来可以被科技唤醒，重返人间。

"冷冻尸体"是否能够再度复活？以现代科学的神奇，未来也许真有可能复活。因为冷冻前与冷冻后，总之是一个生命体，只不过是通过科技让他延长而已。但是通过科技把尸体冷冻起来，果真在数十年后又解冻复活了，试想，届时你会习惯吗？你会快乐吗？这到底是在替自己解脱呢，还是为自己找麻烦呢？都是个未知数。不过，"冷冻尸体"将来势必对世间带来极大的改变，这虽是拜科技之赐，其实也是人类自己的业力所造成。

有一部电影《今生有约》，剧中的男主角便是在他活着的时候，自愿当了朋友"冷冻人体"的实验品，结果50年后解冻复活，却发现亲人不在，朋友已死，一切都改变了，世界再也不是他所熟悉的世界，只觉物换星移，情随事迁，一切都那么陌生，那么不习惯，在没有人了解、没有人可以谈心的情况下，内心的孤寂、落寞，真是不足为外人道。其实，人不一定要活得久，重要的是要能活得快乐，活得踏实；我们与其关心冷冻尸体能否复活，不如思考如何在有生之年活出生命的光彩，活得有价值、有意义。

人活着，不是为了一宿三餐；生命的意义，也不在于奔走钻营；生命的价值更不在于本身的条件优劣，而在于对人是否有用。一颗上千万元的钻石，有人独得以后，珍藏起来，人们并不知道它的用途和宝贵；一堆不值钱的石头，以它来修桥铺路，却能供给普世人类方便。因此，生命的意义，应该是以一己之生命，带动无限生命的奋起。

生命的意义，还应该让个己的生命结合到大众的生命里。如《金刚经》说："所有一切众生之类，若卵生、若胎生、若湿生、若化生、若有色、若无色、若有想、若无想、若非有想、非无想，我皆令入无余涅槃而灭度之。"能够做个同体共生的慈悲人，将每一类众生都视为自己的六根，缺一不可，这样的生命才能永恒，才是不死的生命，何必一定要费尽心思，违反自然去保留一具已经朽坏的躯体呢？

须知，生命的可贵，乃在于发挥人性的光辉，展现人的精神、毅力、勇敢、道德、爱心等高贵情操；能以一己之命，去成就群体的生命，即使短暂如流星，毕竟已发热、发光，何必在乎时间的长短？能够顺乎自然，不是更美吗？

说到自然，回想五十多年前我初到台湾弘法的时候，每次外出讲经，经常要跟警察玩捉迷藏。因为那时候台湾还是戒严时期，不容许在公开场合集众，因此经常是我在台上讲演，警察就走到台下对我说："下来！下来！"

我在台上讲演，台下那么多人在听，这个时候要我下来，怎么办？我当然也知道不下来的后果会很麻烦，只好请人带动唱个歌，我自己下去应付一下。

警察说："你怎么可以在这里集会？赶快把人解散！"我说："不行，我是叫他们来听经的，不能解散；要解散，你自己上台去宣布，你自己叫他们解散。"他当然不敢，就说："你怎么可以叫我去宣布解散？你去叫他们解散。"我说："其实也不必要我叫他们解散，等我讲完以后，他们自然就解散了！"

所以我觉得自然很好，生命就是一个自然。所谓"自然就是美"，世间上最美、最好的，就是"自然"。人要"自然美"，举凡风度表情要雍容大方，说话谈吐要幽默流畅，做人处事要通情达理，行止进退要恰到好处。能够如此，那就几近于自然之美了。

我们的真心、我们的本来面目，就是一个自然的东西，不假造作。现在要用冷冻的方法，把人冷冻起来，暂时不要活，几十年后再复活，可谓多此一举，不但自找麻烦，也不一定能幸福。所以，世人很多的异想天开，固然是一时好奇，但对生命的意义和价值，并没有什么特殊的帮助。

◆请问大师，信佛教和不信佛教有什么不同？是否信仰佛教就没有生死问题了呢？

星云大师：佛教认为，信仰佛教并非就没有生死问题，而是要人勘破生死！生和死如影随形，不仅凡人生了要死，死了再生，生生死死，死死生生，生死不已；即使佛陀也要"有缘佛出世，无缘佛入灭；来为众生来，去为众生去"。所以生死是再自然不过的事。如此说来也许有人会问，既然信仰佛教最后还是会死，那我为什么要信仰佛教？因为不信会死，信了一样会死，可见得信与不信，并不重要。

其实，"信"很重要！我们的生命有了信仰就有力量，有了信仰就有希望，有了信仰就有目标。信仰佛教的人虽然一样有喜怒哀乐，甚至一样有生死问题，但是学佛后能认清生命的实相，就有力量面对生死的各种问题，就不会受"第二支箭"之苦。

所谓"第二支箭"，这是佛经里的一个譬喻，说明一个学佛的人和一个未受过佛法教化的人，遇到快乐或遭逢悲伤痛苦的时候，一样会有乐受、苦受的感觉。但是，一个心中没有佛法的人，遇到痛苦的时候，往往悲不自胜，甚至彷徨迷惑，不知如何安顿自己，这就如同中了第一支箭以后，又中了第二支箭一样痛苦难忍。

相反的，有佛法的人遭逢苦难的时候，懂得从"因"上去探究、反省、改善，而不是只在"果"上怨天尤人，黯然神伤，自暴自弃，自然不会再受第二支箭的痛苦。乃至身处乐境时，也不会放纵自己，因为一旦陶醉在乐境之中而放逸身心，第二支箭便会带来苦受。因此，有没有信仰虽然最终都难免一死，但是没有信仰的人，临终的时候往往心生恐怖、迷惘、茫然，甚至死得很遗憾。反之，有信仰的人，就像天主教、基督教所说"蒙主宠召"，或者现在社会也惯用佛教用语的"往生佛国"。往生就如移民，是到另一个国度去住，自然不会感到痛苦、害怕。

所以，信仰不是让我们不死，而是面对死亡时，能够认识清楚，知道死亡不是结束，而是另外一期生命的开始。生与死，是一而二，二而一，生固未必喜，死又何足悲。能够生死无惧，则自然会有力量面对死亡，自然会跟不信的人有不一样的看法。

我自己出家至今六十几年，不敢说自己有多大的修行，但是我深刻体会到信仰有许多好处。就拿生死来说，记得多年前有一次到荣民总医院做健康检查。医生很仔细地检查一天后，却又不放心，叫我隔天再去检查。我说："明天不行，我要到宜兰为一位比丘尼举行告别式。"医生说："你自己的生命不重要吗？"我说："随缘，重要不重要很难讲。"医生又说："你不怕死吗？"这个问题在我感觉很难回答。假如我说"我怕死"，医生会笑我是"没用的出家人"；如果我回答"我不怕死"，似乎又太矫情了，因为连蚂蚁都怕死，人怎么会不怕死呢？因此我回答他："死不怕，怕痛！"因为痛有个限度，超过了限度，本来自以为是个英雄，痛到最后连狗熊都不如。

多年后我因为心脏开刀而住进荣民总医院。开刀当天，经过八个小时的手术，从恢复室到加护病房，医生很关心问："你痛不痛？"我想，要回答得艺术一点，就说："好舒服哦！"结果医生不以为然，说："不痛就不痛，还好舒服？"我心里想，你不知道啊！平常我的生活忙碌，每天要负担许多责任，难得有时间这么悠闲地躺在床上休息。再说这次开刀，你说痛吧？上了麻醉药，不痛啊！你说有什么苦吗？一点也不苦，睡在病床上，平常都是要我跟人家讲话，现在轮到别人来问我："你好吗？""你要喝水吗？""你要这样吗？""你要那样吗？"都是别人来关心我，真好，真是快乐啊！

我想这就是有信仰的人最大的不同，心里有个信仰，至少对生死能看淡一点，看得自然一点；能够无惧生死，人生就能活得更有意义。所以，信仰就有力量，就有信心；有信仰的人，即使受了委屈、冤枉，也不会失去信心，因为他觉得"我可以再来"。

有信心就有光明。佛经说信仰如手、信仰如杖、信仰如根、信仰如船、信仰如力、信仰如财。有信仰，就好像手上抓个东西，很实在；不信，就什么都没有，很可怜。所以我觉得有信仰的人，不管基督教也好，天主教也好，或是信仰民间的城隍、土地公，甚至是迷信也不要紧。有信仰，总比什么都不信来得好。不信，就什么都没有；不信，生命就没有目标，没有未来。

不过，信仰最重要的，还是以正信最好。我们要信仰有道德的，要信仰真实的，要信仰清净的，要信仰有历史的，要信仰有能力帮助我们解脱的，不能信仰错误，信错就很难回头了。

现在台湾邪教横行，但是佛教每次举行皈依三宝典礼，都有几千人、几万人参加，因为他们知道，赶快皈依正信的佛教，以免上错了贼船，误搭了别的车子。没想到邪法也助长了正道的弘传。

过去一般人学佛，都是希望能"了生脱死"。所谓"了生脱死"，能够透视人生的真相，了解生命的意义与价值，当下活得自在，这就是"了生"；能够认识死亡后的世界，对未来充满信心与希望，而无惧于生死、超越生死，就是"脱死"。若能进一步帮助别人认清生死实相，同样解脱自在，就叫作"自觉觉他"，就是大乘菩萨道的实践，也是人道的完成。

所谓"人成即佛成"，我们要想圆满人生，获得解脱自在，就不能没有佛法的信仰，不能没有佛教的律仪来规范生活，不能没有佛法的智慧来解决人生问题。有佛法的人生，才能了生脱死，才能圆满自在。

◆佛教讲"生死轮回"，轮回是什么？怎么样才能知道生命真的有轮回呢？请大师开示。

星云大师：现在是 21 世纪科技进步的时代，也许有人并不相信生命轮回的存在，认为轮回是宗教信仰的范畴，是死亡之后灵魂取向的事情，和现实生活距离遥远，因此无须对轮回赋予太大的关怀。

其实，世间一切的现象都离不开轮回循环的道理。譬如，春夏秋冬四季的递嬗，过去、现在、未来三世的流转，昼夜六时的交替，这是时间的轮回；东西南北方位的转换，这里、那里、他方、此处的不同，这是空间的轮回。轮回就像"种瓜得瓜，种豆得豆"。播了豆种，就长出豆子；种了瓜种，就长出西瓜，这不就是轮回吗？今晚睡下去，明早又醒来，这不就是轮回吗？太阳下山了，明天又从东方升起，这不就是轮回吗？秋冬树叶落了，草木枯萎，到了春天，百花灿烂，草木再生，这不就是轮回吗？

轮回就是生命的转换，人有"生老病死"，死不是没有，死了会再生。佛教讲生命有所谓的"三世轮回"，也就是说，众生无始以来由于身口意造作的业力，形成了因果相续、无始无终的生命之流，而现起了天、人、鬼、畜等六种多样性的生命现象，佛教称之为"五趣流转，六道轮回"。

生命因为有轮回，所以有来生；因为有来生，未来才有希望。有一些麻木的青少年，犯了重罪，将要被枪毙的时候，自豪地说："老子二十年后，又是一条好汉！"他虽然坏，仍对未来抱有希望，何况我们这么美好的人生，为什么会对自己的未来感到没有希望呢？为何以为人死后就什么都没有了呢？没有希望的人生多么可惜、多么无聊、多么没有价值！所以我们要相信轮回。

轮回也不是定型的，现在的芒果和苹果接枝，就能生出新的品种；现在的动物也可以改良基因，可以克隆。从动植物都有办法改良来看，因果也是可以改良的，故知造了重罪的人，只要忏悔、改过、发心、立愿，就能将功折罪，就可以改变因果轮回的果报。所以，信仰能改变我们的人生，改变我们的命运，改变我们的前途，改变我们的未来！

美国汽车大王福特说：轮回是人生意义之所在，有了轮回，前人的经验智慧、历史的文化遗产，可以传递给后代子孙。他认为，假如我们不能将一生的经验转接到未来，工作只是徒劳无益；如果文化宝藏不能留传给后代子孙，历史的生命是有限的。

当代文学家苏雪林教授在《宇宙大轮回》一文中，介绍了古今中外一些关于轮回的说法，值得参考。例如，今已绝种的南美洲玛雅人曾说：

这个世界经过四十七万年即完全毁灭，以后又重新来过。这就如佛教"成住坏空"的思想一样。

印第安人曾说：他们是逃过三次世界末日的人类，第四次末日为期也不远。但每次末日的情况都不一样，第一次是火山爆发，大火蔓延各地将大地烧毁殆尽；第二次是大地震；第三次则是人类大战事……这不就和佛教所说：世界末劫来临时，"火烧初禅，风吹二禅，水淹三禅"一样吗？

此外，从历史上许多贤哲文人的记载，也可以证明五趣六道的轮回是不容置疑的事实。明儒王阳明先生有一次到金山寺朝拜，觉得寺中的景物非常熟悉，一草一木似曾相识。信步浏览，走到一间关房之前，只见房门口贴了一张封条，左右观看，好像曾经住过。王阳明终于按捺不住心中的好奇，请知客师父打开关房瞧个究竟，知客师父连忙道歉说：

"对不起！这间关房是我们一位老祖师五十年前圆寂的地方，里面供奉着他的全身舍利，他老人家遗嘱交待不可以开启，请您原谅，千万开不得。"

"既然房子设有门窗，哪里有永远不能打开的道理？今天无论如何请您慈悲打开来看看！"

由于王阳明一再请求，知客师父碍于情面，只好万分为难地打开房门，让王阳明进去。昏黄的夕照里，只见一位圆寂的老和尚亘古如昔地端坐在蒲团上。王阳明一看，咦！怎么和自己的容貌如此相像？举头看去，墙上还有一首诗，写道：

五十年后王阳明，开门犹是闭门人；

精灵闭后还归复，始信禅门不坏身。

原来王阳明的前生就是这位坐化的老和尚，昔日自闭门扉，今日还来自启，为后世子孙留下一点证明。王阳明为了纪念这件事，曾经在金山寺留下诗句：

金山一点大如拳，打破维阳水底天。

闲依妙高台上月，玉箫吹彻洞龙眠。

有的人虽然学佛多年，但对"轮回"仍存有疑惑。轮回并不是一个信仰体系与理论，轮回更不是对死亡的心理安慰，它是一门解释我们前世与来生的精确科学。生命如果没有轮回，冥冥过去从何而来？未来的希望更要趣向何方？如果没有轮回，生命是何其的短暂无奈，前途是多么的渺茫无寄！知道有轮回，人生才有回转的余地，生命才有下一班车可搭，才能继续驶向无限光明的世界！

因此，轮回不是相信与否的问题，纵然有人不相信轮回，但是放眼宇宙的现象，如自然界、人世间、物理界，乃至你我，都在轮回循环里流转。如何理性地认识轮回，跳出轮回，超越三界，转生死轮回为诸佛菩萨的菩提解脱，才是智慧之举。

◆现在的医学科技发达，科学家不断在研究、改造基因。请问大师，基因可以改造吗？那些圣者与江洋大盗的基因是否有所不同呢？

星云大师：基因重组、基因改造，是现代生物科技发展的一大成就。所谓基因改造，就是科学家利用遗传基因工程及育种方法，把动植物、微生物等生物体的特性加以改良，而达成一种新的生命体。例如通过基因重组、转殖技术，可以改变动植物的生长速度，增加抗病能力，提高营养价值，延长保存期限等。现在市面上所贩卖的"基因改造食品"，就是经过基因重组技术所衍生出来的食品。

谈到基因改良，首先应该对基因有所了解。"基因"就是决定生物特性的因子，它是由许多的脱氧核糖核酸所组成，诸如花的颜色、植物的高度、人的胖瘦等，都靠基因来决定。中国俗谚说"龙生龙，凤生凤，老鼠的儿子会打洞"，就是传达一种遗传的观念。

基因，有人说它是生命的密码。我们每一个人的基因不同，因此长相不同，命运也各有不同。有的人长得高大美貌，有的人长得瘦弱矮小；有的人幸福无比，有的人痛苦难堪，这都是基因不同所致。

"业"在佛教里被比喻为"种子"，播什么种子，自然就开什么花，结什么果。所以我们要改变自己的命运，就应该为自己的生命播下好的种子，来生才能有好的收成。至于说圣者与江洋大盗的基因是否有所不同，根据佛教主张"人人皆有佛性，皆得成佛"的"佛性论"来看，每个人都有成佛的性能，先天本具的基"因"其实都是相同，只是后天的"缘"不一样。相同的基"因"遇到不同的"缘"，就有不同的"果"。所以科学家讲"基因改造"，从佛法的观点来看，"行善不为恶"，就是基因改造。

科技上的基因改造，应用在现在的医疗上，肯定会对人类的未来造成很大的影响。根据报载，未来通过基因重组，只要把人的蛋白基因放入到某种生物体中进行复制，然后及时收集复制而成的蛋白，就能源源不断地提供医疗所需的血液制品。此外，基因重组也可以用来改良人种。

德国的日尔曼民族，英国"大英帝国"的绅士、淑女风范，乃至以科技成就而自豪为"优秀民族"的美国，他们都有他们的文化和基因。中国人号称"龙的传人"，本来就是古老的四大文明古国之一，也有很好的文化与历史，但是由于现在大家不再重视道德观念，做人处世也不明理，自然我们的社会就是"麻布袋、草布袋，一袋（代）不如一袋（代）"。

父母生育儿女，先天的胎教固然重要，后天做人的慈悲、道德、品格、操守更重要，父母当然也能影响下一代。所谓家教、学校教育，甚至交朋友"近朱者赤，近墨者黑"，都会产生影响。

不过，每个人的生命本质、命运好坏，虽然父母、师长的缘分能产生一定程度的影响与帮助，但是自己的"因"才是主力，缘只是附带的。就如一棵植物，如果种子很好，再加上有肥沃的土壤、和煦的阳光，以及空气、水分等善缘帮助，当然会有好的结果。如果种子的因不好，即使风调雨顺，后天的缘分再好，也不见得会有好的结果。

因此，每个人的人生，不管上帝也好、佛祖也好，都帮不了我们的忙；能帮助我们的是自己，唯有改变自己的基因，也就是改变自己的业力，才能改变自己的命运。业是身口意的行为，有善业、恶业、无记业。所谓"假使百千劫，所作业不亡；因缘会遇时，果报还自受"，只要是身口意造下了善恶业，都会像计算机一样，储存在业的仓库里，等到善恶业的因缘成熟了，一切还得自作自受。这是因果业报不变的定律。

"业力"实在是佛陀的一项伟大的发现。人，从过去的生命延续到今生，从今生的生命可以延续到来世，主要就是随"业力"的绳索，把生生世世的"分段生死"联系起来，既不会散失，也不会缺少一点点。因此"生命不死"，就是因为有"业"的关系。

◆刚才大师提到，生命在"中阴身"时不得不受生，已生则不得不变老。请问大师，中阴身是什么，他跟我们的生命有什么关系与影响？

星云大师：人死至再次受生前的短暂识身，称为"中阴身"，也就是一般俗称的"灵魂"，但佛教不称为"灵魂"，而称作"中阴身"。

阴，就是色受想行识五蕴所和合的报身。当人一期寿命终了的时候，有质碍的"色身"不动了，"受、想、行"也失去了作用，这时只有"心识"会飘飘渺渺地要找一个未来的归宿。但未来是上升天堂，还是继续投生人间，或是堕到地狱、饿鬼、畜生？都还没有决定。这个阶段就叫"中阴身"或"中有身"。

中阴身，可以说分开了前生与今世，但也联系了今世与前生，它介乎生死之间，是此生与来生之间的一个过程，一个阶段，所以叫"中有"。也就是说，人生百年以后，旧房子似的身体已毁，新房子似的躯体尚未迁入，中间这段过渡时期的生命主体，便是"中阴身"，或叫"中有身"。

中阴身非精血和合而成，非血肉相连之躯，它是一个约三尺大小的形体，像一股冥冥的光，在虚空中如蜉蝣一样飘呀飘，飘到哪里去，全凭业重，或凭过去的记忆与习惯而投胎。所以净土宗说，"临命终时"一念"阿弥陀佛"，即得往生极乐世界。临终的一念，关乎往生的去处，因此很重要。

中阴身以识为依，以香为食，它的主要任务就是找到归宿，亦即经云"善寻当生之处"。而其归宿是否容易找到，还要看其根器而定。如《涅槃经》说：

上根者转生，只在一念之间。

中根者转生，要十五天。

下根者转生，则要七七四十九天。

民间习俗中，有为亡者做"超度""头七""三七""七七"等仪式，就是这个道理。关于"超度"佛事，有人质疑，人都死了，诵经真的有用吗？根据《地藏经》说，诵经的功德，七分之六生者自利，亡者只能获得七分之一，所以最好能趁着生前多做一些善事功德。因为我们每个人一生的所作所为，难免有一些过失。我们所造下的罪业，就像石头，把石头丢到水里，必然会沉下去；通过诵经功德，就像搭乘法船，把石头放在法船上就不致沉沦，而能渡到生死彼岸。

诵经真能超渡罪业？何以知道？举个例子，几十年前台湾白色恐怖时代，如果常喊"三民主义万岁""蒋总统万岁"，要办护照出国就比较容易，要找职业也比较容易。念"三民主义万岁""蒋总统万岁"都有用，念经为什么没有用呢？

有个笑话，有位法师在讲经时，一再强调称念"阿弥陀佛"的好处多多，诸如可以消灾、延寿、吉祥如意等。

有一位年轻人不以为然："哼，讲得太神奇了吧！一句'阿弥陀佛'就有这么大的功用？我才不信。"法师心想，对这种人即使讲再深的道理他也听不进去，于是不客气地对那位年轻人说："你讲什么？混蛋。"年轻人一听："出家人怎么可以骂人？"说着便卷起衣袖，作势要打架的样子。老法师这才缓缓地说道："你看，'混蛋'才两个字，就有这么大的力量，何况'阿弥陀佛'是四个字呢！"

中阴身虽然无形无相，肉眼看不到，但他六根具足，状如三尺小儿，具有神通，能够穿越铜墙铁壁，去来迅速，无所障碍，只有母亲的子宫以及佛陀的金刚座不能穿过。

中阴身见男女交合，对未来的母亲生起强烈的爱念，出生后即为男孩；对父亲生起需求的爱意，出生后即为女孩。生男生女，中阴身的入胎出胎，就此而形成。如果堕入地狱，中阴身先感受风寒霜雪的逼迫，见到热地狱的火焰，生起暖想爱触，以身投去，即会堕入八热地狱；若是为热浪盛火所逼害，见到寒气，欲想获得清凉，以身投入，就会堕入八寒地狱。

人死之后，既然有轮回的存在，为什么我们对于前世过往的事却没有一点记忆呢？如梁武帝时志公和尚说："人生真是苦，孙子娶祖母；牛羊席上坐，六亲锅里煮。"到底是什么使我们忘却过去，愚痴颠倒，甚至将过去世的祖母纳娶为妻子呢？

根据中国民间流传的《玉历宝钞》一书的记载，人在投胎之前，一旦喝了"孟婆汤"，就会忘掉过去的种种事。西哲柏拉图则认为灵魂投胎前要经过酷热的沙漠，口渴难忍，饮用"莫愁河"的清凉河水，再去转世降生，但是一喝了"莫愁河"的水，对于过去生中的点点滴滴将遗忘尽净。罗马人则相信人在投胎时所经过的河叫作"奈思河"，喝了"奈思河"的水，对于前生往事奈何再也思忆不起来了。

佛教主张，人之所以会忘掉过去的事，是因为有"隔阴之迷"。阴指的就是"中阴身"。由于这个"中阴身"的隔离，使我们忘记前生的种种造作，不知身为何道众生？

也许有人会很遗憾地说："多可惜，如果我们有宿命通，没有隔阴之迷，能够知道自己的过去未来，人生不是很惬意自在吗？"人类果真有了神通就很快乐吗？譬如我们能够测知过去，当我们知道自己过去堕为猪马牛羊的畜生道，那时将情何以堪？当我们预知自己只剩下三年的生命，还能悠闲度日、逍遥生活吗？有了他心通，看到对方美丽的笑容里面却包藏祸心、口蜜腹剑，能不痛心疾首、觳觫愤恨吗？没有神通，日日是好日，处处是好处，多么洒脱自在！

因此，宇宙人生的发展，有它自然的轨则，各安其位，遵循它的变化秩序，才能得其所哉。众生由于"隔阴之迷"，换了个好身体，忘记了不好的过去，何尝不是很美好的事呢？

◆**佛教把人死称为"往生"。请问大师，人往生后去哪里呢？一**

定是变成鬼吗？

星云大师：中国民间有一种习俗，人死后要烧金银纸，这是源于中国人的传统观念，认为人死必到阴间做鬼，亲友唯恐其在黄泉道上无资可用，所以才有烧冥纸的做法，为的是要让祖先在阴间的日子好过一点。

但是，佛教认为，人死之后，随着生前累世所造的业力而转生于六道——天、人、阿修罗、畜生、饿鬼、地狱之间。所以，人死不一定是鬼；即使为鬼，其能享用的资具也要依他的福德而定。如果是没有福德者，再多的冥纸对他也没有用；如果是有福德者，就算没有冥纸，也能得到供养。当然，若为表达生者的心意，烧一点冥纸也无可厚非，只是把祖先想当然地认为死后必然为鬼，实在是大不敬。

人的投胎转世，根据刚才提到的"六道轮回"，以及从佛教的"业力论"来说，人在这一期的生命终了以后，会依业重、习惯、忆念而投生转世。也就是说，决定业报的先后，可分为随重的业报、随忆念的业报、随习惯的业报三种：

（一）随重的业报：就所造的善恶业中，何者为重，何者先报。

（二）随忆念的业报：由忆念决定去向。譬如有人出门，茫然地来到十字路口，东西南北，不知去向何方，这时突然忆起西街有一位朋友，就朝西方走去。人在临命终时，也会随忆念而受报。

（三）随习惯的业报：就各人日常的习惯而受报。譬如修净土宗的人，一心称念"阿弥陀佛"，目的就是要养成习惯，一旦临命终时，一声佛号就能与佛感应道交，而得往生极乐净土。

说到往生西方极乐世界，西方极乐世界就像一个理想国，是一个清净安乐的净土，是很美好的安养院。极乐世界又叫安养国，阿弥陀佛把这个国家治理得没有男女的纠纷，没有经济的困扰，没有恶人的迫害，没有恶道的恐惧，没有交通的事故，没有彼此钩心斗角。不但"思衣得衣，思食得食"，而且"黄金铺地""微风吹动""七宝行树""八功德水"等，极尽富丽堂皇、美轮美奂。有的人怀疑，真有这样的世界吗？其实说穿了，就如同在几百年前，如果告诉你可以用柏油铺地，你相信吗？极乐世界"黄金铺地"，就如同现代的柏油铺地、地毯铺地，有什么不可行呢？

"微风吹动"，现代的冷气不是微风吹动吗？"八功德水"，现在几十层的大楼上，一开水龙头，热水、冷水就源源而来，这不就是八功德水吗？

极乐世界像公园一样美丽，所种的树，一棵一棵、一行一行的"七宝行树"，环绕着"七重楼阁"的建筑，所谓"廊腰缦回，檐牙高啄"，多么美好的境地呀！

这么美好的地方，有没有？真的假的？这是佛经记载，是有圣言为根据，自然不会假。其实，这样的世界在哪里？在极乐世界净土的地方，也在我们心里！所谓"心净国土净"，我的心胸光明磊落，心地善良敦厚，心中欢喜自在，当下就是极乐世界，就是西方净土。所以，人不一定要等到死后才能往生极乐世界，现世就能建设人间净土。

过去我看到很多信徒到寺院去添油香，做功德，做善事，寺里的法师就告诉信徒说："你这么发心，阿弥陀佛一定会保佑你，将来一定会接引你到西方极乐世界去。"我觉得这种说法很不负责任，因为信徒供养我，跟我结缘，我却跟他说"阿弥陀佛会保佑你，会接引你"，我自己不能回报信徒，却叫阿弥陀佛来代替我报答，这是放弃责任，实在说不过去。

因此，我在1967年创建佛光山，就着手推动养老、育幼、教育、文化等种种事业与设施，目的就是要让信徒的一生都能在佛光山完成，我要让他们生前就能"往生"佛光山，不一定要等将来才到极乐世界去。我觉得这样才能报答信徒的护持与发心。

此外，现在有很多人念佛，我觉得也有一些问题。例如，问他"你今天到哪里去？""我去道场念佛共修。""你念佛为了什么？""念佛可以往生西方极乐世界，亲近阿弥陀佛，能够莲花化生，入不退转……"假如现在阿弥陀佛真的就要来接引他去，他一定说："No，不行，我的儿子还没有娶太太，我的女儿还没有嫁人，我的孙子还没有长大，我的先生（太太）还需要我的照顾……"

可见你在这里求生极乐净土是假的，不是真心的。不过没有关系，你也可以坦白说："我现在先训练，先培养福德因缘。"就不必说得那么冠冕堂皇，说得那么好听。学佛要真实，不能虚伪，你的道德，四两可以充半斤。学佛，四两就是四两，半斤就是半斤。学佛的功力也是一样，是多少就是多少，不必装模作样，也不必蒙骗虚晃一招。实在、坦诚，直心就是道场。

总之，我们常想念死去的亲人，不知道他们死后的情形如何，所以逢年过节就替他们诵经超度，祈求他们的安宁。这种超度、祭祀如果是表示慎终追远的孝心，当然很好，可是一般人因为常有错误的观念，以为亲人去世后就会到地狱去，因此要请法师来替他诵经超度，给他念上几声"南无阿弥陀佛"，让死者的神识可以安息。这种想法真是大错特错，对父母长辈也太不恭敬了。因为堕入饿鬼地狱的，都是作恶多端、罪孽深重的众生，难道父母亲人在我们心目中是人间的大恶人吗？为什么我们不想：父母亲人去世，是到天界去享乐，或者是往生西方极乐净土呢？

一般人的错误观念，总以为亲人死了一定会变成鬼，或下地狱。佛教虽然承认鬼的存在，但是佛教认为人死并不一定变成人见人怕的鬼。人离开了这个世界，前往的地方不仅仅是地狱而已，也许是往生净土安养，也许是到天堂享乐，也许再降生为人。只要我们生前行善做好事，好人不但仍然可以做人，还可以做个更好的人，甚至还能成为圣贤，成为诸佛菩萨，乃至如愿往生极乐世界。只是其结果如何，自然是看自己平时如何照顾自己的身口意三业而定了。

◆请问大师，佛陀到底住在哪里？他的身高多少？他吃什么，用什么，如何生活呢？

星云大师： 回答这个问题之前，先跟大家说一则公案。

唐顺宗有一次问佛光如满禅师道："佛从何方来？灭向何方去？既言常住世，佛今在何处？"

如满禅师答道："佛从无为来，灭向无为去，法身等虚空，常住无心处；有念归无念，有住归无住，来为众生来，去为众生去；清净真如海，湛然体常住，智者善思惟，更勿生疑虑!"

顺宗皇帝不以为然再问："佛向王宫生，灭向双林灭，住世四十九，又言无法说；山河及大海，天地及日月，时至皆归尽，谁言不生灭？疑情犹若斯，智者善分别。"

如满禅师进一步解释道："佛体本无为，迷情妄分别，法身等虚空，未曾有生灭；有缘佛出世，无缘佛入灭，处处化众生，犹如水中月；非常亦非断，非生亦非灭，生亦未曾生，灭亦未曾灭，了见无心处，自然无法说。"

顺宗皇帝听到这里，终于若有所悟，从此对禅师益加尊重。

常有人问，释迦牟尼佛、药师佛、阿弥陀佛等诸佛，到底哪一尊佛最大？佛教讲"佛佛道同"，佛、菩萨并没有前后的名次及功德多寡的分别，也没有谁大谁小，彼此"光光无碍"，都是一样。甚至刚才提到孔子、耶稣、穆罕默德等，他们也都是信者自己心中所规划出来的"本尊"，名称虽有不同，意义却是一样。

此外也常有人问："阿弥陀佛在西方净土，药师佛在东方世界，那么释迦牟尼佛现在又在哪儿呢？释迦牟尼佛现在住在常寂光土，那么常寂光土又在哪里呢？"

这种问题，经禅者答来就非常活泼，因为有心，看到的是生灭的世界，那是佛的应身；无心，看到的是不生不灭的世界，那才是佛的法身。无心就是禅心，唯有用禅心，才知道佛陀真正在哪里。

"有缘佛出世，无缘佛入灭"，灭不是生灭的灭，而是涅槃的境界。佛陀现在是进入了涅槃世界，涅槃世界在哪里？涅槃世界无处不偏，无处不在。当一个人修行成道，生命完成了，就能进入到宇宙大化之中，就能与佛同在。

如何知道自己与佛同在？当我们吃饭时，他在我们的口边；当我们睡觉时，他在我们的枕边；一天二十四小时，行住坐卧，他都在我们的旁边。如苏东坡说："溪声尽是广长舌，山色无非清净身。"如果你懂得，潺潺的溪水，都是如来的化身；如果你懂得，鸟叫莺啼，都是如来的说法。我们"朝朝共佛起，夜夜依佛眠"。甚至诸佛在哪里？他在我的心中，我心中有佛，眼睛看到的都是佛的世界；我心中有佛，耳朵听到的都是佛的声音；我心中有佛，口中所说的都是佛的语言；我心中有佛，手中所做的都是佛的事情；心中有佛，三世一切诸佛都与我同在，真是妙不可言。

其实，佛教并非要我们信佛，你信与不信，与佛有什么关系，他要我们信仰做什么？佛也不要我们拜，佛要我们拜他做什么？求佛，可能也很难有求必应。佛要我们做的是"行佛"，行佛之所行。佛慈悲，我就待人慈悲；佛给人欢喜，我就给人欢喜；佛有大忍耐、大勇敢的力量，我也能有忍耐、勇敢的力量。我心中有佛，佛所有的一切，我都能奉行，如此即使不求，自有无量的恒沙妙德！

我经常在各地主持皈依典礼后，总要信徒说"我是佛"。你们敢讲吗？你们敢说"我是佛"吗？（大众回答：我是佛！）这下很好，你们回家去，夫妻不可以吵架，吵架的时候，想想，我现在是佛祖，怎么可以吵架骂人？如此可能就不吵架了。假如你喜欢抽烟、喝酒，当烟瘾起来，或是想要喝酒的时候，你就想，我已讲过"我是佛"了，佛有抽烟、喝酒吗？如此一想，自己可能就不抽烟、不喝酒了。所以，只要你肯承认"我是佛"，你的人生立刻就会不一样。

佛在哪里？佛在我们的心里，二六时中，都跟我们同在。当我们与佛在一起，真是美妙无比。一个人即使拥有万贯家财、显赫家世、高深学问、崇高权势……都不能长久，也不一定能安心；唯有佛在我们心中，人生的境界就不一样了。

佛，不能从形相上来看，如《金刚经》说："若以色见我，以音声求我，是人行邪道，不能见如来。"《华严经》也说："若人欲识佛境界，当净其意如虚空。"你要认识佛的境界是什么样子吗？那就先把你的心净化得像虚空一样，你就会知道佛的世界了。

◆**人生有很多的缺陷、不圆满。请问大师，如何才能圆满生命，而不要留有遗憾呢？**

星云大师：人生不一定要圆满，残缺也是一种美，所谓"缺陷美"，缺陷也蛮好的。例如，月亮不一定要圆满，残缺也是一种美；人生要能不忌残缺，懂得欣赏残缺之美，就是圆满。

平时我们追求人生的圆满，什么叫圆满？红颜薄命圆满吗？英雄战死沙场圆满吗？打死会拳的，淹死会水的，圆满吗？有钱的人被人倒闭，能干的人遭遇不幸，圆满吗？

世间上没有十全十美的事情，人生往往只能拥有一半，不能拥有全部。比方说，有的人很有钱，但是他没有健康；有的人拥有爱情，却没有金钱；有的人房屋田产很多，但是没有儿女；有的人有智慧、学问，可是找不到工作。所以说"人生由来多缺陷"。在充满缺陷而不圆满的人间，我们应该寻求精神世界的圆满、悟道世界的圆满、信仰世界的圆满。例如，你认分就是圆满，你知足就是圆满，你接受就是圆满，你包容就是圆满。乃至现在讲究同体共生、尊重包容、互助友爱、共享共荣，都能有助于人生的圆满。甚至学习佛陀的"自觉觉他、自度度人、自他两利"，就是圆满。

圆满的世界不是靠别人来为我们创造，圆满的世界要从平时做人处事开始学习，一步一步去建设。例如，有的人做人非常偏激，左右两边，不是左就是右；有的人上下两极化，对于高低、大小、阶级分得非常清楚；有的人非常方正，多一点、少一点，一点也不肯含糊、苟且，这些都不够圆融。反之，有的人做人很中道，只要正派，只要有公义，只要大家欢喜，多一点，少一点，他都能随顺，这就是圆融，就是圆满。

宇宙间，太阳是圆形的，月亮是圆形的，地球也是圆形的！世间万物，如果是方形的，不管是正方形、长方形，或是四角形、六角形，一样都是有棱有角，有了棱角就容易产生摩擦。反之，只要是圆形的，即使是长形圆、椭形圆，都是"圆"，只要是圆，就容易为人所接受。不圆，就有残缺；有了残缺，就不容易被人接受。

人间什么最好？真、善、美、净！我们要达到至真、至善、至美、至净的人生境界，就要从圆融开始。平时与父母、家人、朋友相处，要重视圆融和谐。做事能圆通，说话能圆融，做人才能圆满。

追求圆满，必得经过努力付出，才能享有。修道者，为什么要苦苦修行？因为他感觉得到有一个圆满的世界。禅者要参禅悟道，为什么要悟道？悟了道又怎样？因为他体证到一个清净、自在、解脱、圆满的世界。所以美满世间处处求，重要的还是要求诸自己的心。心中开朗、通达、扩大、升华，就是圆满的世界。

现在举世推崇自由民主，然而只有民主还是不够，还要能幸福快乐，才算圆满。面对现实的人生，我们不一定要追求荣华富贵，只要能"满足"，就能圆满。

其实，世间本来就很圆满，但是因为我们不能悟道而有所缺陷。例如，有人问："人从哪里来？"答："人从生来，生因死而来，死因生而有。"再问："先有鸡？先有蛋？"答："蛋因鸡有，鸡因蛋生。"在不断的循环中无始无终，即是圆满。只不过世间有很多人因为无知、无明，所以有痛苦、烦恼，因此沉沦在生死轮回之中。佛学，就是开展智慧之学；通过学佛，借此把痛苦、烦恼等转化为经验、智慧，以提升自己、扩大自己，才能圆满。因此，在有缺陷的时代中，信佛、学佛、行佛，心中有佛就是圆满。

图书在版编目(CIP)数据

星云大师谈当代问题. 2, 心净国土净／星云大师 著.—北京:东方出版社,2014.4
ISBN 978-7-5060-7440-7

Ⅰ.①星…　Ⅱ.①星…　Ⅲ.①佛教—人生哲学—通俗读物　Ⅳ.①B948-49

中国版本图书馆 CIP 数据核字(2014)第 083976 号

心净国土净:星云大师谈当代问题(贰)
(XINJING GUOTU JING:XINGYUN DASHI TAN DANGDAI WENTI)

作　　者:星云大师
责任编辑:蒋芳仪
出　　版:东方出版社
发　　行:人民东方出版传媒有限公司
地　　址:北京市东城区朝阳门内大街 166 号
邮政编码:100706
印　　刷:三河市金泰源印务有限公司
版　　次:2015 年 1 月第 1 版
印　　次:2015 年 1 月第 1 次印刷
印　　数:1—6 000 册
开　　本:710 毫米×1000 毫米　1/16
印　　张:15.5
字　　数:202 千字
书　　号:ISBN 978-7-5060-7440-7
定　　价:56.00 元
发行电话:(010)64258117　64258115　64258112